教 育 经 典 译 丛

学习的哲学

The Philosophy of Human Learning

〔英〕 克里斯托弗·温奇 / 著 丁道勇 / 译

北京师范大学出版集团
BEIJING NORMAL UNIVERSITY PUBLISHING GROUP
北京师范大学出版社

谨以此书献给我已故的父亲彼得·温奇

教育的视界

——在比较中西、会通古今中发展中国教育学

梁启超 1901 年指出：中国自 19 世纪开始即进入“世界之中国”阶段。这意味着中国与世界相互交织，化为一体。

王国维 1923 年进一步说道：“余谓中西二学，盛则俱盛，衰则俱衰。风气既开，互相推助。且居今日之世，讲今日之学，未有西学不兴而中学能兴者，亦未有中学不兴而西学能兴者。”这意味着中西二学相互交融，盛衰一体、兴废一体。

困扰中国社会发展的“古今”“中西”问题始终相互影响。倘不能处理好“中西”问题，忽视“西学”或“西体”，则必然走向“中国文化本位论”，进而不能处理好“古今”问题，中国实现现代化与民主断无可能。倘不能处理好“古今”问题，忽视中国文化传统或“中学”“中体”，则必然走向“全盘西化论”，由此不能处理好“中西”问题，中国文化会深陷危机，中国现代化与民主会成为无源之水、无本之木。

因此，中国教育理论或教育科学的繁荣必须坚持“比较中西、

会通古今”的方法论原则。这至少包括如下内涵。

第一，国际视野。我们要取兼容并包的态度，敞开心扉，迎接世界一切先进教育理论进入中国。我们要对这些教育理论进行翻译、研究、吸收并使之“中国化”，像当年吸收佛教文献那样。我们要形成教育研究的国际视野：这包括价值论上的“世界主义”胸怀和多元主义价值观；知识论上的多重视角观，学会以人观人、以人观我、以我观人、以我观我，在视角融合和复杂对话中发现教育真理；方法论上的深度比较法，防止简单翻译、机械比附或牵强附会，要上升到文化背景、历史发展和价值取向层面去理解教育问题。

第二，文化传统。我们要珍视已持续两千余年的、以儒释道为核心的中国智慧传统，它不仅构成了中国文化，而且是世界文明不可或缺的组成部分。我们要将中国智慧传统植根于中国社会和历史情境，真诚对待并深刻理解，防止“厚今薄古”或“以今非古”的肤浅之论。我们要基于中国与世界的现实需求和未来趋势，对中国智慧传统进行“转化性创造”，使之脱颖而出、焕发生机。我们要基于中国智慧传统理解教育实践、建构教育理论，须知，“中国教育学”唯有基于中国智慧传统方能建成。我们要充分继承五四运动以来中国教育启蒙和教育民主的宝贵传统，须知，“中国教育学”以实现东方教育民主为根本使命。

第三，实践精神。我们要始终关切实践发展、参与实践变革、解决实践问题、承担实践责任，须知，教育实践是教育科学的源泉。我们要把发展实践智慧作为教师解放和教师专业发展的核心，让教师成为“反思性实践者”。我们要成为每一个学生的真诚倾听者，通过倾听学生而悦纳、理解和帮助学生，最终实现每一个学生的个性自由与解放。

国际视野、文化传统与实践精神的三位一体，即构成“中国教育学精神”。践履这种精神是中国教育学者的使命。

是为序。

张华

于沪上三乐楼

目录/

/ 中译本序/

“当代人对人类学习抱有巨大兴趣，并且已经完成了大量研究。但是，关于这个问题，我们现在的了解还相当有限，实际上可能比 20 世纪初的时候还要少。这不是因为相关信息积累得不好，而是因为我们掌握的信息太多了，在如此丰富的信息当中不乏各种误导。同时，这也是因为我们热衷于理论建设，但是对于具体情况却视而不见。”这本书在 1998 年首次出版，直至今日我也不认为有什么理由去改变这种观点。如果说有什么不同，那也只是让这个警告变得比当初更加切中要害。比如，有关“学习风格”“学会学习”“以脑为基础的学习”的理论，在最近几年开始激增。其中的每一项运动在概念基础方面都是不稳固的，结果与之相关的实证研究发现价值寥寥甚至根本没有价值。

本书是一次尝试，出于对研究者意图的清醒认识，试图让他们远离有关人类学习的宏大理论建设的诱惑，集中注意力在更小规模、更容易实现的活动上。与各种有缺陷的、基于这样那样关于人类心灵形而上学观念的宏大理论相比，关注人在学习时实际发生了什么的研究牢牢地植根于学习的环境当中，它们更有可能在认识上获得一些小而精的收获。我们必须承认，要在该领域开展有价值的实证研究，哲学理解是一个先决条件。关于学习意味着什么的哲学研究，并不是在开展实证研究之前的一个让人烦恼的、可有可无的附加任务，而是任何此类研究的必要组成部分。本书提出的论点在学术界引起了一些共鸣，但还远远不够。其他有类似观点的作者，也没有得到应有的关注。

我很高兴《学习的哲学》被翻译成了简体中文。我希望读者能够从中获益，重新审视在中国富有影响力的那些学习理论，包括从西方引进的那些理论，并对它们进行批判性的审视，保留其中有价值的东西、抛弃其余。最重要的是，好教育不能因为对概念上并不充分的理论的过分尊重而受到损害。这是一种持续存在的危险。即使在撰写本文时，这种危险也丝毫没有减轻的迹象。我非常希望中文译本有助于阻止这种情况的发生。

还有一点很重要，本书并非反对有关学习的实证研究。更确切地说，本书是在呼吁对这个庞大主题进行更为细致的研究。从心灵理论开始，如何形成关键假设、如何开展实验来检验假设、如何就人类怎样学习建立适用于各种语境的、有深远影响的理论，最终扩展到政策应用，这中间根本没有什么简便道路好走。首先，不存在这样一种可以清晰表达的“心灵理论”，更不用说拿它作为依据了。一些与经验主义和理性主义有关的问题，以及思想家卢梭的道德心理学(这在西方很有影响，据说是描述了在没有心理创伤的情况下实现学习的条件)，在本书开头部分得到了讨论和批评。17 世纪理性主义的现代版本(即心灵的表象理论)的一致性，受到维特根斯坦后期作品的批评。维特根斯坦论证了语言的必然社会属性，连带着思考和学习也是如此。这些论证对表象主义提出了强有力的挑战。这是一个关键性的例子，说明在进行有价值的实证研究之前，必须满足概念清晰性方面的需求。自从《学习的哲学》第一次出版以来，表象论的问题才变得更加明显起来。

概念澄清不只是关于人类认知本质的一般性问题，而且涉及对人类特定能力的探究，比如推理、记忆和集中注意的能力。所有这些都得到了详细的讨论，这些能力的实践属性也都得到了强调。总的来说，本书试图重新平衡研究者的关注点，从单纯的学术性学习转向更实际的学习形式，既包括正式的专业教育、审美教育、道德教育中发生的学习，也包括这些领域当中的非正式学习模式。然而，行为主义的主张，可能被认为是在理解实际学习时的一种有力的思维方法。但是，它也被证明是站在已经讨论过的理性主义的反面，它假定了“隐形”的个体心灵，无法通过系统的探究来加以审查，因此那些跃跃欲试的研究人员就将注意力集中在“粗糙的行为”上，而不是理智活动。

那么，为什么在研究道路上似乎有那么多障碍的同时，仍旧值得继续研究人类的学习呢？我们一直在为实际情况中不能理解的现象寻求解释。我的意思是，我们经常会遇到有待更好理解的问题或困惑，以便自己能够克服或应对它们。比如说，为什么一个国家的数学学习不如另一个国家？怎么解释第二语言学习能力上的种族差异？为什么有些孩子在学习阅读时会有困难？如何发展水管工和电工的解决问题能力？有没有可能以非灌输的方式给孩子们提供宗教教育？

如果我们能够免受诱惑，想去寻找那种在所有可能背景下都可以回答所有这些紧迫问题的解释，那我们就可以集中精力，确保这些更具体、更注重语境的解释的正确性。因此，可能有必要去看一看，在不同环境当中这些解释是否仍旧可以发挥作用，包括不同的文明、族群、社会阶层甚至是一个国家的不同地区。通过这样的工作，我们将能够逐渐积累知识，对人类学习这类现象获得一种更宽泛的了解，甚至可能开始产生一些有用的概括。但是，一定要有耐心，去坚持我们描述现象的概念轮廓、研究范围，并对这些解释在哪些情况下起作用、在哪些情况下不起作用逐一进行检验和排查。

在《学习的哲学》当中，人类生活和语言使用的社会性被认为是根本性的。“语言使用”不仅是指每种语言的句法和语义，而且包括所使用的语境，包括社会交往和沟通的情感方面，比如语调、面部表情和手势。我们对于语言作为一种人类交流现象的理解，有助于我们理解发生学习的日常环境。这本书也是对实际的学习和成就中的专业知识或卓越概念进行研究的先声。我随后出版的《专业知识的维度》(*Dimensions of Expertise*，2010)，就以《学习的哲学》中的论证为基础。这些讨论反过来导致了对于教学在学习中的作用的研究，结果就是2017年的《教师的‘知如何’》(*Teachers ‘Know－How’*)。我意识到，在有关教育和人类学习的研究当中，“解释”这个概念需要进一步澄清，这就有了《教育解释》

(*Educational Explanations*)。本书于2020年在英国出版。这些进一步的研究，都建立在本书的基础之上。同所有科学活动一样，在教育、教学和学习方面的研究也是缓慢的、累积性的，若要恰当处置总会面临巨大困难。但是，这恰恰是科学而不是伪科学的一个标志。

克里斯托弗·温奇

2020年9月18日

前　言

写作本书的初衷十分清楚。当代人对人类学习抱有巨大兴趣，并且已经完成了大量研究。但是，关于这个问题，我们现在的了解还相当有限，实际上可能比 20 世纪初的时候还要少。这不是因为相关信息积累得不好，而是因为我们掌握的信息太多了，在如此丰富的信息当中不乏各种误导。同时，这也是因为我们热衷于理论建设，但是对于具体情况却视而不见。作为心理学的一个分支，学习研究已经得到了迅猛发展。但是，在很大程度上，正是这种发展导致信息越来越丰富而主题却越来越模糊。我们不再重视自己已经了解的东西，不再重视所谓民间心理学当中包含的那些东西。结果，我们只能接受各种宏大理论。它们与关于人类学习的更古老、更深刻的理解，存在矛盾或者冲突。

本书只是一点微不足道但还算有价值的尝试。它挑战了那种把对学习的科学研究，当作宏大理论建构的观念。相反，本书不认为在学习问题上适合这样做。它提倡的是基于我们已知的东西，在适当情况下进行明智的科学研究。基于这个主张，我们就能以科学上的雄心壮志为代价，来换取对于学习的更加清晰的了解。这不是一件坏事。

除非另做说明，本书使用的男性人称代词均同时指称男性与女性。

致　谢

与约翰·金杰尔(John Gingell)、戴维·卡尔(David Carr)、约翰·怀特(John White)、帕特里夏·怀特(Patricia White)以及保罗·斯坦迪什(Paul Standish)的对话，丰富了我关于人类学习的认识。约翰·威尔逊(John Wilson)、吉姆·沃克(Jim Walker)、尼古拉斯·伯比莱斯(Nicholas Burbules)的书面意见，以及劳特利奇公司、《剑桥教育评论》(*Oxford Review of Education*)、《教育理论》(*Educational Theory*)、《教育哲学与理论》(*Educational Philosophy and Theory*)的匿名评阅人，对我也有非常大的帮助。此外，我也要对伦敦大学教育学院、英国教育哲学协会剑桥分会、英国教育哲学协会西米德兰兹分会相关研讨会的参与者们表达谢意。同时，我也受益于许多人的作品，诸如路德维希·维特根斯坦(Ludwig Wittgenstein)、诺曼·马尔科姆(Norman Malcolm)、戈登·帕克·贝克(Gordon Park Baker)、彼得·迈克尔·斯蒂芬·哈克(Peter Michael Stephan Hacker)以及尼古拉斯·登特(Nicholas Dent)等。

感谢《教育理论》(*Educational Theory*)(1996 年第 4 期)、《教育哲学与理论》(*Educational Philosophy and Theory*)(1997 年)、《威斯敏斯特教育研究》(*Westminster Studies in Education*)(1987 年)以及《剑桥教育评论》(*Oxford Review of Education*)(1995 年第 4 期)的编辑，允许我使用此前在这些期刊上发表的内容。这些内容分别见于本书第 3 章、第 5 章、第 6 章以及第 12 章。

至于书中可能存在的错误，当然由我负全责。

/ 1. 导言：重新思考学习/

1

为什么学习是一个重要问题？

本书针对育儿和教育领域的学习概念进行哲学考察。本书之所以必要，是因为许多心理学家以及受其影响的教育理论家对待学习的方式是扭曲的。学习是人类生活的重要组成部分，也是教育与训练系统(更不要说任何社会都存在的育儿机构了)的主要关注点。此外，生活不仅要求丰富的经验，而且要求为这些经验做准备、对这些经验进行反思。与童年、青少年期习得的各种知识、技能与理解一样，这类活动也可以称作学习。所以，学习是人类经验的核心，是哲学考察的恰当议题，尤其是在学习概念面临危机之时。

要先声明的是，我在使用“学习”概念时，既包含有意识的、谨慎的获取知识、技能与理解的情况，也包括没有付出努力或者借助于一般成长过程的情况。“习得”与“发展”这两个词，被分别用来指称这两类情况。本书用“学习”涵盖我的整个关注范围，同时始终关注这两类情况的异同。不过，基于一种准生物的发展概念来理解的学习，将在第 7 章得到批判性的讨论。此外，在考察学习时，我会同时关注学习的任务用法(“打算学”)与成就用法(“学会了”)，在必要时通过讨论与背景来明确这两个概念的区分。

本书尤其关注以下几点。

(1)我想从社会科学(尤其是心理学与语言学)独特关注对
2 象的角度来拯救学习，去捍卫某种独特哲学视角在这个问题上的重要性。

(2)我将挑战一些颇有影响力的学习解释，诸如表象论、行为主义、发展主义以及卢梭的浪漫主义。我希望自己的论证能够表明，这些方法之间的联系比人们通常认为的要更为密切。这四种方法有相同的基础，需要接受严格的批判。

(3)我会讨论在学习问题上被多数作者忽略的那些方面，同时也会触及经常被考虑的那些方面。前者包括注意、宗教学习与审美学习，后者包括记忆、语言学习与道德学习。它们已经有过广泛讨论，在很大程度上已经成为传统意见。这些传统解释将得到彻底的批判，进而得出一种替代观点。

(4)我想强调学习的**社会**、**情感**以及**实践**属性。这三个特点过去受到的关注比较少。但我相信，对于理解人类如何学习以及为何能够学会某事来说，这三者都十分重要。

在《哲学研究》(*Philosophical Investigation*)结尾处，路德维希·维特根斯坦评论道：

> 心理学的混乱与贫乏，不能仅仅因为它被称为一门“年轻的科学”就可以得到解释；它现在的状态与物理学在创立之初的状态，不可同日而语。……因为，心理学中有实验方法与概念混乱……
>
> 实验方法让我们相信，我们有办法解决那些令人困惑的问题；虽然问题与方法往往并不相关。[①]

现在看来，这些评论仍然与大约五十年前一样有效，而且在很大程度上适用于教育思想和语言学思想(这两个领域都受到心理学的巨大影响)。

当我说学习概念需要接受检验时，并不希望被误解为我们需要一种新理论。这没有必要，既不可取也不可能。我将表明，当前的学习

---

① L. Wittgenstein, *Philosophical Investigations*, Oxford, Blackwell, 1953, p. 232. 译者注：维特根斯坦的《哲学研究》出版过众多中译本。以下摘选的两段参考译文，译者均声称是从德文译出，并参考了安斯康姆的英译本(其中楼巍译本使用的是布莱克维尔出版社出版的英德对照版第四版)：“不能用心理学是一门‘年轻科学’来解释心理学的混乱与贫瘠；心理学的状态无法和物理学等等的早期状态相比。……就是说，在心理学中实验方法和概念混乱并存。//实验方法的存在让我们以为我们具备解决困扰我们的问题的手段；虽然问题和方法各行其是。”(维特根斯坦：《哲学研究》，陈嘉映译，328 页，北京，商务印书馆，2016。)“心理学的混乱和空洞不能用它是一门‘年轻的科学’来解释，它的状况不能与比如早期的物理学作比较。……因为，在心理学中存在着实验的方法以及概念的混乱。//实验方法的存在让我们相信我们有了解决困扰我们的问题的方法，尽管问题与方法擦肩而过了。”(维特根斯坦：《哲学研究》，楼巍译，250-251 页，上海，上海人民出版社，2019。)

思想(包括所谓的“习得”与“发展”)是多么混乱与贫乏，我们完全可以径直抛弃它们。不过，认为有可能为人类学习提供一种“科学”甚至“系统”的解释，这同样也是一个误解。

为什么看起来有可能提供这样一种解释呢？其中一个原因是，心理学家们虽然关注学习，但是对于人类生活的特定方面一直没有给予
3 足够的关注，尤其是有关宗教、艺术以及更普遍的那些包含不可化约的社会、实践以及情感维度的方面。事实上，本书的一个重要主题是，人类生活的社会、实践和情感维度才是核心，在解释不同实践、不同情境的学习时都要加以应用。一个人如果这样做，那么*背景*在理解学习上的重要性就开始变得明显起来了。这会破坏那种基于某种宏大理论来理解学习的倾向。

在进入正题之前的这些声明，并不意味着我们对于学习的理解是全然消极的。这些声明多与理论建构的危险有关，而并不是说我们无法理解学习。我将提出，我们需要的不是更多的理论，而是对已经摆在眼前的东西做更多*描述*与更多*理解*。在某些重要的方面，这些理论已经妨碍了我们的理解。这些已经说出来的东西，并不意味着关于人类学习已经不可能获得新的知识与洞见。更有可能的状况是，这些知识本身是零碎的并且只与特定的活动有关，它们并不能构造出某种宏大理论，也不是从某种宏大理论推演出来的。

我要说的很多内容难免涉及儿童(往往是非常年幼的儿童)，会与发生大部分教育的年龄有关。这一点无法避免，因为在生命的最初几年里发生了如此多的学习。当然，教育界深受后续章节描述的那些理

论的影响。在某种程度上，我对基于这些理论的实践持批评态度，这些理论在教育的组织方式方面有一定影响。虽然没有哪一个理论会准确规定在托儿所与教室当中应该做什么，但在大多数情况下这些理论可能有什么应用还是清楚明白的。然而，近年来出现了太多关于教学实务的条条框框，以至任何想要进入这个领域的人，都对发生学习的具体环境缺少足够的谦逊与尊重。如果本书对于各种学习理论的批评，能够在教学行业内部引发讨论，甚至成为对教育实践的一种回顾和思考，那就可以说是得偿所愿了。当然，学习不仅仅发生在童年期，因此本书也会超出与教育直接相关的范围。

哲学中被称作认识论的领域，关注的是如何获得知识以及知识与信念的区别。认识论不关心我们如何学习这样的经验性问题，而是要提供一个回答该问题的架构。关于我们怎样学习的问题，与认识论关心的问题紧密相关，并在很大程度上要基于后者才能得到回答。科学学习理论，要基于一系列相关的认识论立场。如果缺乏这些认识论立 4
场，这些学习理论本身就无法理解。本书的大部分内容都在关注这样的立场，并且旨在表明这些立场为什么是错的。由于这些学习理论基于错误的认识论，所以在很大程度上只能算作某种折中方案。总之，我的主要关注点是认识论的，去考察隐藏在这些学习理论背后的前提假设，并且表明从这些理论得到的经验性结果在很大程度上与它们的认识论假设无关。

大多数现代学习理论(如果不是全部的话)源于对人类知识与人性的同一个思想传统，这源于笛卡尔(René Descartes)与洛克(John Locke)的作品。尽管这两位哲学家常被认为是不同的阵营(他们分别是理性论者与经验论者)，尽管二者在方法上也有重要差异(一个主要处理存在问题，另一个主要处理天赋的精神原理或者天赋观念的问题)，但是二者之间仍旧有足够多的相似性，有可能去讨论他们共同的认识论立场。正是在这里，现代学习理论汲取了灵感。我们也可以直白地说，当代哲学中经验论与理性论的和解趋势，正是基于二者之间存在的这种共同基础。[①] 这两种认识论的起点都是个体存在，个体意识构成了全部知识的基础。这种个人性主要是从精神而不是物质的角度来说的。从历史的角度看，经验论与理性论共有的认识论立场是一种方法论上的个人主义，以精神第一、物质第二的人的概念为基础。这是后续章节要攻击的一种假设，涉及关于人类学习不同方面的多种解释。简单来说，这个假设会导致在解释学习时，忽略其实践的、社会的与情感的维度。

这个图像还会以多种方式进一步复杂化，使其对于精神论个人主义的攻击变得不充分。首先，经验论的一个倾向是回避精神论假设，转而关注人的物质性及其与动物界的连续性。在这种情况下，它采用了一种受笛卡尔启发、而后又被康德(Immanuel Kant)继承的观念：把人类作为自然界的一部分，因此也要服从因果关系的制约，可以出于科学理解的目的把人当成自动装置。[②] 这类经验论者发展出来的方法

---

① 最近的一个例子，参见：Peter Carruthers，*Human Knowledge and Human Nature*，Oxford，Oxford University Press，1992. 有类似倾向的一本书，参见：Fred D'Agostino，*Chomsky's System of Ideas*，Oxford，Clarendon，1986.

② René Descartes，*Philosophical Writings*，selected，translated and edited by G. E. M. Anscombe and P. T. Geach，London，Nelson，1966. 比如，参见：*Discourse on Method*，Part 5. 同时参见：I. Kant，*Critique of Practical Reason*，'The Antinomy of Practical Reason'，pp. 117-118 in edition translated by L. W. Beck，Indianapolis，Bobbs—Merrill，1956. First published 1788.

即**行为主义**，在心理学与教育上已经并且仍将继续产生影响。行为主义者试图通过外部刺激对身体运动的改变来理解学习。具有讽刺意味的是，行为主义者的方案要求研究学习的观察者或者科学家处在经验论者所谓个体的位置上，去接收有关被观察对象(被观察对象是动物还 5
是人并不重要)行为的原始感官数据，然后基于此来形成某些概括。①

复杂性的第二个来源在于，在现代语言学与学习理论当中，笛卡尔派的某些分支服从的是物理学的世界观。这种趋势受到越来越重要的计算机技术的推动。这种假设似乎可以提供一种关于人类心灵运作的模型。现代**认知主义**作为笛卡尔派在当代最有影响力的变体，倾向于采用物理论的方案。在其中，心灵与头脑是分离的，人类心灵的符号能力可以通过中性的结构与过程来得到说明。②

复杂性的第三个来源在于**发展主义**。这是一种源于卢梭的理解人类成长与学习的方案，然后通过皮亚杰(Jean Piaget)等人的工作得到了延续。它强调在学习潜能方面的**质性**区别，与儿童期及成年早期的不同阶段联系在一起。不过，我们也可以认为，发展主义是对精神论个人主义的一种修正，而不是全盘否定。

第四个也是最后一个复杂性来源是**解放主义**。这同样源自卢梭的作品。卢梭强调，如果要实现真正的教育，就需要从他人的意志下解

---

① 更多相关内容，参见：Charles Taylor，*The Explanation of Behaviour*，London，Routledge，1964.

② 一些心理学家倾向于将源自行为主义的物理论观点与认知主义观点结合起来，从而对身体活动与神经活动的规律给出一个综合解释。这种倾向的出现，使得整体图像变得更加复杂。参见：D. Lieberman，*Learning*，California，Wadsworth，1990，Chapters 9 and 10.

放出来。正如我将要论证的那样，这就意味着一种摆脱权威的自由。许多现代学习理论具有一种明显的乌托邦色彩，解放主义与反独裁主义对于西方育儿模式与教育模式产生了深远的影响。事实上，所有这些学习方法的共同基础，是不能理解人类生活(尤其是童年期生活)的规范性。因此，在一些有影响力的现代作家的作品当中，可以发现诸如认知主义(强调方法论上的个人主义)与卢梭的进步主义(强调个人自由)之间的清晰联系，这一点丝毫不会让人感到意外。①

维特根斯坦作品的洞见

我描述的这种关于人类心灵与学习本质的思想具有悠久的传统，是一种精神论个人主义。自 20 世纪以来，这个传统几乎没有受到过挑战。唯一真正重要的挑战，来自于维特根斯坦的作品。虽然他对于精神论个人主义认识论的挑战得到了一些关注，但是他的作品对于各种有关人类学习的解释的深刻影响却很少有人留意。这些影响可以先简要概括如下，后文再徐徐展开。

6 首先，维特根斯坦对于知识应该具有**确定性**的观点提出了质疑。(在笛卡尔派的“我思”论证以及经验论者对于观念与印象的直接认识当中，体现了这一知识观。)现在，这种观念被替换为我们全部行为背后的信念与态度，这可以通过反应与判断当中的一致性表现出来。我们

① 比如，可参见：Noam Chomsky，*Language and Problems of Knowledge*，Cambridge，Mass.，MIT Press，1988，pp. 154-155.

有一些坚定的信念，这些信念构成了所有其他判断的基础。对这些信念表示怀疑是荒谬的，因为没有什么框架允许我们去怀疑它们。在一般事实方面的确定性，是一种先决条件，在此基础上我们才可能有获取知识以及质疑别的事物的能力[①]。因此，虽然我们一早就在学会确定许多事物(比如，日常事物永远不会忽隐忽现)，但在学习时我们并未因此就对自己知道的内容变得更加确定。事实上，我们有可能怀疑自己知道的东西。在我们确信的基本信念的框架内，的确有可能存在这样的怀疑。于是，就出现了存在于某种实践系统当中的知识，以及本身不能被当作知识、但是可以作为知识的先决条件的那些信念。维特根斯坦把确定性视为规范性，这给知识提供了框架。与此同时，他承认确定性与知识的边界有时会模糊，可能会随着时间的推移发生波动。这些观点对于理解后期学习相当重要(见本书第12章)。

其次，维特根斯坦提醒人们注意人类自然史。他不认为我们应该把自己看作某种自动装置，像是笛卡尔眼中的动物那样。相反，他想质疑的是认为我们由精神与物质两个部分组成的观点，强调二者的割裂让人难以理解。这种重心转移，产生了一系列影响。

(1)在人性当中，认知的、意向的与情感的联系非常紧密。虽然可以为了某些目的，出于方便的需要把它们区分开，但是把它们当作心灵的一个个独特官能却是错误的。尤其是我们展现给他

---

① 维特根斯坦在这方面的思想，集中在《论确定性》一书当中。L. Wittgenstein, *On Certainty*, Oxford, Blackwell, 1969.

人的感受与情感(它们本身包含某种认知的方面)，对于理解我们的日常生活行为非常重要。它们不仅提供了有关于我们的思考与感受的线索，而且在很大程度上构成了这种思考与感受本身。

(2)我们把思考、感受与行动当作人的属性，而不是心灵的属性。从他人的反应性行为中学习，是我们作为人的基础。这与我们识别与回应手势以及面部表情的能力密切相关。而这些手势与面部表情本身，就是作为知识背景的反应一致性的一部分。

(3)人性的情感方面，对于理解动机、兴趣与欲望(包括学
7 习的欲望)显得非常重要。与发展主义者一样，行为主义者也关注动机，认为动机对于学习有重要意义。但是，双方都是以完全无可救药的粗暴且不恰当的方式来处理动机问题。

(4)强调人的动物性的另一个结果是，维特根斯坦强调训练对于学习的重要性。大多数认知主义者都认为训练是恐怖的，行为主义者则倾向于将其与条件作用混为一谈。对于维特根斯坦来说，训练至关重要。正是训练，才发展出让我们能够参与人类生活的各种反应，包括使用与理解语言、完成简单或复杂的日常与实际任务并获得道德、宗教与艺术方面的认识。人的训练是一种规范性活动，它的可能性取决于反应的一致性。通过训练，我们首先学会了服从规则，并且恰恰是因为能够服从规则，我们才可以继续通过指导、解释与发现来学习更多。[1]

---

① L. Wittgenstein，*Zettel*，Oxford，Blackwell，1967，para. 608.

(5)这种方法未明言的一个进一步的结果是，学习去行动、学习去获取技能都与认识某些事物密切相关，而且这类学习本身就很重要。[①] 这又是在学习问题上相对被忽视的一个领域，只有行为主义者曾对此有过非常粗暴的处理。

最后，维特根斯坦提醒我们注意人类生活的社会性。他的主要理由是，不可能有私人性的规则服从。[②] 维特根斯坦主张的真实性，受到许多哲学家的质疑，但是这些后续解释本身也同样受到了质疑。我将在后续章节讨论这两个问题，这里只给出一些我的观察。和某些评论者的看法不同，维特根斯坦的主张并不是基于对个人记忆的怀疑，也不仅仅适用于那些必定不可能分享的规则，比如支配私人感觉语言的那些规则。维特根斯坦的主张更为激进。如果没有某种服从规则的社会制度，人们就无从掌握正确与错误、正确性与不正确性这样的观念。在孤立的生活当中，不可能自始就存在规范性的活动。由于记忆声明的可能性，取决于错误或者正确的可能性，因此如果没有一个能够合理评估此类声明的社会背景，记忆声明也就没有意义了。[③]

---

① 已有的观点来自：C. A. MacMillan，*Women*，*Reason and Nature*，London，Macmillan，1982.

② 这样说是因为，尽管维特根斯坦在《哲学研究》中使用私人语言来阐述自己的观点，但是他准备在其他著作中支持类似私人语言这样的东西。这并不意味着他不自洽或者有所改变。他承认作为某种机制(mechanism)的语言的可能性(这时语言可能是私人的)，但不承认作为规范(norm)的语言的可能性(这时语言不可能是私人的)。关于私人语言的段落，即直接反对后一种可能性。

③ 这并不是说动物不能记忆，而是说动物无法做出记忆声明。

规则服从行为的社会性，意味着人类学习不是一种个体活动。① 大多数关注学习的心理学家、语言学家与教育者，都很少关注这一社会维度。他们即使有所涉及，也只是用极其浅薄的方式来谈论合作的重要性。学习的社会性要远比这深刻得多，涉及从人际关系到政治的
8 各个水平。探索社会性在学习上的应用，是本书的主题之一。

学习与机构

如果人类学习有不可化约的社会基础，那么**社会**在塑造学习方面有什么重要性？下文将特别关注我们所在的这种社会类型(即先进的后工业社会)，同时也会从更宽泛的人类学视角来考虑这个问题。在所有人类社会当中，无论其多样性程度如何，都必须考虑某些限制因素(这些因素可以在其概念架构当中以某种方式被发现)。② 这些概念与生老

---

① 在维特根斯坦的著作广为人知之前，唯一认识到这一点的思想家是维果茨基。他是一位深受马克思主义影响的心理学家。关于人类行为(包括语言应用)的社会性，马克思早有认识。有趣的是，马克思主义经济学家皮耶罗·斯拉法(Piero Sraffa)在一份对话当中强调了语言的社会层面的重要性。这次对话改变了维特根斯坦早期的语言观，这在《逻辑哲学论》中得到了表达。然而，马克思和维果茨基都没有提出人的社会存在的规范性本质，而这正是我们理解人的社会存在的根本。实际上，可以说马克思的一般哲学方法，恰恰会妨碍他去做这样的理解。

② “我们注意到，无论是野蛮还是文明，所有民族尽管由于在时间和空间上相距甚远所以分别形成，但是它们都包含三种人类习俗：所有民族都有某种宗教信仰，都会缔结庄严的婚姻，都要埋葬自己的死者。同时，无论多么野蛮和粗鄙，任何一个国家都没有别的人类行为能够比宗教、婚姻和葬礼更精心、更神圣庄严。”Giambattista Vico，*The New Science*. First published 1725，quoted from Cornell University Press edition，1968，p. 97. 同时参见：P. Winch，‘Understanding a Primitive Society’，in *Ethics and Action*，London，Routledge，1972.

病死这样的生物因素结合起来，在不同文化当中以各异的方式得到了考虑。它们以不同的方式，呈现了诸如家庭、经济、道德、宗教以及艺术等人的存在各个面向。这些限制因素的一个重要影响在于，它们向每个社会都提出了生产下一代以及相应的复制自身的任务。

如何做到这一点？各个社会有很大不同。但是，任何社会都会有某种形式的育儿实践、某种形式的文化与制度启蒙，以及某种形式的职业准备。不难看出，这些类别在某种程度上是人为的。比如，可以想象所有这些方面都可以在同一种(或同一组)活动当中找到。我们可以设想这样一个部落，在那里教养儿童包括神话学习、人工制品、绘画及雕塑的制作以及道德型塑。随着儿童渐渐长大，他学会了识别植物与动物，学会了捕猎与制作工具，了解了部落里的很多信仰与实践。由于这些信仰与实践为狩猎与制作这样的职业活动提供了信息，因此不能说它们是分别习得的。它们被捆绑在一起，被当成生活的一部分。到了青春期，这个儿童对于部落的风俗与仪式有了更丰富的了解，成了一个成年男人或者女人，并随时准备好担任训练者与教育者的角色。这并非一种虚构，而是描述了我们称为狩猎—采集经济的社会条件，它广泛存在于世界多个地区。这个例子表明，学习不仅是日常生活的一部分，而且学习的不同方面也很难区分开。

我们的社会不是这样。从制度方面来看，我们的社会更加复杂、更加专业化。正是这一特征，才使19世纪的马克思(Karl Marx)可以谈论经济基础与一种残余的上层建筑。无论马克思提供的这个特定图像塑造了什么样的神话，现代人在很大程度上的确倾向于分割自己的

生活，这一点总不会错。这不仅仅是因为我们有组织严密的劳动分工
9 (尽管这是其中的一个重要组成部分)，同时也是因为与过去相比，我们现在更愿意把社会看作由不同部门组成的。(矛盾的是，我们同时也倾向于认为无论种族、文化、年龄或性别如何，人和人都是相同的。)现在，我们会很自然地把经济、宗教、艺术与家庭生活，当作在一天或一周当中的各个独立的生活领域。

这意味着对于生活的某些方面，我们大多数人都相对无知。这同时也意味着，年轻人的成长已经成为一项专门的任务，被委托给对此负主要责任的工作人员以及那些在托儿所、学校与大学等机构工作、在某种程度上有自己的规则与偏好的人们。尽管在不同甚至冲突的价值观方面，存在不同的问责机制、不同的能力与意愿，但是不同机构之间的冲突仍旧是可以把握的。这种机构划分的代价是，相对自主的机构难免会发展出自己的价值观与文化(包括信念以及行事方式)。这既反映社会整体的运动变化，也体现机构本身的主导需求。[①] 具体到学习机构与教育机构来看，这相当于两种支配性的力量，它们时而冲突、时而和谐。一方是**科学主义**，另一方是**反权威的浪漫主义**。这两种趋势对于社会整体具有极大影响力，对于教育系统的影响力甚大。在很大程度上，它们也受到前面概述的精神论个人主义基本观念的影响。

它们有时可以采取共生的方式发挥作用。这看起来也许会令人感

① 关于这个主题更完整的讨论，可参见：C. Winch，*Quality and Education*，Oxford，Blackwell，1996.

到惊讶，但实际情况并非如此。在很大程度上，科学通过从传统权威与传统机构的联系中解放出来，才得到了发展。卢梭的社会、道德与宗教观念，源于大致相同的来源。面对18世纪中叶日益壮大的科学世界观，“萨瓦神甫的信条①”试图保留某种形式的宗教信仰。② 科学与民主政治理论的兴起，包含的共同主题是解放与拒绝权威。同时，这两

---

① 译者注：“萨瓦神甫的信条”指的是收录于《爱弥儿》第四卷当中的“信仰自白：一个萨瓦省的神甫自述”[《卢梭全集》第7卷《爱弥儿(下)》，李平沤译，3-54页，北京，商务印书馆，2012]。这份“自白”以一位神甫的口吻，表达了卢梭的自然宗教观。卢梭本人把这份“自白”，称为“发表它的这个世纪里最好最有益的著作”(卢梭：《致博蒙书》，吴雅凌译，71页，北京，华夏出版社，2014)。这足以表明这份作品的重要性。“自白”中包含的信条包括：第一、“所有一切不是因为另外一个运动而产生的运动，是只能来自一个自发的、自由的动作的；没有生命的物体虽在运动，但不是在活动，没有哪一个真正的活动是没有意志的。这就是我的第一个原理。……或者说我的第一个信条。”(16页)第二、“如果运动着的物质给我表明存在着一种意志，那么，按一定法则而运动的物质就表明存在着一种智慧，这是我的第二个信条。”(19页)第三、“凡是真正的意志便不能不具有自由。因此，人在他的行动中是自由的，而且在自由行动中是受一种无形的实体的刺激的，这是我的第三个信条。”(29页)“在这个世界上，有千百种强烈的欲念淹没了内在的情感，瞒过了良心的责备。……但是，一旦我们摆脱了肉体和感官使我们产生的幻觉，从而喜悦地看到至高的存在和以他为源泉的永恒的真理，一旦秩序的美触动了我们的整个灵魂，使我们诚恳地把我们已经做过的事情和应当做的事情加以比较，这时候，良心的呼声才又发挥它的力量和权威；这时候，由于对自己感到满意而产生的纯洁的欢乐，由于堕落而产生的痛苦的悔恨，将通过难以遏制的情感而看出每个人给自己预先安排的命运。”(35页)“良心是灵魂的声音，欲念是肉体的声音。……按良心去做，就等于是服从自然，就用不着害怕迷失方向。”(第40页)另一份关于卢梭哲学更简短，但同样精彩的表达，参见《启示的假想或寓言片段》。(前引《致博蒙书》，131-142页。)《致博蒙书》(1763)、《山中来信》(1764)(《全集》第5卷，第1、2、3、5封信)、《卢梭评判让-雅克：对话录》(1782)(袁树仁译，商务印书馆2015年版)、《一个孤独的散步者的梦》(1782)(《卢梭全集》第3卷)，都包含卢梭针对“自白”的各种批评的回应。

② J. J. Rousseau, *Émile ou l'éducation*, first published in 1762. English edition translated by Barbara Foxley, published London, Dent, 1911, pp. 228-278. Available in French, Paris, Éditions Flammarion, 1966.

者也有一个共同的缺憾，即某种傲慢以及近乎极权主义的控制需求。因为是基于自由与解放这一套说辞，所以这或许更加难以抵抗。①

这两种倾向塑造了现代的教与学，也塑造了我们理解这些活动的方式。我们思考教学与学习的方式，很自然地受到了科学主义的影响，想要建立某种宏大学习理论，来涵盖人类活动的整个范围。实际上，
10 这种做法是在偏重某些方面的同时，忽略另外的那些方面。我将以牺牲宏大理论建构为代价，来恢复这种多样性，恢复学习的那些相对被忽视的领域的重要性。我还建议，在追求启蒙运动的远景时，我们对于人类生活某些方面的理解蒙受了重大损失，尤其是当它们与我们的学习观有关的时候。为了避免被看作是对现代性的老套攻击，我声明自己的目标不是为了回归某种由综合的、全面的社会机构组成的前乌托邦社会，而是要确保那些需要加以矫正的思想可以恢复平衡。我希望通过怀疑极端个人主义在成功学习上的重要性，表明一个人如何理解个性与个人能力方面的巨大多样性。这种多样性来自于以各种不同方式完成的学习，个人及其环境在这个过程中受到了政治、文化、社会与家庭因素的影响。

全书概要

第 2 章将详细考察学习理论的笛卡尔基础与经验论基础，在强调

① 我想到了卢梭的隐性条件作用式教学，以及通过条件作用程序来影响学习的科学尝试(这在行为主义传统中表现得尤为明显)。

二者差异的同时也强调二者之间的相似性。第 3 章将会对卢梭的作品做批判考察，尤其是《爱弥儿》(*Émile*)当中关于教育的那些思考。这一章将会批判考察卢梭关于人类塑造其思考方式的自然史方面的认识，以及卢梭的反人类中心主义与对于人类生活规范性的拒绝(尤其是在教育与儿童养育方面)。

第 4 章进一步考察了这种规范性的本质，并且从社会互动、创造性与情感方面考察这种规范性的意义。私人语言论证对于我们理解学习的重要性，也同样得到了评估。第 5 章考察了**训练**对于服从规则以及更一般的学习的重要性。这一章同时考察了现代行为主义作为一种科学学习理论的局限性。第 6 章批判考察了当前主流的对于学习的科学解释，即表象论的认知主义。这一章假设这些科学解释都是不自洽的，因为它们的表象概念都要依赖于某个背景(心灵或头脑)，因而是说不通的。第 7 章对影响最大的发展主义做了批判分析，认为发展主义即使正确，在很大程度上也没有说出什么新东西。由于这种解释本身价值寥寥，结果导致了对于学习能力的系统性低估。第 8 章批判考察了当前的一些关于学习的科学解释(比如我们如何学说话)，同时假设它们试图解释的是一种不需要解释的谜团。第 9 章涉及概念形成，并捍卫了这样的观念，认为概念是在判断中应用的能力，展示了概念 11
如何在前面章节形成的规范性背景下得到发展。第 10 章重新评估了记忆在学习当中的角色。第 11 章考察了颇受忽视的**注意**概念及其在学习当中的作用。第 12 章考察了后期学习，并且对于把学会学习当作某种高级思维技巧的看法提出了质疑。

第 13、第 14、第 15 章都涉及学习中的一些相对被忽视的方面(道德学习是一个例外，但道德学习主要受到发展主义的影响)，它们彼此之间密切相关。这几章同时也用到之前章节提出的那些概念。第 16 章对这些主题做了总结与概括。

/ 2. 笛卡尔派与经验论者的学习理论遗产 / 12

导言

笛卡尔与经验论者对于现代学习思想都有深远影响。现代认知主义在很大程度上源于笛卡尔，而联想论者(associationist)的学习解释则发端于贝克莱(George Berkeley)与休谟(David Hume)的理论。行为主义与关于记忆的许多现代思想，仍旧隶属于笛卡尔与经验论者的思想传统。

笛卡尔与经验论者都把孤立个体作为知识来源。笛卡尔的个人主义在于，他要依靠上帝来提供真实感知，但是**这种**知识本身是通过对观念的孤立考察来得到确定的。经验论者也分享了学习的个人起点。不过，他们并不像笛卡尔那样坚持认为，在出生之前某些观念就已经植入心灵当中了。这种观点对一些现代学习理论产生了巨大影响。然而，重要的是，不要将历史上的那个笛卡尔与“笛卡尔二元论”的有关学说混为一谈。在某些重要的方面，“笛卡尔二元论”要比笛卡尔本人的观点更接近经验论。[①]

经验意味着个体心灵对于必然私人对象的认识。我们把这种观点，归功于经验论者而不是笛卡尔。除了那个正在感知的心灵以外，任何他人都无法改变与触及这种认识。根据这种解释，头脑意识到的细节，包括最初的感官印象以及随后而来的思考、意志、记忆与想象。于是，心灵通过某种内部感觉官能(以视觉感知为蓝本)来认识这些对象。在这方面，人们对于笛卡尔观点的流行意见与经验论者合流了。它们把所有的精神现象打包起来，作为有意识心灵的感知对象。根据这种观点，笛卡尔与经验论者的不同在于，这些精神现象当中至少有些部分
13 被认为是天赋而不是来自于经验。事实上，笛卡尔并不认为意识经验是心灵的感知对象，因此也就不会认为对这些对象的体验是私人的、不变的、主观的。由于笛卡尔认可的对于判断的合理解释不承认关系命题，因此他不能将判断视为对判断者与对象之间关系的表达。[②] 然而，在后亚里士多德逻辑范畴的影响下，笛卡尔在这些方面的思想可以说也被认为是理所当然的。[③]

笛卡尔认为他已经证明了自己的本质是思想体。他说的“思”，意思是“做出判断”。这样，尽管动物也有感知(有感知觉)、记忆与想象，但是它们缺乏判断与意志。人类的本质是思考。与动物不同，人类行

---

① 比如，可参见：G. P. Baker and K. J. Morris，*Descartes' Dualism*，London，Routledge，1996.

② 同上，60-69 页。

③ 另外，洛克也认可关系判断。J. Locke，*An Essay Concerning Human Understanding*，London，Dent，1961，Volume I，Book II，Chapter XXV，pp. 266-270.

为并不完全受制于机械法则式的解释。因此，人类学习似乎包含两种类型：第一，对于身体运动的解释是机械的，和动物的身体运动一样。第二，通过学习做出判断、行使意志(这两者都是自发行为的例子)。①

众所周知，笛卡尔是这一论点的代表，即认为某些观念在出生时就已经存在于心灵当中了，而并非通过经验来到我们这里。这个论点对于任何笛卡尔派的学习解释都具有显著影响。因为，任何人类知识理论只要援引了天赋观念，就一定会影响其对于如何从经验中获取知识的解释。使用观念这个术语，来指称人类心灵的内容，是哲学的一个新起点。不过，笛卡尔在使用这个术语时，似乎代表了我们现在更喜欢区别对待的不同概念。比如，在《沉思一》(*Meditation I*)当中，他所谓的"观念"似乎表示我们现在所谓的"命题"。而在《沉思三》(*Meditation III*)当中，他指的"观念"是诸如"地球、天空、星辰以及其他我得之于感官的东西"。② 不过，似乎的确存在关于观念的图示，这不是观念的偶然特征。

> 其中的一些经验就像是对象的图像一样，只有这些经验可以被恰当地称之为观念。比如，我思考某个人、奇美拉、天

① 这并不是来自于这个前提，即认为笛卡尔是这样一个存在，其本质是一个不同于他的身体的存在。对这种跳跃的批评，参见：A. Kenny，*Descartes*，New York，Random House，1969，pp. 79-80. John Cottingham，*Descartes*，Oxford，Blackwell，1986，pp. 111-118. 进一步批评了这一论点，并详细阐述了笛卡尔同代人[如加森迪(Gassendi)]的反对意见。

② René Descartes，*Philosophical Writings*，translated by G. E. M. Anscombe and P. T. Geach，London，Nelson，1954，pp. 64，77.

> 空、天使或者上帝。这些观念本身都不能被认为是虚假的，唯有判断才可以这样看。[1]

虽然所有观念都具有图示或准图示特征，但是它们的起源并不相同。听到噪声、看到太阳或者感觉到火，这些观念似乎来自于外部对象。而海妖塞壬、鹰头马兽之类，则是笛卡尔自己的发明。然而，诸
14 如“事物”“真理”“意识”之类的观念，则似乎来自于笛卡尔自己的本性，因此是天赋的。这些观念并不被认为是图示化的。

这些评论引起的问题，与它们能解答的问题同样多。一方面，“概念”一词似乎适用于某些观念，包括图示观念与非图示观念这两类。某些观念似乎不仅仅来源于经验，它们本身就是经验性的，另外一些观念则是想象的产物。[2] 此外，对于同一个对象也可能有不同类型的观念。笛卡尔以太阳的观念为例：一方面，我通过经验的方式获得这个观念；另一方面，我又借助天赋观念，通过天文学推论来得到它。[3] 与前者相比，后一种观念与太阳更加接近。笛卡尔不愿意定义观念，这表明他把“观念”这个名词当成了某种特殊的多义词，其核心是类指

---

① René Descartes，*Philosophical Writings*，translated by G. E. M. Anscombe and P. T. Geach，London，Nelson，1954，p. 78.

② 同上，78-79 页。笛卡尔同时也指“类概念”，比如一般意义上的身体(同上，72 页)。

③ 在其他地方，第二种观念被描述为人为的而不是天赋的，因为它来自某些能力的运用。(*Oeuvres de Descartes*，Charles Adam and Paul Tannery [eds.]，Paris，Cerf [1897]，1913，Volume III，p. 303，quoted in Kenny，op. cit.，pp. 101-102. 后文缩写为 AT).

的图像与经验，其外围则是非类指的图像、命题与判断。

这些区分，进一步明确了观念的不同来源。观念的来源，可以是天赋的、外来的(经验的)或虚构的(想象的)。[①] 同时，人们也不应该认为外来观念与观念对象是相似的。更可能的状况是，观念虽然是图示的，但是与观念的对象并不相似(参见上述太阳的观念)。观念的构造，让我们能够在这个世界中蓬勃发展。[②] 笛卡尔认为物质实体的本质是广延性，这似乎是把观念归因于洛克所说的物质实体的“次级属性”。尽管笛卡尔也认为，由于与物质世界接触而产生于我们头脑之中的观念可能不同，但是他或许还是混淆了这种观念与物质实体的属性。[③] 然而，如果我们意识到的观念不是由于物质实体的某些属性引起的，那就容易产生这样的想法，以为观念的发生并非偶然，而是心灵的属性。如果情况是这样，那么观念就是思想体的属性(至少对于人类而言是如此)，是心灵从其起源处就已经具备的属性。

因此，笛卡尔观念学说存在的一个重要难题是，从某种当前的经验到某种精神图像、从某种能力的应用到某种能力与潜能本身，“观念”这个词几乎可以指称所有这些东西。[④] 比如，我们并不清楚，所谓婴儿天赋的上帝观念，是指内在于婴儿心灵但始终未曾触及的东西，

---

① 其中一些可能是有感知觉生物的经验的一部分，比如热和冷的经验。非智人不能做某些判断，比如“在我看来，它是冷的”。如果这个解释正确，那就不只是思想体可以拥有观念。关于感知和智慧的区分，参见：Baker and Morris。

② 对于笛卡尔福利观的讨论，试比较：Baker and Morris，op. cit.，pp. 179-180.

③ 有关这个问题的讨论，参见上书 130-134 页。

④ 潜能在这里被理解为能够获得某种能力的潜在官能。比如，新生儿有语言习得潜能。当他学会某种语言时，就有能力使用这种语言。

还是某种可以在以后获得有关上帝观念的能力(一种潜能[1])。[2] 安东尼·肯尼(Anthony Kenny)认为，笛卡尔似乎不愿意区分这两种潜能：一是获得概念的潜能，二是概念已经获得，但目前还未加以应用。人们相信，为了解释大多数人类学习，必须用到第一种潜能。天赋观念学说基于对这种区分的混淆，有可能使学习成为柏拉图式的回忆，即回忆出生前已经获得的那些东西的能力。[3] 因此，如果婴儿有某种天
15 赋的上帝观念，而不是学习上帝观念的潜能，那么我们通常所说的“了解上帝”就涉及对已经存在的上帝观念的回忆。[4] 肯尼说：“笛卡尔系统，似乎没有为真正的学习概念保留空间。”[5]

一方面，如果我已经拥有了某种天赋观念，那么这些观念就不可能是学会的。另一方面，如果我已经获得了某个观念，可是又没有在心里记住它，那么在什么意义上可以说我“获得”了这个观念，以及在什么意义上可以说我学会了这个观念就都不清楚了。[6] 处理这个问题的一种方案，是选择追随乔姆斯基(Avram Noam Chomsky)，把天赋

---

[1] 译者注：“ability”是实现了的“能力”，“capacity”是还未实现的能力、是获取某种能力的“潜能”。本书在使用这两个概念时做了明确区分。

[2] 参见：Kenny’s discussion of ATIII，p. 424 and ATVIII，p. 357 in op. cit.，pp. 101-103.

[3] Plato，*Meno* in B. Jowett，*The Dialogues of Plato*，London，Sphere Books，1970.

[4] 然而，这种看待事物的方式给笛卡尔和洛克都带来了困难，他们似乎认为观念必须呈现在意识当中才能说是存在的。

[5] Kenny，op. cit.，p. 103.

[6] ATVII，p. 67 认为，目前没有被想到的观念，可以“从我的思想库”当中提取出来。参见：J. Cottingham，op. cit.，pp. 145-146.

观念解释为某种心灵结构。这种结构既是一种潜能，又可以在某种意义上被认为是这些潜能所有者运用的众多能力的表象。因此，天赋语言既是沟通能力(仅仅为心灵与自身的沟通服务)，也是所有自然语言的普遍结构的表象，允许人们在有恰当输入的情况下学习这些语言。从这个意义上来说，天赋语言也是一种潜能。

正如我们指出的那样，来自于经验的观念(外来的观念)在某种意义上也是天赋的。由于产生经验的原因与它们激发的观念之间没有任何相似之处，因此这些观念必定是事先存在于我们身上的，并且在某种意义上受到了物体对于我们感官的激发或诱导。① 肯尼的看法是，作为一种能力的观念(他使用的是“潜能”这个词)本身是天赋的，但事件性的观念则是偶发的。当这种能力被用来判断心灵以外的事物时，这个观念就是外来的。然而，没有哪个观念会与进入心灵的感官刺激相一致。在笛卡尔看来，观念不是外界对象的图像，尽管它们在某种意义上是图示的。作为能力的观念显然是这样，但是事件性观念就不同了。笛卡尔很清楚，作为事件的观念不是头脑中的图像。但是，当它指向头脑中的某个部分时，这些观念在心灵看来就可能是一些图像。②

事实上，笛卡尔的观念兼具物质图像、精神图像与概念的某些属性。与物质图像、精神图像一样，这些观念也是表现事物的表象。观

---

① ATVIII，p. 358；ATIII，p. 417 cited in Kenny，op. cit.

② ATVII，p. 161. 同时参见：*Rules for the Direction of the Mind*，Rule XII (Geach and Anscombe edition)，pp. 168-169.

念和精神图像一样，但是不同于脑图像，因为它不是由任何事物构成的。与物质图像、精神图像都不同的是，观念可以代表某种非物质的东西(比如上帝)，而且不必借助于某种物质性的东西(比如一个长着胡子的圣人)。和物质图像一样(不是精神图像)，观念甚至可以在心灵意识到它之前就存在，而且可以包含心灵未曾意识到的众多细节。[①]

认为得到应用的概念是一种表象，这个想法在某种意义上可以说是一种恶性倒退。如果我判断说这里有个人，就意味着这里有一个人与关于这个人的精神表象相符合。为了确保这个判断是正确的，就要求这个表象本身可以得到正确地识别。而为了做出这个判断，就需要对于一个人的表象与这个人本身之间的关系建立进一步的表象。为了让这个进一步的表象得到正确识别，它本身又需要满足同样的条件。
16 如果把心灵描述为一个孤立的小人，就一定会遇到这一类难题。由于这个小人是孤立的，就没有简单明白的方法来区分正确与错误的表象(对这个问题的进一步讨论，参见第 4 章与第 7 章)。认为观念是天赋的，这种想法的唯一明确的含义，是不把观念当作概念，而是把观念当作获取概念的潜能。可即便如此，当人们试图把这种潜能描述为一种表象的形式时，也仍有可能产生混淆。然而，包括经验论者在内，没有人会否认人类具有某种与生俱来(而非习得)的形成概念的潜能，这在某种意义上可以说是“天赋的”。这个观点尽管不存在争议，但作为一种对观念起源的哲学解释却没有什么吸引力，因为它所说的只不

---

① 这源于他们头脑中的图像或痕迹的生物图像。参见：Kenny，op. cit.，p. 108.

过是我们生来就能形成概念。[1]

笛卡尔试图把观念解释为一种类似于图像的表象形式，这会带来进一步的难题。他的解释涉及的，既有纯粹心灵的案例，也有心灵以外的案例。因此，对于笛卡尔来说，想到一只独角兽，就是在心灵当中有了一个关于独角兽的观念。这并不是说独角兽存在于这个人的观念当中，也不是说这个人在考虑的是一只真正的独角兽。另外，如果想到太阳，就意味着拥有一个关于太阳的观念，那么人们就会以为太阳出现在心灵当中。因为，与独角兽不同，太阳可不是一个想象的实体。笛卡尔在这两个想法之间游移：一方面，笛卡尔说想到太阳，涉及太阳的某种纯粹外在的属性，在我看来这就是某种客观存在(我不是想到了一个想象的太阳)。另一方面，笛卡尔又说，既然在这种理解当中包含某种客观存在，那么观念也就应当是客观的。可以看出，在我想到太阳时，我就是想到了关于太阳的某个观念，这是太阳在我身上获得客观存在的一种方式，这对于我想到一个真正的太阳来说是必要的。然而，这里的结论似乎是错的，因为这两种思考完全可以区分开(太阳与太阳的观念)。将关于太阳的观念作为太阳的一种表象形式，进而把拥有关于太阳的观念作为我能想到太阳的唯一方式，这种理解存在难题。这个难题同时适用于外来的与人为的太阳概念，因为这两

---

① 这可能算不得一种陈词滥调。因为，一些现代笛卡尔派认为，那些我们通常认为自己获得的概念，实际上是与生俱来的。参见：Noam Chomsky，*Language and Problems of Knowledge*，Cambridge，Mass.，MIT Press，1988；J. Fodor，*The Language of Thought*，Cambridge，Mass.，MIT Press，1975. 这些理论将在第 9 章得到更加深入的讨论。

者也都是表象性的。

如果关于某甲的观念被认为是想到了某甲(无论是否凭借图像)，那么最好将这个观念视为在各种活动中对概念甲的应用。比如说，概念甲被用到了某个判断行为当中。如果这个概念是用来指称像独角兽这样的非存在对象，那么判断的真假与否在某种程度上与那些有外部事物与概念相对应的情况是不同的。判断行为将会以多种不同的方式
17 来描述，包括断言、行动以及彼得·吉奇(Peter Geach)所谓的“精神活动”(精神活动可以通过对断言、质疑等真实行动的类比来解释)。[1] 这种意义上的概念，是可以应用于各种活动当中的能力，包括判断活动与精神活动(参见第 9 章)。完成某种精神活动，可能是想到思考时包含的内容，但不应该被等同于想到某甲。关于某甲的**思考**或者说**想到某甲**，比对某甲做出判断(无论是不是精神活动)要更加宽泛、更加让人费解。人们可能会以各种方式想到某甲，而不必做出与某甲有关的判断或者精神活动(参见第 11 章)。由贝克莱与休谟发展出来的有关学习的联想论解释，试图展示一个精神图像如何表象一个概念。这将在第 9 章做进一步讨论。

洛克与天赋观念学说

与笛卡尔相比，洛克的观念也有类似的异质性。然而，洛克否认有哪种观念会源于经验以外的任何事物。洛克的观念似乎指的是前一

---

① P. T. Geach, *Mental Acts*, London, Routledge, 1957.

节理解的**概念**。但是，与笛卡尔一样，洛克也含糊地将其称为观念，包括**存在**、**统一**这一类概念。[①] 另外，洛克的观念似乎也意味着一些分析性的命题，比如：

> 一个事物不可能既存在又不存在。[②]

通过激发感觉器官而引起的精神事件，同样也是观念。它们包括对象本身并未直接呈现，而是通过刺激我们的感官系统创造出来的实物的一些属性。这些属性不存在于对象本身，而是由对象唤起的(不是从对象中抽取的)。唤起这些观念的机制，是一种我们几乎一无所知的精神官能。洛克认为，这种意义上的观念，是由心灵以外的对象创造的。洛克唯一有可能拒绝的观念，是那些并非由于世界对我们感官的影响而获得的观念。关于观念的起源，洛克中意的解释会把观念与关于这个世界的经验紧密联系起来。在某些方面，洛克与笛卡尔的观点非常相似：第一，他们都认为，观念在某种意义上**代表**了它表征的这个世界中的对象。第二，他们都假设了心灵的某种未知功能，这种功能允许观念通过心灵以外的对象产生，也允许观念在意识中消失并且再次被唤醒。

经验论者假设了其他功能(比如**想象**)，这些功能允许观念之间的 *18*
联系与结合。洛克的策略是，如果能够证明所有观念都来自于经验，

---

① Locke, op. cit., Volume I, Book II, Chapter VII, p. 101.

② 同上，第1册，第2章，16页。

那就没有理由认为它们是天赋的。他的第一个论证针对的，是对于同一性原理与非矛盾原则的普遍赞同。第一，白痴与儿童对此毫无概念。如果这些观念是天赋的，那么这类人就不可能不认识到它们。但是，白痴和儿童并未认识到这些原理，因此这类观念并非天赋。乔姆斯基的隐性知识概念，可以构成对于洛克这一论证的反驳。这种隐性知识，被认为是主体可以使用而有意识的思考不能使用的东西。它可以支持笛卡尔派的解释，但是洛克似乎拒绝了它。可供心灵使用的内容，必须满足两个条件之一。心灵能够意识到这个内容。第二，心灵曾经意识到这个内容，只是现在不再如此。在后一种情况下，这个内容在记忆当中留下了某种痕迹。与生俱来的天赋观念，不能满足这两个条件当中的任何一个。它们不仅当下没有得到关注，而且从来都没有被当事人关注过。

> 说一个概念印刻在心灵当中，同时又说心灵对这个概念一无所知、从未注意过它，结果只能说这个印象什么也不是。[①]

然而，和笛卡尔一样，洛克也要承认，在某种意义上观念可以被印刻在心灵当中，同时心灵又没有注意到它们。只有这样，他才能解释记忆或者学习保持。如果学习是借助(基于经验产生的)观念来实现的，而这些观念只有在呈现于意识当中时才会存在，那就很难看出我们为什么能够学会任何东西了。笛卡尔认为，储存在头脑中的图像可

① Locke，op. cit.，Volume I，Book I，Chapter II，p. 11.

以被主体感知到，而这些图像就是所谓的记忆。[①] 通过这种方式，可以说笛卡尔免去了安东尼·肯尼对他的批评(肯尼认为笛卡尔无法解释学习)。如果关于某个事物的图像(它不需要与这个事物相似)被印刻在头脑当中，那么心灵就可以随时去查看它。因此，一个没有获得观念但是能够获得观念的人，不同于一个已经获得观念但是目前没有使用这个观念的人，也不同于一个正在使用已经获得的观念的人。洛克坚持认为：

> 心灵有一种能力，在需要的时候可以让它复活。[②]

然而，正如唐·洛克(Don Locke)所说，人们无法理解在记忆活动当中可以唤起与过去完全相同的观念是个什么意思。所以，这不可能是一个令人满意的解决方案。这是维特根斯坦“私人语言论证”的要点之一，在这种情况下谈论“相同”或“不相同”没有意义，因为根本不存 19
在什么个体化的独立原则。洛克把观念视为在关系判断中才能出现的术语、视为判断的逻辑主体，所以很容易受到这种批评的攻击。笛卡尔由于只允许观念中存在单一模态，所以可以免于这样的攻击。[③] 然而，笛卡尔不能避免这样的批评，认为构成记忆基础的头脑印象不具

---

① *Rules for the Direction of the Mind*, Rule XII, p. 168 of Geach and Anscombe edition.

② Locke, op. cit., Volume I, Book II, Chapter X, p. 118. 同时参见：Don Locke, *Memory*, London, Macmillan, 1971, p. 4.

③ 试比较：Baker and Morris, op. cit., pp. 29-30; 161-162.

备明确的同一性标准，因此把它作为检查记忆的手段是可疑的。在笛卡尔那里，记忆来源的孤立(而非私人)属性，才是真正的麻烦所在(参见第 4 章)。

为了避免洛克对笛卡尔的第一项反驳，人们有时会说是通过应用理性来赞同逻辑真理，而正是这一点让观念成了天赋的东西。对此，洛克会回应说，在这种情况下理性必定是让人发现早已印刻在心灵当中、而此前并未意识到的真理。洛克认为，这会导致一个矛盾：如果这些观念已经印刻在那里了，那么这个人就已经知道它了；如果它们没有被印刻在那里，那么这个人就不知道它们。但是既然他确实已经知道，那么在用自己的理性去发现这些真理之前，说他并不知道它们，这在某种意义上就是一种自相矛盾。因为，这会违反洛克关于“知道某事”的两个必要条件，即这件事要么正在心灵当中，要么曾经处在心灵当中。①

洛克认为，仅仅因为一个人不得不同意某些命题，就认为这些命题一定是天赋的，这也是一个误解。

> 不能否认，许多自明真理一经提出，人们就会熟悉它们。这些人觉得自己开始知晓一个此前未知的命题。他从此以后不再怀疑这个命题，不是因为这个命题是天赋的，而是因为他在考虑这些文字的内容时，无论如何都无法再做他想。②

---

① Locke，op. cit.，p. 15.

② 同上，20 页。

洛克进一步处理的主张认为，这些观念即使没有提到意识层面，也仍然隐含在心灵当中。洛克认为，这种主张什么也没有说，只不过是说心灵有一种理解此类命题的潜能而已。

在谈论学习时，我们自然会承认自己既有某种学习潜能，也有把学到的东西带进心灵当中去的能力。正如吉尔伯特·赖尔(Gilbert Ryle)指出的那样，知识与信仰这两个概念是意向性的而不是事件性的。[①] 这并不意味着所有知识都是实用的“知如何”，而是说“知道”不像经验论者与笛卡尔派所认为的那样，是靠把某事记在心头这样的事件来确定的。虽然在这个问题上，经验论者看起来几乎没有什么可以补充的，但是对于笛卡尔派来说情况还要更为复杂。我们已经在笛卡尔那里发现了记忆痕迹理论，其中知识是通过头脑中的物理表象来存 20
储的。人们可以进一步发展这种思想，认为主体即使没有意识到，这种痕迹也仍旧可以提供某种内隐知识。

这种物理表象论在现代认知主义当中得到了长足进展，其中大部分都成为对笛卡尔哲学的自觉发展。[②] 它的难题在于认为头脑中的物理痕迹可以代表任何东西(参见第 6 章与第 10 章)。

---

① G. Ryle, *The Concept of Mind*, London, Hutchinson, 1949, Chapters 2, 5. 赖尔的看法过于笼统了，应当说知识和信仰在很大程度上是意向性而不是事件性的。译者注：赖尔这两个概念的译法，参照了《心的概念》的中译本。(赖尔：《心的概念》，刘建荣译，上海，上海译文出版社，1988。)

② 在 20 世纪哲学当中，这种思维方式最显著的代表可能是杰里·福多尔。参见前引作品。

结论

在他们的认识论作品当中，笛卡尔、洛克与休谟将学习描述为一种孤立的活动。对于笛卡尔来说，学习包含对于天赋观念的关注，或者对于头脑中的表象痕迹的关注。对于经验论者来说，学习包含观念的保持与唤醒，这些观念作为对象绝对是私人的。维特根斯坦在《哲学研究》第258～265段，批评了绝对私人对象形成可理解话语的可能性[①]。这个批评，对经验论者可以构成攻击。这些批评不适用于"学习

① L. Wittgenstein, *Philosophical Investigations*, Oxford, Blackwell, 1953. 译者注：维特根斯坦对"绝对私人对象形成可理解话语的可能性"的批评，参考下列引文："让我们设想这个例子。我想在日记中记录某种重复出现的感觉。为此，我把它和'E'这个符号联系在一起，在有这种感觉的日子里，我就在一本日历上写下这个符号。……定义可是用来确定一个符号的意义的。……但是在我们的例子中我根本没有这种正确性的标准。(§258)""我们有什么理由把'E'称为一种感觉的符号呢？因为'感觉'是我们共同的语言而不是只有我理解的语言中的一个词。因此这个词的用法需要一种大家都理解的理由。……(§261)"(维特根斯坦：《哲学研究》，楼巍译，123-124页，上海，上海人民出版社，2019。)"我将为某种反复出现的特定感觉做一份日记。为此，我把它同符号E联系起来，凡事有这种感觉的日子我都在一本日历上写下这个符号。……定义的作用却是确立符号的含义。……但在这个例子里我全然没有是否正确的标准。(§258)""我们有什么根据把'E'称为感觉的符号呢？'感觉'是我们共同语言里的词，而不是只有我才理解的语言里的词。因此这个词的使用就需要有大家都理解的理由。(§261)"(维特根斯坦：《哲学研究》，陈嘉映译，100页，北京，商务印书馆，2016。)一个人在进入异族以后，需要先行掌握一套语言，才能通过"指物定义"的方式，完成对当地语言的学习。(我们可以设想一下自己的外语学习经验。)而如果这个人本就降生在这个部族，那就需要用另一套原理才能解释他的母语学习了。词的含义在用法中给出，而用法是要通过指涉的对象来确定的。因此，虽然私人语言能够指涉"绝对私人对象"(比如某种疼痛感)，但是这种指涉却没有判断正确与否的标准。为此，维特根斯坦用"语言游戏(§23)"理论，来取代"指物定义"。

本质上是一种孤立活动"的主张(第 258～265 段)，因为它并不直接针对这一主张。现代认知主义接受后一种而不是前一种观点，因此不受私人语言论证的限制。是否存在自始孤立的学习，这一点颇有争议。但毫无疑问的是，笛卡尔与经验论者持有的关于人类知识的基础主义观点，是把一个孤立个体的知识作为全部知识得以建立的基础。

这种成见，植根于大多数当代学习理论之中。当它与卢梭提出的反社会、反规范性的学习解释结合起来以后(下一章要做批判性的讨论)，关于人如何学习的一种扭曲观点就出现了。这种观点认为，人类学习最基本的形式是一个孤立的过程，而且最佳的学习也必定是孤立的。这些观点不可避免地汇聚起来，对于任何把学习理解为一种社会活动、其成功要(通过训练与指导)依靠他人的观点，都提出了巨大的挑战。认为人类学习最重要的特点是自始孤立，这种观点将在第 4 章受到挑战。

21 # / 3. 有关学习的浪漫观点：卢梭的《爱弥儿》/

导言

本章探讨卢梭的学习理论并评价其优缺点。该理论是在《爱弥儿》中发展的教育解释的一个部分。[①]《爱弥儿》不仅是一部富有文学才华的作品，而且严格贯彻了自身的前提。[②] 这本书还预示了一些可以归功于维特根斯坦的认识论与心灵哲学方面的见解。为了处理这本书提出的学习理论，在提出有效的批评之前，需要先行关注该书的基本思想，去理解它们是如何结合在一起的。

---

① 从传统自由教育者的角度，对《爱弥儿》进行的相对温和的概述，参见：R. S. Peters，'The Paradoxes in Rousseau's Émile' in R. S. Peters，*Essays on Educators*，London，Allen & Unwin，1981. 关于卢梭对其他进步教育思想家的影响，最近的一份解释可参见：J. Darling，*Child－Centred Education and Its Critics*，London，Chapman，1994，Chapters 2，3. 《爱弥儿》的所有引文，均取自：J. J. Rousseau，*Émile oul'éducation*，first published in 1762. 为便利起见，注释和引文均取自芭芭拉·福克斯利的英译本(London，Dent，1911)。

② 试比较：N. Dent，'The Basic Principle of Émile's Education'，*Journal of Philosophy of Education*，22，2，1988a，pp. 139-150.

卢梭关于学习的哲学思考与心理学思考的积极贡献，可以这样概括：人类不是非具身智慧，而是具身生物，是自然界的一部分。借助他的认识论，卢梭教育方案的主旨是把个体视为一个整体、一个有机生物，是事物的自然秩序的一部分，人的发展不只依靠狭隘的理智方式。[①] 尽管卢梭对思想起源及其应用的描述带有经验论特征，但是他的主旨并不受这一缺憾的影响。[②]

卢梭并不认为人类本质上是孤立的个体，但是他的人类社会观念(作为相互联系与自我表达的适当媒介)，使他无法对人类学习或社会关系的本质给出令人满意的解释。他不愿意看到，规范性秩序是人类所有社会关系的组成部分。这种态度，贯穿在他的作品之中，使他不能意识到在生命早期阶段开始的养育当中包含规范性干预的重要性(实际上是一种必要性)。[③]

最后一点是卢梭的发展主义遗产。他认为人类可以生长、成熟与衰退，发展主义即发源于这种对于人类境况的认识。虽然这是一个有价值的见解，但是它也包含危险。危险的两个来源，都可以在卢梭的 22
思想当中找到。第一个争论点是，动机的唯一来源(或者至少是动机的

---

① 试比较：J. Darling，'Rousseau as Progressive Instrumentalist'，*Journal of Philosophy of Education*，27，1，1993，pp. 27-38.

② 卢梭似乎不赞同一种系统的天赋观念学说，但是相信对于正义的情感是与生俱来的(前引作品，32 页)。他同时相信某些能力是天赋，尽管要在一定的社会背景下才能表现出来(同上，340 页)。

③ 卢梭确实看到了某种规范性秩序的必要性，但这种秩序只能建立在平等、自由的联合的基础之上。这里提出的问题是："什么条件允许个人自由联合？"回答这个问题的前提，是存在某种规范性秩序。

主要来源，因而也就是学习动机的主要来源)主要在于个别化的人，而不是身处社会环境中的人。第二个争论点与预备状态的观念有关，即在儿童能够学习某些东西的阶段之前，有些东西无法学会。关于预备状态的解释带来一种危险，即过分教条地理解儿童在任何特定生命阶段能学什么、不能学什么，这可能导致对于儿童潜能的系统性低估。[①]

卢梭的认识论

初看起来，卢梭对学习的解释与洛克非常相似。和洛克一样，卢梭把感觉作为人类知识的源泉。心灵在接受感觉作用时是被动的。与洛克、休谟不同的是，卢梭断言心灵对感觉的操作(即判断)也是一种活动，其工作方式部分构成了我们的品格。比如，洛克写道：

> 通过反思……我将得到理解。这意味着，通过把理解中的各种操作当成观念，我就能够意识到心灵自身的操作及其操作方式。[②]

卢梭提供的解释，可以和洛克的做一番比较：

---

① 更多内容，参见：J. Darling，'Understanding and Religion in Rousseau's Émile'，*British Journal of Educational Studies*，33，1，1985，pp. 20-34.

② Locke，op. cit.，Book II，Chapter 1，p. 78. First published 1690. Fifth edition London，Dent，1961.

> 起初我们的学生只有感觉，现在他有观念了；他一开始只有感觉，现在他可以推理了。对于许多连续出现、同时出现的感觉的比较以及对于它们的判断，出现了混合或复杂的感觉，我称之为一个观念。[1]

请注意，做判断的是学生，而不是他的心灵。卢梭对于把人类智慧视为一种非具身灵魂的看法颇不以为然，实际上他明确批评了洛克的这种观点。[2] 然而，很难说卢梭真正突破了这种精神论个人主义，即相信个体身份以及死后成为一种非具身存在的可能性。[3] 尽管如此，他并不认为人类心灵从出生时起就完全成型了(无论是通过所掌握的天赋观念，还是通过成为一个接受观念的白板)。对于笛卡尔与经验论者来说，心灵的结构从出生起就已经完备了，有待补充的只是个体可能遭遇的特定经验。在卢梭的解释当中，心灵经历的变化，与成熟以及 23
我们关于自然世界和他人的经验直接相关。此外，我们的判断方式部分构成了我们的品格，于是判断方式也就可以学习了。[4]

虽然感觉是被动的，但判断是一种或多或少都可以完成的活动，而且卢梭还暗示说我们可以通过学习来做得更好。我们的判断方式，部分决定了我们是哪种人。糟糕的判断，一方面告诉他人我们不正确，另一方面也告诉他人我们是肤浅的。反过来，我们也可能因为自己的

---

① Rousseau，op. cit.，p. 165.
② 同上，218-219 页。
③ 同上，246-247 页。
④ 同上，165-166 页。

判断品质，被他人认为是具有坚强品格的人。根据卢梭的说法，我们并非天生就具有这种形成判断的能力，而是在适当阶段得到了发展。

这似乎意味着，人类判断的特点与品质，能够在他人的指导下得到更好的发展。人们可能会认为，我们的判断可以塑造，以增进其彻底性、准确性及相应的个人品质。我们自然会把拥有权威的教师，看作一个通过明确指导来培养判断与品格的人。然而，卢梭并不这么认为。他坚持认为社会、他人对于年轻人的判断具有普遍恶劣的影响。

这种认识论存在问题，比如认为感知主要是感觉的被动接受的观点就是一种过度简化。在维特根斯坦的作品出版以后，感觉、判断与感知之间关系的复杂性才开始得到重视。[1] 然而，卢梭早已意识到判断在感知当中可以发挥作用。在讨论正在移动的是云还是月亮、半浸在水中的棍子是否笔直的问题时，卢梭表达了这一观点。

感知当中包含判断，并且这类判断既可能是主动的也可能是被动的。包含在我们感知当中的大部分判断都是被动的。比如，这就是我们感知到的。感觉不会被误导，因此我们对于这些感觉的判断也不会犯错。然而，通过感觉我们感知到了什么，却可能会出错。我们在做出这种判断时是主动的，既可能正确也可能错误。比如，如果我之前从未吃过冰激凌，并且第一次吃的直接感受并不舒服，那么我就认为这种感觉不舒服。这是直接的、自动的过程。我没有做任何举动来做这种判断，我的判断内容不可能犯错。事实上，可以说我的感觉与我

---

① 比如，参见：L. Wittgenstein，*Remarks on Philosophical Psychology*，Volume 1，Oxford，Blackwell，1980.

的判断总可以区分开。如果我大声抱怨说冰激凌烫着我了，那么关于 24
冰激凌对我做了什么就形成了一个错误判断。冰激凌发烫的感知，是基于一种不舒服的感觉，这其中包含了被动的判断。同时，这个感知也基于主动的判断，认为这种感觉与我曾经经历过的不舒服与伤害经验类似。[①] 在这种情况下，我做了错误的归纳：因为类似的不舒服曾经是由热引起的，就以为这里的不舒服也是如此。在这个例子当中，我因为没有恰当运用过去的经验，所以也没有学习。这意味着，我要对日益广泛的经验进行更精准的反思，以便做出正确判断。在一般的教育实践当中，自然认为拥有权威的教师可以通过教学来弥补学生在判断方面的缺陷，但是卢梭不会这么认为。

自然

卢梭被认为是一位颂扬自然状态的哲学家，他认为自然状态最有利于人的蓬勃发展，也最能表达人类物种的属性。这种观点无论如何都过于简单化了，在最坏的情况下甚至会构成严重的误导。难道卢梭认为人类应该像那些孤立的生物一样生活，只是出于繁殖的目的或者其他人类生存必需的操作才聚集到一起吗？事实并非如此，因为卢梭认为社交潜能是人的身份的重要组成部分。使用语言与他人交流的能力，是这个潜能的重要组成部分。这表明卢梭很清楚，语言学习的本

---

① Rousseau，op. cit.，p. 166.

质是一种社会建构。[1]

因此，某种形式的社会性存在，似乎是人类自然存在的一部分。人们可能会说，可以与他人进行互动与交流，是人类物种属性的一部分。但如果接受了这种对于卢梭的解释，那么我们就必须面对一个明显的悖论。“自然”与“社会”之间的对比，意味着这两种状态之间存在差异。这反过来又使我们认识到，差异在于与自然关系相比社会关系包含的特殊性。我们知道，这并不意味着人天生就是孤立的。同时我们也知道，卢梭并不认为人在本性上适合群居。一方面，卢梭同意把孤立作为人类在很长一段时间内的正常存在方式；另一方面，卢梭也知道，通过共同的语言与文化的作用，人与人之间的联系要远远超过其他物种。

如果是这样，那么认为有一种人类存在的自然状态、人在这种自然状态下能够最大限度地表达自己，而当他进入社会联系时就面临败
25 坏的风险，这样的观念是什么意思呢？答案是，卢梭认为某些形式的社会联系不利于人性的正常发展，同时这些联系会在不可避免的、有益的人类联系当中发展出来。这个解释，使我们能够把卢梭看作一个自洽的、合乎逻辑的思想家。这种观点通过对《爱弥儿》与《论不平等》(*Discourse on Inequality*)的详细考察得到了支持。[2] 卢梭似乎相信，如果不把一个人的意志公然强加给另一个人，这种社会联系就是自然的。

---

① Rousseau, *Discourse on Inequality*, London, Dent, 1913, pp. 174-179.

② N. Dent, *Rousseau*, Oxford, Blackwell, 1988b. 提出了一个强有力的案例，来支持这一观点。本节对于“自然”的解释，在很大程度上归功于尼古拉斯·登特的讨论。

这种想法认为，自然联系的基础是人与人之间保持互惠式的自由、平等的相互尊重。

这种自然概念，与通常所谓“自然秩序的一部分”的那种自然概念一道，被认为是我们生物命运的一部分。这两个概念彼此并不矛盾。我们都有源自生物命运的冲动或激情。在我们自己建构的社会架构内，我们对这种生物命运的反应可以采取两种形式。第一种形式在前一个意义上是有益的与“自然的”。也就是说，它包括这样一种人类交往，其基础是不把一个意志强加给另一个意志。直接代表某人去否定他的某种需求，而实际上这个人能够满足这种需求，这是把一个意志强加给另一个意志的例子，因而也是一种“非自然”的联系。代表某人把意志强加给没有真正需求的人，同样也是非自然的。比如，仅仅出于我自己的愿望，要求别人为我做某事。因此，认为“自然”排斥“社会”或“自然”仅仅意味着“良性的社会联系形式”的说法是经不住推敲的。认为这两种自然观念相互矛盾的想法，也同样经不住检验。对于人类来说自然的东西，既有来自于生物命运的部分，也包含有利于人在联系中蓬勃发展的那些东西。这种联系本身，建立在我们满足生物命运的热情的基础上。[①] 然而，应该指出的是，卢梭并不认为将一个意志公然强加给另一个人会是有益的。因此卢梭所说的“自然”正是指这样的情况，不是为了满足权力欲或者控制欲，而是为了发展个人兴趣(像教师设想的那样)。卢梭没有意识到，意志强加可能以不败坏的方式来实现，这是接受他对学习的解释(或者实际上是一种对教学的解释)的主

---

① Dent，1988b，op. cit.，pp. 14-18；74-78. 提供了详细讨论。

要障碍之一。

我们要搞明白，为什么有利的情况很少出现？为什么卢梭所谓原初的自然联系，会轻易就退化成如此普遍的有害与限制的形式？“非自然”联系的普遍存在，表明它们源于人性中某些根深蒂固的倾向，并非罕见的情况。这让问题显得更加紧迫。虽然卢梭巧妙、详细地解释了这些联系的产生，但是他的解释并不能满足相关的批评。也就是说，人们在形成社会制度时，那些让人反感的联系总是会成为普遍倾向。

在卢梭自己的解释当中，主宰与征服的冲动虽非自然(意思是说，它不是为了满足我们的生物命运)却仍有可能出现在人类生命的最早阶段。① 除非婴儿的需求得到精心管理，否则主宰倾向就会在生命的早期阶段出现。同样，由于婴儿意志受到打击，怀疑与恐惧就会产生。婴儿的柔弱让他容易被主宰，或者让他那幼小的意志遭到拒绝。在另一个关键段落当中，人们可以再次发现对他人的偏执怨恨的来源。在卢梭看来，这样的联系同样是非自然的，可却在人类最日常的环境当中出现了，比如在殴打哭闹的婴儿时。②

在这种情况下，那个一直哭泣的孩子感到被殴打的**不公正**。他的全部愤怒与怨恨，都来源于此。在卢梭看来，看护人强加自己的意志，是一种不公正的表现。在这类情况中出现的怀疑、怨恨，以及对于或

---

① Rousseau，op. cit.，p. 33. 同时参见 36 页。

② 同上，32 页。这可以与维特根斯坦在《文化与价值》中的说法做对比：“任何听过孩子哭泣并了解自己听到了什么的人都知道，这种哭泣蕴藏着潜伏的精神力。这是一种可怕的力量，不同于任何寻常的想象。这是深刻的愤怒、痛苦，以及毁灭的欲望。”
26 Translated by Peter Winch，Oxford，Blackwell，1980，p. 2e.

真或假的错误进行过度补偿的欲望，成为臭名昭著的自恋的特征[①]。这一点在卢梭的下面这个说法当中表现得非常明显：卢梭说公然强加意志会导致怨恨，因为这样做是不公正的，并且正是对于加诸个人的

① 译者注：在英译本《爱弥儿》当中，常保留“*amour de soi*”（“自爱”）和“*amour propre*”（“自恋”）这两个法文词，不做翻译。这体现出译者对于这两个概念的特殊关注。比如，佩恩写道：“卢梭区分了自爱和自恋。第一层情感指向简单的康乐，与他人无关，是无私的。与此相反，第二种情感会让个人拿自己和他人做比较，有时甚至会为了自己牺牲他人。我们的‘self-love’则兼具两种含义。”Rousseau，J. J. *Rousseau's Emile or treatise on education*（trans. By William H. Payne）. New York：D. Appleton an Company，1892：p. 16. 布鲁姆写道：“卢梭是这样一种思想的源头，即利用诚实—不诚实、真实—不真实、内在取向—他人取向、真实自我—异化自我等反义词来取代美德—邪恶，作为一个人好—坏、快乐—痛苦的原因。所有这些都源于卢梭对自爱和自恋的分析。这是由于人在身体上、精神上依赖他人而造成的心灵上的分裂，结果破坏了人原有的统一性和完整性。自爱和自恋的区分，意味着给人的内在张力提供一种公正的解释，这种张力过去一度被理解为身体和灵魂的对立的、不可调和的要求的结果。”Rousseau，J. J. *Emile or on education*（trans. By Allan Bloom）. New York：Basic Books，1979：p. 4. 在中译本《爱弥儿》当中，译者曾将“*amour propre*”译作“自私”、将“*amour de soi*”译作“自爱”：“自爱心所涉及的只是我们自己，所以当我们真正的需要得到满足的时候，我们就会感到满意的；然而自私心则促使我们同他人进行比较，所以从来没有而且永远也不会有满意的时候……”[卢梭：《卢梭全集》（第6卷），李平沤译，333页，北京，商务印书馆，2012。]但是，李平沤译本对这两个词的译法并不统一。除了“自私”以外，“*amour propre*”还被译作“自尊”甚至“自爱”，比如：“驾驭他人的心理唤起和助长了人的自尊（*amour propre*），而习惯又加强了这种自尊的心理。”（同上，77页）“人类天生的唯一无二的欲念是自爱（*amour de soi*），也就是从广义上说的自私（*amour propre*）。”（同上，第118页）“这是自爱（*amour propre*）的选择，这是很自然的选择。但对孩子们来说，这是多么可怕的教育啊！”（同上，161页）读者在阅读该译本时，可小心留意这一译法上的安排。在本书当中，我将“*amour propre*”统一译作“自恋”、将“*amour de soi*”统一译作“自爱”。译法选择的理由及相关讨论，参见：汪炜：《如何理解卢梭的基本概念amour—propre?》，载《哲学动态》，2015（10）。汪炜：《卢梭与作为哲学问题的自恋》，载《现代哲学》，2019（5）。

这种行动的感知造成了各种社会疾病与心理疾病。[①] 如果确实如此，那么这种情况几乎会是日常生活中的一个不可避免的部分。忽略哭闹的婴儿，在卢梭看来是一种自然的反应，而对许多人来说这恰恰是非常不自然的。大部分成人在面对一个哭闹的婴儿时，要么会带去怨恨(就像卢梭例子中的看护人一样)，要么就会带去安慰。正如我们所指出的那样，后一种反应在很多情况下也会导致过分的自恋。由于这两种反应在某种意义上都是“自然的”(也就是说，当面对这种令人痛苦的行为时，二者都属于人类的正常反应)，因此那种适宜去发展自然的人类关系的反应(或者卢梭建议的不做反应)不仅不典型，而且对于大多数人来说恰恰需要刻意培养，因为这有违他们对于此类情况的“动物性”反应。人们必须在道德与情感之间保持恰当的平衡，才能促成卢梭认可的有利于人与人之间自然关系发展的各种反应。事实上，《爱弥儿》中的家庭教师的策略，正是在试图保持这样的平衡。但是一个重要的问题是，为什么我们通常对婴儿表现出来的好恶，在卢梭看来是不
27 “自然的”？换句话说，为什么这些反应不是来自于我们的生物本质、进而可以促进人的蓬勃发展？我们没有理由认为，这些反应只是出于主宰或被主宰的莫名冲动。

人们可能认为上面的例子无关紧要，但卢梭肯定不做此想。他写到了婴儿与看护人之间的关系：“你认为不值一提的这些泪水，带来了人与环境之间的第一层关系。这是建立社会秩序的漫长链条的第一个

① Rousseau，op. cit.，p. 33. 在这里卢梭似乎也认可人类存在与生俱来的正义感。

环节。”[①]卢梭的这句话，是在谈论对他人的情绪觉察的成长，及其在个体心理特征形成过程中的作用，这反过来会影响个体与他人之间的关系。无论卢梭的看法是否正确，在这种关系当中还有另外一个非常重要的方面。卢梭显然忽视了这个方面，而且从某种意义上来说他也认为这个方面无关紧要。在这些简单的状况下，针对他人的怨恨、同情与鼓励，都是自发的、非反思的。在这里，婴儿首次意识到了社会生活的规范性特征。此后有关社会结构、个体道德与社会道德、宗教信仰与人类智力成就的认识，都源于婴儿最初接触的来自他人的情绪觉察。通过这一类接触，他首次意识到了人类社会服从规则的本质及其后果。

卢梭似乎没有看到，我们对于后代及后代对于我们的反应性行为，是人类自然史的一部分，也是构成人类社会(服从规则的)各种联系的基础。他所谓的“自然”反应，包含评价性的成分，认为只有自由与平等的联系才是有益的。如果确实如此，那么他的自然概念即使自洽，也包含了他希望向我们推荐的社会特征。一个不可能将某个意志强加给另一个意志的社会，将不会是一个通常所理解的社会。卢梭的“自然的”人类关系的概念不仅难以置信，而且如果坚持这个概念，还会导致最刻意的人类联系。

由于无法区分人类意志相互作用时的良性形式与恶性形式，结果卢梭关于什么是自然的概念就难以让人信服了。他的理想是合作的，

---

① Rousseau，op. cit.，p. 33.

但合作只能通过合作伙伴的双边协定才能得到保障。但是，合作伙伴唯有借助某种规范性框架，才可能达成协定(而不是习惯性联系)。这种规范性框架，只存在于更宽泛的语言制度当中。语言本身包含权威，用来决定什么是正确的、什么是不正确的交流形式。对于一个年幼的
28 儿童来说，这样的权威归属于身边的成人，包含在他们对儿童早期交流尝试的反应之中。在最早与最原初的阶段，这会涉及贯穿于上述例子当中的那种怨恨、关注或鼓励的情感性反应。

正如卢梭看到的那样，在婴儿的哭闹与那些最强大的政治制度之间，存在着某种社会秩序所依赖的链条。然而，作为一个关键环节，这个链条必定包括把一个意志公然强加给另一个意志，包括卢梭钟爱的那种明智的自然联系(当然也包括有利于人蓬勃发展的那些)。这些会出现在戈登·贝克(Gordon P. Baker)与海克尔(P. M. S. Hacker)所谓的**规范性活动**当中，它们构成了规则遵循行为，比如纠正、支持、定义、解释与教导。① 这些活动不仅仅包含权力应用，同时它们的有效性也是基于对所教对象的**权威**。这种权威来自于适当的知识与技能，同时也来自于社会的认可，比如认为父母或看护人是提供这种指导的适当人选。②

---

① G. P. Baker and P. M. S. Hacker, *Wittgenstein: Rules, Grammar and Necessity*, Oxford, Blackwell, 1985, pp. 45-47.

② 有人非常正确地指出，导师的目的在于完全控制他的学生。因为爱弥儿对于自己的学习方式缺乏认知，所以这种控制是隐蔽的、操控性的。参见：E. Rosenow, 'Rousseau's *Émile*, an anti—utopia', *British Journal of Educational Studies*, XXVIII, 3, 1980, pp. 212-224. 然而，彼得斯(同前引书)和罗森诺都错误地认为，这种控制构成了权威。这种控制毋宁说是对于卓越能力的秘密运用。

这是一个概念链条，它追踪我们概念之间的联系，描述了我们语言的一部分语法。卢梭试图让个体心理当中运行的这一链条，成为一种因果链。关于这一因果链条如何在一系列恶性心理属性与一系列不健康的社会关系中发展出来的心理解释是非常巧妙的，但归根结底仍旧缺乏明确的证据基础。语法链条由规则概念以及规则制约行为的概念构成，同时包含与之相关的规范性反应与实践。这些概念在人类联系的各个环节都有应用，从完全私人的事务到最为公共的事务都是如此。

不可否认，权威以及意志强加，的确存在恶意的、良性的以及中立的不同情况。我们唯一能确认的是，不能说这些现象都必定是恶意的。当然，无论一个人能否发现某个特定交往是恶意的，这在很大程度上都取决于对这种交往可能结果的判断。在这方面，卢梭的评价只是众多可能评价当中的一种。

自恋与自爱①

在卢梭看来，我们每个人都能意识到维护自身安康的重要性。我们小心照料自己，确保自己的生存和身体上的舒适。这会影响我们对于安康的认识的指导。这不仅是我们生活中必不可少的一项特征，而且也是一个理想的特征，允许我们(并且实际上激励我们)在这个世界上积极行动、推动我们自身利益的最大化。这种倾向被卢梭称之为“自

① 在描述卢梭对这些术语的用法时，我非常感激登特提供的解释。Dent，1988b，op. cit.

29 爱”。从某种意义上说，“自爱”是一种动物性的自我保存与蓬勃发展，本身并不涉及对他人的考虑。[1]

另外，“自恋”则是具有社会与道德维度的“自爱”，也就是说它涉及我们对于他人的立场。[2] 再次重申，我们有某种“自恋”的意识，这不包含什么本身就不可取的东西。归根结底，“自恋”只不过是一种希望被他人当作人看的愿望。一个不被当作人的人，无法在自己周边创造出某种道德空间，来阻止其他人。这样的人在西蒙娜·薇依(Simone Weil)看来，就是活死人而已。[3]

把自爱与自恋的对比，当作良性与恶性的自我关照的对比，这是一个很有诱惑力的方案。然而，尼古拉斯·登特(Nicholas Dent)令人信服地指出，这是对于卢梭思想的一种重大简化，未能充分认识“自恋”对人类生活的重要性。处于健康或自然状态下的“自恋”(这里的“自然”，是在卢梭的意义上说的)，包含在人类的某种渴望当中，即渴望被认为是值得他人平等尊重与对待的道德实体。作为“自爱”的一个方面(“自爱”是我们生活的首要动机)，“自恋”也是一种力量，可以帮助我们应对这个世界、满足我们的动物性需求、发展我们与他人的联系以及推动我们的学习。由此可见，学习在很大程度上是因为有“自恋”。为了保持健康、避免出现问题，就需要隔绝提出专横要求的倾向(让他人的意志从属于我的意志)，以及他人想要主宰我的意志的倾向。

---

① Rousseau, op. cit., pp. 173-175.

② 同上，175-176 页。

③ 试比较：*L'Iliade, Poème de Force* cited in P. Winch, *The Just Balance*, Cambridge, Cambridge University Press, 1989, p. 105.

由于现实世界的大多数人类关系，都包含缺乏双方协定的意志强加，而且当事人能清醒意识到是谁的意志在强加于人，因此“自恋”的健康发展(也包括学习的发展)要避免他人对学生、学生对他人在意志方面的公然影响。任何其他途径，都有在学生中引起过分“自恋”的风险：一方面是因为意识到了自己的蛮横统治，另一方面是因为意识到对方的蛮横统治而产生偏执的怨恨与怀疑。

我们已经看到，为什么卢梭会认为判断是一种主动的官能。判断以不同的形式，出现在人类发展的适当位置。一种健康的“自恋”，可以确保判断的正常发展。学生将通过无私的好奇心，发展出健全而准确的判断，而不是肤浅的、不准确的甚至疯狂的判断。当判断受到强
烈“自恋”的推动时，由于消沉、怨恨或者过度渴望在人前炫耀，后面 30
这些特征就很有可能会出现在判断当中。

这些考虑，当然不意味着儿童必须在任何社会背景之外去接受教育。但是，这确实意味着要小心控制儿童与社会世界的接触，以便让“自恋”的发展不至于转向有害的轨道，甚至扭曲判断的发展。关于怎样在爱弥儿的各种接触当中实现，卢梭给出了一些例子，比如与园丁的相处以及游乐场的例子。在每次接触当中，这个孩子都在学习，比如认识贪婪与骄傲的危险、学会尊重他人“自恋”动机的必要性。在这本书的末尾，通过精心管理爱弥儿与苏菲的交往，让情感尤其是与情欲增长有关的情感的发展得到了控制。在所有这些过程当中，“自恋”不但是学习的驱动力，而且也是爱弥儿本人的一个特点，他得到了正确的塑造与指导。

卢梭的发展主义

卢梭的独特“自然”概念、他对于众多社会关系坏的方面的看法，以及他对于判断主动性的坚持，对于我们关于童年的思考、关于儿童如何学习以及他们应该如何教育的想法，产生了非常重要的影响。同样重要的是，他认为人类在进入成年期之前(特别是在早期阶段)，要经历一些不同的阶段。卢梭的发展阶段理论并不系统，不像皮亚杰等理论家的系统那样严格。但是，它的确包含此类系统的基本要素。

卢梭关于人类发展的解释包括这样一些元素：第一，在这个阶段或多或少只能通过感觉来获取知识；第二，在这个阶段要通过对感觉的比较、通过对过去的判断与对过去的感官经验的归纳来形成判断；第三，在这个阶段获得了一种有意培养的觉察他人的意识。在最后这个阶段，理性的运用得到了充分发展。在所有这些阶段当中，动机都是由个人的“自恋”提供的。如果不支配他人意志或者不被他人意志支配，这种“自恋”最有可能得到蓬勃发展。①

然而，这种“排除”并不能延续到成年期，尤其是当个人开始觉察他人并且对他人有所反应的时候。应该以允许正确反应的方式来发展
31 “自恋”，清除那种基于支配与屈从的不良关系。“自恋”应该被扩展为对他人的关注。比如在怜悯的时候，一个怜悯他人的人会接受对方的关切、把这种关切当成自己的。为了让这一点成为可能，有必要以健

① Rousseau，op. cit.，p. 130.

康的方式来发展“自恋”，同时也有必要让判断以恰当的方式得到发展。

对他人的关切的增长，对于我们作为道德存在的成长是有必要的。我们有能力认识到存在某种道德秩序，或者我们实际上并未做到这一点，或者倾向于以不当的方式来回应这种道德秩序，这都是对他人的情感得到增长的方式在起作用，反过来又是我们的“自恋”以及推理能力得到发展的结果。在卢梭看来，情感是一种观念。当我们通过从感官(而不是对象)得到的印象来思考自身时，我们就会体验到一种情感。[①] 判断可以对情感发生作用，使其既关注他人也关注自我。这是健康的“自恋”成长过程的一部分。

因此，卢梭的解释有赖于一系列模式固定的阶段。从某种意义上来说，这是一种目的论的模式，认为成年早期应该出现某种期望的结果，而发展的动力就是“自恋”(“自恋”包括更具动物性的“自爱”)，而“自恋”本身也在这个过程当中得到了成长与发展。从一个阶段进展到另一个阶段的方向是固定的，这并不完全基于经验证据。发展本身就是一种语法。判断以感觉为原材料，对于同胞的适宜情感的增长则只能通过情绪反应来实现。在这种情绪反应当中，首先要在与自己有关的情感经验当中应用有一定成熟程度的判断。

卢梭也特别强调“预备状态”这个概念，也就是只有当年轻人在理智上做好准备以后才能获得知识、技能与理解的观念。他对于预备状态的看法非常坚定。他批评天主教会，因为后者认为 7 岁儿童已经达到了理性的年龄。卢梭认为，即使 15 岁也不能完全有信心地说达到了

---

① Rousseau, op. cit., p. 253 脚注。

理性的年龄。这不只是一种意见，也是一个人类自然史方面的问题。[1]

在别的地方，卢梭断言我们无法跟儿童讲道理，因为理性是最后得到发展的官能，所以不能运用理性来发展其本身。[2] 这些观点在教育上有非常重要的应用，而且卢梭事实上并不顾忌把它们表达出来。根据他对于理性发展过程的看法，直到青春期后期的教育都应当主要建立在情感的基础之上。儿童不仅不应该公然暴露在他人的意志之下，而且也不应接触某些教育过程，这些教育过程会对尚未正确发展的官
32 能提出要求。卢梭给爱弥儿安排的教育环境(与园丁的相遇、克服对黑暗的恐惧、在游乐场发生的事、找到返回蒙莫朗西的路)，主要是基于针对情感反应的教育。蒙莫朗西事件表明，爱弥儿对于理性的运用将怎样通过寻找回家道路的愿望而得到激发，而不是因为他对于导航原理有什么冷淡的好奇心。[3] 卢梭建议，几何教学应该基于想象与记忆而不是演绎，地理教学应该基于对自然现象的情感反应以及对这种自然现象产生的好奇心。[4] 然而，家庭教师设置的学习情境，也包含非常强大的操纵元素(见下文)。

对卢梭学习观的批评

尽管卢梭关于认识论的人类学方法具有很多优点(在某些方面预言

---

① Rousseau，op. cit.，p. 221.
② 同上，53-54 页。
③ 同上，109-111 页。
④ 同上，131-134 页。

了维特根斯坦的工作)，但是他关于人类本质与人类成长的看法却包含误解。这些误解可以归结为下面两个主题：一个是在成人对待儿童的问题上拒绝规范性，把规范性与专制混淆了起来；另外一个涉及发展观念，卢梭关于发展阶段的观察基于人类自然史。这两个错误密切相关。

我们已经看到，卢梭为何认为“自恋”的发展要以儿童或青年没有公然受制于他人意志为前提条件。尽管卢梭意识到人类本质上是社会性的存在，但是由于他未能在自己的教育理论中呈现这个结果，导致了一些让人难以接受的观点：第一，大多数社会接触都包含有害而不是有益的内容；第二，相对隔离对于年轻人来说是最佳条件。

卢梭认为许多社会接触都有害，这种恶意来源于自负的人类想要控制他人。对于这一观点，我们并不难接受。我们同时也可能承认，这类接触对于个人与社会关系都会有长期持续的恶劣影响。但是，如果要说**任何**未经双方协定的公然的意志强加都有害，那就完全是另一回事了。另外，说我们可以把成年期与成人社会的各种病症回溯到婴儿期的糟糕经历，这也是一个天马行空的想法，比如因为哭鼻子而挨打或者有机会控制自己的母亲。当然，这并不是要否认，在儿童成长环境与家庭教养当中的不利状况可能带来卢梭描绘的那种结果，尤其是这些不利状况是由家庭的病态状况引起的时候。问题在于，卢梭的 33
解释不仅要满足极端情况，而且要满足大多数日常环境才能令人信服。正是在这个方面，卢梭完全没有提供任何实据。

卢梭的解释当中包含的更深层次的问题，不仅仅是因为他的主张在经验上站不住脚，而且也因为他否认了意志强加可能带来任何有益的影响。这相当于否认了用来构造人类社会的任何社会纽带的可能性。正是在纠正、鼓励、赞同与怨恨的纽带当中，年轻人学会了成为社会规范的服从者。这些原初的“动物性”交往，让我们可以去认识人类社会的规范性，而规范性恰恰是人类社会的基础。[①] 这种交往不能不包含意志强加，这是赞同、纠正或者劝阻等概念的题中之意。这些规范性实践，构成了规范性行为的权威性。这些行为在本性上就要求是公开的，否则他们所预设的规则就可能不会被认为是规则了。一个人可以通过训练而不是条件作用，来**学会遵守**规则。卢梭否认任何这一类互动可能是有益的。这不仅排除了爱弥儿在正常社会中成长与学习的可能性，而且使他无法在一个具有明确规范的社会(亦即人类社会)当中成长。然而，重要的是要认识到，家庭教师也一直在依赖**隐蔽**的意志强加来让爱弥儿学习。这位家庭教师的教学技术，在某些方面类似于条件作用而不是训练或指导。[②] 如果一个儿童发现他的学习是以如此全面的方式被操纵了，那么与大多数正常形式的训练与指导相比，这个儿童会更容易产生偏执与怨恨。这是一个非常合理的假设。

对于卢梭的第二个批评，涉及他的发展主义。在卢梭看来，我们在不同生命阶段可以获得不同的情感与智力潜能，它们会在确定的时

---

① 参见：P. F. Strawson，‘Freedom and Resentment’，in P. F. Strawson，*Freedom and Resentment and Other Essays*，London，Methuen，1974.

② 参见：Rosenow，op. cit. 以及 C. Winch，‘Education Needs Training’，*Oxford Review of Education*，21，3，1995，pp. 315-326. 这两处更全面地解释了训练如何在《爱弥儿》中发挥作用。

间实现，这都是人类自然史的一部分。作为对人类自然史的一般观察，这些评论有一些是微不足道的，另外一些则颇为有趣。比如，一个五岁小男孩的兴趣与智力潜能，可能与青春期女孩的兴趣与智力不同。这只是一句正确的废话。了解到幼儿无法对异性产生青少年与成人的那种情绪与情感反应，这虽然算不上正确的废话，但也不会让人大惊小怪。可事实上，了解幼儿身体与感知潜能的正常生长模式，是有趣、丰富而且有价值的工作。[①]

在人类的全部感知、情感、道德与认知的发展模式当中，以预定的、不变的方式在一定年龄上出现特定阶段，这一点远不是那么清楚。
在这方面，像卢梭那样诉诸人类自然史实际上无济于事。第一，学习 34
的发生与学习的模式，通常特指某些人以及某些学习环境。第二，文化差异在学习当中可能扮演非常重要的角色。第三，卢梭的发展论解释，与后来的那些解释类似，取决于某种内在而非外在的动机，以解释个人以某种方式来发展和学习的事实。对于卢梭来说，对内在动机来源的需求是迫切的，因为他不能在自己的解释当中包含任何由于强加给爱弥儿的意志而产生的动机。在他看来，这总会由于怨恨，导致“自恋”的有害发展。

“自爱”的观念，确实可以从对人类自然史的观察获得一定的基础。人类与其他动物一样，将在没有他人鼓励的前提下，自动去寻求满足动物性的需求、增进自身的安康(尽管他们可能需要向他人学习，才能使这些过程变得更加有效)。“自恋”必须为人类学习与发展能力的倾向

---

① 试比较：K. Sylva and I. Lunt，*Child Development*，Oxford，Blackwell，1982.

提供解释，不仅仅是增进“动物性”安康的那些特点，还包括构成人类社会成就的那些。由于卢梭本人认为这些成就中的大多数都没有价值，因此就像他自己承认的那样，因为这些成就的重要性与价值是一种因人而异的价值判断，所以我们还不清楚“自恋”如何选择适当的成就去追求，更不用说提供追求它们的动力了。此外，他所描述的“自恋”，要么过于脆弱、要么过于强大，无法构成一个看似合理的心理范畴。说它过于脆弱，是因为它太容易被破坏了；说它过于强大，是因为它几乎成了学习的唯一动力。

即使一个人以适当的方式受到激励，假设仅仅是强烈的动机本身就可以为成功学习提供足够的资源，这仍然是一个信念上的巨大飞跃。结果，我们被要求去相信，人类已经积累的知识与技能，对于年轻人来说毫无用处。儿童几乎完全依靠自己的努力，来寻找有价值的东西。这种观点，是卢梭不愿赞同任何形式的指导与训练的直接后果(个中缘由应该已经讲清楚了)。有鉴于此，要为这种教育方案所基于的思辨的道德心理学提供辩护，未免太过于困难了。除非有什么独立的理由，能够让卢梭的观点变得可信。

最后，和后文的皮亚杰一样，卢梭自己的发展主义，让他以非常
35 确定的、难以置信的方式来区分人类发展的不同阶段。他相信某些事情在某些阶段完全无法学习。比如，如果儿童还无法掌握宗教表达的抽象概念，那么给儿童提供宗教教育就是无意义的。① 认为儿童可能先在某个阶段部分掌握某个概念，然后在下一个阶段再去完全掌握它，

① 对于卢梭宗教教育思想更全面的解释，可参见：Darling，1985，op. cit.

卢梭似乎并不赞成这样的看法，在他看来学习似乎是一件要么全有、要么全无的事情。[1] 然而，卢梭可能会拒绝的这类基于规则的对于概念形成的解释(理由已经阐明)，允许概念的部分形成(作为成长的结果)，这时儿童并未完全掌握概念词的使用规则。[2]

卢梭的学习解释影响极其深远。从接下来的章节可以看到，卢梭对于众多学习理论的影响显而易见。

---

① Rousseau，op. cit.，p. 220.

② 有关这种解释的要素，参见：P. Geach，*Mental Acts*，London，Routledge，1957.

36

/ 4. 规范性背景下的学习/

对于卢梭的学习解释，现在可以做更直接、更详细的批评了。与此同时，本章也试图展示在服从规则的背景下学习如何可能，学习如何与人性的情绪、情感层面发生关联，以及为什么学习在本质上是社会性的。

情绪、学习与反应性行为

卢梭的方法有一个优点，即认识到我们既是**具身存在**也是**思想存在**。我们通过实践活动，通过情感、感受与情绪的介入来学习。卢梭认为，如果没有情感的预先介入，某些类型的学习就不可能发生，尤其是有关两性关系的复杂议题。[①] 他也坚持认为，我们的天资与品味，在某种程度上是由我们的动物性来塑造的。所有这些见解，都超越了洛克与笛卡尔。同时也可以看到，卢梭仍处于同一个认识论传统当中。

① 参见：Rousseau，*Émile*，Book V，trans. B. Foxley，London，Dent，1911，pp. 321-444.

与笛卡尔、洛克不同的是，卢梭不仅对社会在学习与成长中的作用漠不关心，还或多或少对社会抱有敌意。或许正是他在思想上的这一特征，对教育思想与实践产生了最大、最不幸的影响。在接下来的内容当中，我将尝试矫正这一问题，同时保留卢梭对童年早期在型塑日后经历上的重要性的认识。

我们关于他人的最初经验，是通过对包含情感和反应性行为的接触来实现的。我们通过父母给予的安慰来体验爱。当我们开始对世界建立印象时，我们体验到他人对我们的种种努力的反应。这些反应方式可能是鼓励或者劝阻，也可能是支持或者反对。在我们能够理解人们说的任何东西之前，这些反应是通过面部表情、手势与语调来表现的。通过这些经验，我们学会以同样的方式来表达自己的需求与愿望。于是，我们的这些需求与愿望，可以被他人看到，而过度的部分则会 37
受到限制。渐渐地，我们学会克制愤怒与沮丧的感受，以父母与社会更容易接纳的方式来表达自己。维特根斯坦正确地指出，一些基本力量在婴儿心理当中发挥了作用。并且，正是通过对这些力量的驯服或者至少是型塑，使之进入更具建设性的道路。在最初的几个月，实际上是在婴儿最初几年的生活当中，这是父母与其他看护人员面临的最大难题。他人对我们的行为的反应，塑造了我们的行为。我们就这样学会了控制身体活动，学会了进食、玩耍与休息。以这种方式，我们的生活开始形成某种模式。

与此同时，婴儿学会发出声音和手势，以便让他人了解自己的需求。这些需求不仅以功能性的方式得到了满足，而且我们也被告知、鼓励和阻止，会接受训练，以便我们可以使用更多样的交流活动。渐渐地，我们学会在这些事情当中采用母语元素，在这方面的努力反过来也得到了进一步的塑造与鼓励。[①] 以这种方式，我们学会了母语中的元素，以及周围人接受的行为模式。通过预测并塑造他人对我们活动的反应，我们学会对自己的行动负责并做出选择。表面上的矛盾在于，我们接受了某些行为训练，但正是这些训练有助于我们保持行为上的弹性，使得选择与责任之类的说法名副其实。[②] 只有当训练等同于条件作用时，才会出现真正的矛盾。我们并非借助条件作用来学习和参与社会，训练在这个过程中恰恰发挥了重要作用。[③]

说这一切都是为了提醒我们自己，去注意有关人类自然史的一些基本事实。婴儿服从那些照顾他们的人的意志。婴儿通过鼓励与劝阻得到训练，因此当他们能够充分理解自己的母语时，他们的训练就与指导结合在一起了。如果没有幼儿回应声音、面孔、姿势时的那些倾向，并以更加多样化的方式来满足自己的愿望与需求，所有这一切就都不会奏效。这样做是在锻炼一种动物性的对于自身安康的热爱，这种方式被卢梭称为“自爱”。与此同时，通过个人化的对于看护人与父母的控制，通过更宽泛的文化与社会，通过他们对语言的学习，通过父母与其他人给予他们的观念、规则与价值，婴儿也学会了认识并服从权威。因此，虽然他们的意志从属于他人，他们也是在一个带有自

---

① 参见：M. A. K. Halliday，*Learning How to Mean*，London，Arnold，1978.

② 试比较：P. F. Strawson，‘Freedom and Resentment’，in P. F. Strawson，*Freedom and Resentment and Other Essays*，London，Methuen，1974.

③ 这种对比相当重要，本章及下一章会做进一步处理。

身是非观念的规范性秩序当中来这样做。简言之，除非他们非常不幸，否则他们就是在从属于这样的权威，这些权威有权用爱来看待他们、有权关心他们现在与未来的安康。通过这些个人，他们所在社会的权 38
威开始行使其控制。这并非公开的政治方式，而是通过语言与文化，通过游戏、韵律、惯例与仪式来进行。这也不是一个完全单向的过程。幼儿依赖他人，为此就要能够影响他人，来获得自己需要和渴望的东西。当幼儿学习在一个规范秩序中行事时，他们也在鼓励那些关心他们的人，让他们以符合他们的欲望与社会对父母与看护人的期望的方式来行事。

虽然在纯粹描述的意义上，所有这一切都显而易见，但是作为对人类自然史的一系列提醒，卢梭以为的那些看似自然的育儿做法，对我们来说既不自然又有害。说不自然，是因为它们不是以平等为基础的联合；说有害，是因为无论是苦涩的还是强烈的自恋，都会在个体灵魂与整个社会秩序当中产生不同的影响。卢梭不能区分父母对子女行使的**权力**，以及他们被赋予的**权威**。他们对于权力的行使，来源于社会赋予的权威，因此在任何社会当中都只能在某个限度内进行。卢梭只看到了这种权力，并认为这是非法的，因为它预设了一种不平等的联合。他的自然概念，是包含价值负载的，包含了只在特定社会才能理解的自由、平等观念。但是，卢梭认为所有公开的权力行使都是不自然的，因而也是不可取的，结果把父母与教育者置于一个不可能胜任的位置。他们必须把儿童置于某种规范性秩序当中，同时又不允许这种秩序以任何方式侵蚀儿童。

《爱弥儿》试图解决这一难题，它展示了如何通过自然的方法来实现教育，能够既不包含公然的意志或权力强加，又允许爱弥儿成为一个文明人。毫不奇怪，卢梭的教育过程并没有回避隐蔽的权力或意志强加，但他的确避免了公然这样做。这就引申出了以下几个要点：第一点是伦理方面的问题。鉴于在教育中使用权力是不可避免的，那么以合法性为后盾、以一种公开而不是操纵与隐蔽的方式来行使权力不是更好吗？第二点是一个实际问题。卢梭针对爱弥儿的教育问题开出了一张巨额的空头支票。在这部天才的文学作品当中，我们看到了这样一种教育是如何在想象中变得可信的，但是我们没有看到任何实际的可能性。第三点是逻辑方面的问题。即使爱弥儿的教育对于他本人来说是一种实际的可能性，卢梭的处方也要以一定的财富、闲暇与特权为基础。对绝大多数不幸的人们来说，这个处方除非进行重大修改，
39 否则就很难说是适用的。因此，我们有理由对卢梭的教育方案抱有高度怀疑，这包括概念基础(他对权力与权威的混淆)、教学上的理由(他对训练与指导的重要性的贬低)、道德上的理由(他落入了欺骗与操纵的窠臼)以及实际的理由(他提请我们考虑的，是特定教育情境的优势与非典型性)。

犯错

在讨论中介绍的这种广义的规则服从行为，是可以学习与教授的。如果有服从规则的正当程序，那么必定也存在错误的规则应用或根本

未服从规则的可能性。犯错、教导、纠正、解释与练习，是某人在学习服从规则时发生的活动。掌握规则涉及对技术或一系列能力的掌握。[①] 学习一项技术通常涉及犯错和改错。尝试并做出纠正，是学习该技术并随后展示该技术的实践的一部分。如果这项技术不是实践的一部分，那就很难看出服从规则的学习是如何实现的了。一个人要么用这项技术，要么不用这项技术。不用这项技术，就是不服从规则，因此也就是不从事与该技术有关的规则服从行为。由于我们希望把服从规则的行为描述为涉及犯错的可能性，因此将不正确的服从规则的尝试描述为非规范性行为是自相矛盾的，因为非规范性行为是不服从规则的。如果不能说清楚为什么学习是一种规范性实践，那我们就将面临更加糟糕的后果。如果学习一定包含犯错的可能性，如果在规则方面犯错就意味着一个人没有遵守该规则，那就不可能把学习服从规则与试图服从规则都作为服从规则行为的一部分。

一旦认识到服从规则包含的技术是使用该技术的实践模式或活动模式的一部分，并且对这一技术的不完全掌握并不需要将某人排除在实践之外，我们就可以避免这种明显的矛盾。[②] 尤其是，某个学习者虽然有可能犯错，但是能够得到纠正；他会意识到这种纠正，然后努力改善自己的表现。但是，学习者也有可能犯别的错误，这些错误可能得到纠正，但是会被学习者系统地忽略掉。在这些情况下，我们常

① 试比较：G. P. Baker and P. M. S. Hacker，*Wittgenstein*：*Rules*，*Grammar and Necessity*，Oxford，Blackwell，1985，p. 161.

② 同上，161 页。

说假定的规则服从者，已经把自己从服从规则的实践中排除掉了，甚至从未想过要去服从相关的规则。学习纸笔运算的儿童经常出错，这
40 可能是算术符号的使用，也可能是他正在完成的运算。在这些情况下，这个孩子对技术的掌握并不完整，但他参与到运算活动当中来了，后者正是由指导、纠正、解释与证明等**规范性活动**构成的。① 我们假设，这个孩子最终将会发展自己的技术，使他可以应用这些技术，而不再需要进一步学习。我们假设这个孩子有能力并且(或者)也有这种认同来改进自己的技术、减少犯错的次数。如果不存在这种能力与认同，如果错误没有减少，并且如果解释与例子不会导致运算技术的改进，那我们可能就想知道这孩子是否真的有能力进行运算练习了。

以上述方式在实践中进行学习，需要学习者拥有学习能力并且要求他对学习建立认同。第一个条件似乎没有争议，但是第二个条件乍看起来似乎很奇怪。毫无疑问，缺乏认同的学习者可以在技术学习方面取得成功吗？这个答复在某种程度上是正确的，因为学习或任何其他活动都可以有不同程度的认同，有时人们可以在没有多少认同的情况下学习。但是，除非学习者对支持与反对，纠正，解释与定义做出回应，并且的确想要掌握这项技术，否则学习就无法在规范性实践当中发生。学习服从规则，包括识别正确与不正确的应用，因此至少涉及学习者方面的一些愿望，想要识别与避免错误的规则应用并练习正确的应用。因此，学习服从规则，需要有意图与尝试。对于某种实践

① 进一步讨论，试比较：G. P. Baker and P. M. S. Hacker (1985), op. cit., pp. 45-47.

的一定程度的认同，是在规范性框架内进行学习的必要组成部分。然而，怎么才算是认同，可能在不同活动当中有截然不同的形式。

幼儿的大部分学习认同是本能性的，也就是说年轻人具有获得某种能力的自然倾向。其中的一部分学习是非规范性的，比如，行走的能力。当然，行走能力这个表述本身也需要定性，因为我们的行走方式在某些生物学参数允许的范围内，也容易受到文化差异的影响。另外一些能力(谈话能力最明显)，让儿童被包含到人际互动当中去。大多数儿童在通过谈话进行交流的能力方面取得了飞速的进展，但这种进步在很大程度上取决于他们与其他言说者的谈话，特别是那些足够流利、能够不断扩展儿童能力的言说者。到 4 岁时，大多数儿童已经具备说话能力，至少表面看来已经可以与说母语的成人相媲美了。①
这种本能足够强大，可以在身体还无法发声与倾听的状况下保存下来。 41
缺乏指导的失聪儿童，也可以发展出与普通儿童相似的复杂手势语言，尽管在词汇量方面无法与之相提并论。②

然而，对于语言学习的认同并非完全出于本能，也可能不会与语言学习的其他方面同时出现。比如，学习说一种不同于母语的语言，是许多人从未获得甚至从未想要获得的能力。读写能力也不是出于对习得这些能力的本能认同。年轻人似乎也没有一种学习运算的本能愿望。然而，几乎所有年轻人都有一种强烈的认同，想要成为所在共同

---

① K. Perera, *Children's Reading and Writing*, Oxford, Blackwell, 1984, Chapter 3, pp. 88-158; P. Menyuk, *Language Development: Knowledge and Use*, London, Scott Foresman, 1988, Chapters 6-9.

② Menyuk, op. cit., pp. 61-62.

体的合格成员，因此也就致力于学习一系列技术，这些技术让他们能够与同龄人愉快地玩耍并获得适当的独立性。[①] 如果卓越是获得声望与尊重的途径，那么那些特别受不同社区重视的特定活动，也将在培养学习认同方面发挥作用，甚至有可能培养出超越他人的愿望。有些人坚持认为我们的动机是为了自己的眼前利益，正如经济学理论与公共选择理论所指出的那样，这些理论就没有充分注意到这一点。继亚里士多德之后，许多人已经认识到公众的尊重作为一个激励因素的重要性，并将这一点纳入对社会环境中的学习复杂性的描述当中去。[②]

对于学习活动的认同与共同体赋予该活动的价值之间的联系虽非必要，但也不是可有可无的。如果我们使用的价值与认同概念的联系减少或完全消失，那么这些概念本身也就会发生改变，我们现在在日常推理中所做的各种联系也就不再会发生了，这意味着我们谈论与思考人的能力的方式也发生了改变。重视某物与致力于学习它，这两者之间联系的各种事实，是关于人类行为与态度的一般事实。基于这个背景，我们与他人打交道的许多方式都可以得到理解。从这个意义上来说，它们就像是维特根斯坦所谓的一般自然事实，是处在我们的概念背景之中的。这些事实并不直接决定我们的概念，但是它们是让这些概念言之成理、变得举足轻重的背景。

掌握一项技术与掌握该技术的不同水平之间是有区别的。能够做

---

① 比如，可参见：B. Tizard and M. Hughes，*Young Children Learning*，London，Fontana，1984.

② 在经济学语境下应用该观念，参见：F. List，*The National System of Political Economy*，New Jersey，Augustus Kelley，1991，Chapter XVII. First published 1841.

好某事，意味着做某事的能力，但不能反过来说。有能力运算的人，可能仍然会时不时地出错。即使运算结果不正确，我们仍倾向于说他参与了运算。比如，他有能力做检查或者在别人指出来以后能够认出那个错误，并且在未来努力避免出现同样的错误，等等。很可能的情 42
况是，虽然算不好但仍然要算，这表明他对于运算的实践存在某种认同。

一项技术的改进，往往不仅仅是持续的实践以及对实践的反思。能够表现出良好的能力，本身受到一些规范性考虑的制约。[①] 有些规则预先规定了什么叫作实践某项技术。如果这些规则没有得到遵守或者没有付出学习上的尝试，那么这项技术就没有得到应用，就不能说这个人参与了服从规则的实践。其他规则提供或推荐了某种行动方案，来当作有效或优异表现的一项手段。我们会说那些不注意这些技术的人也在参与活动，即使他做得不够好。这些建议性规则仍然包含规范性实践，比如教学、解释、评估与辩护。因此，它们也属于规范性实践的范围。

建议性规则与**构成性**规则的对比，可以拿用子规则与获胜规则为例。一方面，建议性规则包括怎么下棋的方式，比如适当应用王车易位的规则、弃子规则以及在收官阶段使用的某些策略。这些规则为有效应用一项技术提供了适当的建议，但是它们并不构成技术本身。不遵守这些规则，并不意味着不参与活动，只是不能采取适当措施来确

---

① 参见：M. Hollis，*The Philosophy of Social Science*，Cambridge，Cambridge University Press，1994，pp. 152-153.

保尽可能有效的表现。

另一方面，构成性规则与建议性规则之间的界限也不是绝对的，二者的区分总是服务于特定的目的。一个从未做过适合在国际象棋比赛中获胜的那些动作的人，很难说是在下棋，即使他走子正确，而且没有明显地遵守不同的游戏规则(比如目标是要被将死而不是避免被将死)。因此，我们可以说，在规范性背景下的学习不仅涉及对学习内容的某种认同，而且如果所学活动在某种程度上有些什么目标，那也会对实现这些目标有某种认同。这是关于什么是服从规则的语法要点。但是，还有进一步的考虑，部分是语法的，部分是心理的(尽管不是科学意义上的)，与情感认同(包括热爱)在我们的学习当中的作用有关。

借助情感认同来学习

43 有人认为，学习涉及对学习内容的认同，以及对学习或参与活动的目的的认同。那我们如何解释追求前所未有的卓越以及习得前人未曾企及的知识与能力呢？掌握构成性规则与规范性规则是此类学习的必要条件，但往往还不够。对主题或活动的热爱，以及对成功的强烈渴望，往往是实现卓越的先决条件，即使对于拥有惊人才干的人来说也是如此。大多数心理学家认为，热爱在学习当中扮演的角色并不重要。但如果认识不到热爱的地位，许多人类成就也就难以理解。

我们最早的学习，源自于父母与孩子之间的情感纽带。我们继续通过认同来学习，有时这是本能的(比如学习说话的情况)，但更多时候没有本能基础(比如学习阅读的情况)。在缺乏本能的情况下，我们如何获得学习认同呢？这个问题无法直接回答。我们可以举例说，有时对主题或活动的热爱是如此强烈、如此发自内心，以至几乎可以说是出于“本能”。对体育活动或音乐创作的热爱，对于有的人来说就是这样的。过于轻巧地谈论学习活动中的本能冲动也有问题。无论在身体上或情感上有什么影响，这些活动也仍旧是社会性的。

原因在于，虽然一般认为某种活动似乎对人类来说很自然(我想到了体育锻炼、舞蹈、竞技运动、音乐创作与制作人工制品)，但是每一项活动都发生在具体的文化背景之中。语言也是如此，比如我们没有学习法语的本能基础，但是在学习我们的母语时就有，无论我们的母语是什么。与语言习得的情况不同，并非每个人都喜欢跳舞、唱歌或参加竞技游戏，尽管这些都是自然的人类活动。每个人都将采取一些特定的文化形式，而不同的文化将对不同类型的活动给予不同程度的声望与尊重。此外，它们也经常与其他具有重要文化意义的活动联系在一起，比如音乐与宗教、艺术与商业、体育锻炼与服兵役等。

这表明，在任何活动当中的学习动机以及表现出色的动机，可能有更为复杂的来源。因为，学习在某种程度上会受到一定情感态度的激励，而这本身就会采取不同的方式。以下是一些可能的案例：有人喜欢跳舞，因为在她的社会当中从事这种职业的主要机会在宗教机构
当中，所以她就成了神职人员，作为宗教典礼与仪式的一部分去跳舞。 44
值得注意的是，她不是**因为**喜爱跳舞而成为神职人员，而是宗教工作可以实现和推动这种可能性。认为我们的动机总是单纯的，这是一个

很大的错误。在大部分时间里，我们都是出于各种原因非常真诚地做事，并且我们并不总能充分意识到这一点。[1] 一些人热衷于服兵役，结果发现在军乐队演奏也是一种让人满意的生活。一个男孩喜欢设计与制作东西，因此成为一家机械公司的学徒，专门设计与制造高档产品。

在所有这些情况下，人们选择走某条道路，部分是出于对某项活动的热爱(这种活动似乎满足了他的个人需求)，部分是因为他希望得到他人的认可与尊重，部分是出于谋生的需要。开放的选择，部分取决于个人偏好，部分取决于当前社会中可以获得的机遇，而这些机遇反过来又取决于当前社会中的各种活动，包括这些活动彼此之间的联系、相对重要性以及每项活动的声望。当然，这并不是说有些人做事或学习纯粹是出于工具性的原因，也不是出于对主题或活动本身的热爱，也不是说没有很多人会因为缺少机遇而感到沮丧。当然，这也不是要否认，某些人完全缺乏可以激励他们去做这类事情的热情。在学习与热爱活动之间没有必要的联系，但仍存在概念方面的重要联系。

这些松散的联系如果被切断，就会改变我们的一些理解，比如什么是学会做某事？热爱某事意味着什么？以及社会对某些知识与能力赋予了什么重要性？许多人是出于尊重或热爱，来了解某个主题或发展某种能力。有些人的热爱可能来自内部，另外一些人可能是由于社会或文化附着在它们之上的价值。如果在个人看来这是一种强烈的热

① 对于该洞察的敏锐发展，参见：H. Stretton and L. Orchard，*Public Goods, Public Enterprise and Public Choice*，London，Macmillan，1993.

爱，那么无论是做好选定的活动、获得社会认可还是两者兼具，这个人都很可能在自己的行动中追求卓越，而不仅是能够胜任。我们热爱一件事，既因为它能给我们提供满足感，也因为它给我们带来的社会地位。我们受到激发的原因，两者兼而有之。如果像维特根斯坦所说的那样，热爱可以接受考验，那么通过我们在学习热爱的事情时做出的牺牲，这种热爱就会部分地表现出来，[①] 反之也成立。社会不重视的活动，个人也不那么重视。总体来看，个人也不太可能有强烈的参与意愿，或者想在其中取得成功。

如果这些联系被切断，那么个人对某一主题的热爱、追求卓越与特定活动的声望之间，就不再有任何可以察觉的关系了；届时，我们关于学习的概念、关于尝试与社会认可的概念就都会发生改变，它们之间的联系不再会在语言游戏当中扮演任何角色。这种方式可能出现 45
的方式之一，就是我们经常做的各种推论："某甲学习成为一名出色的小提琴演奏家，因为他自小就喜欢这种乐器了。"这样的推论，给我们提供了一个理由，解释了为什么这个人这么出色。这个理由之所以能够理解，是因为在学习、热爱与卓越之间的背景性联系。结果，这成了我们认为理所当然的理由。如果没有这样的背景性联系，那么整个推理就不牢靠，就是一种不合理的推论。

然而，到目前为止我们考察过的这种学习理论仍然存在的一个问题是，这些松散的概念联系已经被系统地切断了，结果教学、训练与

---

① "爱不是一种感受。爱要接受考验，而痛苦就不会。"L. Wittgenstein，*Zettel*，Oxford，Blackwell，1969，para. 504，p. 89.

教育的相关人员会发现自己很难再看到它们。因此，笛卡尔与洛克式的认识论传统，以准机械式的术语来看待心灵的运作，忽视了社会对学习与情感的影响。另外，卢梭及其追随者确实认识到了学习的身体与情感维度，但却将其与任何社会维度分离开来。他们不知道，这些维度恰恰是情感的源头，情感可以在其中得到培养。功利主义的训练方法，强调某些能力的社会价值，但忽略了对所做事情的热爱与关切可以让学习变得更加有效。像笛卡尔派与经验论者一样，功利主义训练者在某种程度上把学习视为机械活动，能力的逐步积累可以通过在有限范围内的大量外部检测来得到衡量与评定。①

有两种趋势支持学习与其社会、情感联系的分离：第一，有一种科学上的愿望，希望能掌握与理解人类学习的神秘本质，以及能够激发学习的天分、动机、兴趣、社会尊重、关心与热爱之间的复杂联系。第二，人们担心任何可能被认为是威权主义的东西，比如学习者在某种程度上总会受到来自他人(如教育者、训练者)或社会的压力。具有讽刺意味的是，反权威主义的倾向，在某种程度上得到了一些训练者与教育者的推动。他们受行为主义的启发，忽视学习情境中常常需要的那种指导性的规范性背景，并且把实验条件中动物的条件作用，与截然不同的人类环境中的训练混淆起来。行为主义训练者的观念，受到发端于卢梭的发现学习的那种多愁善感、低效率与无效性的强化。

---

① 试比较：G. Jessup，‘Implications for Individuals：The Autonomous Learner’ in G. Jessup (ed.) *Outcomes*：*NVQs and the Emerging Model of Education and Training*，Brighton，Falmer，1991，pp. 115-117.

走出这种复杂误解的办法，是认识到我们学习方式的规范性与情感性，以及它与我们所在社会的历史、文化与工作方式之间的联系。

学习与私人性的规则服从 46

在第 2 章当中，我们看到了维特根斯坦反对私人语言可能性的论证。虽然这可以说是对经验论的破坏，但实际上与认知主义无关。认知主义恰恰是孤立的、非社会的，是这方面最优秀的学习理论。现代认知主义认为，个体头脑从出生开始就作为独立单元发挥作用，具有表象结构与转化规则，并从外部接受“输入”，可以用来解释我们的学习方式。然而，脑部活动不一定是私密的，因为神经性事件可以被观察到。此外，这种活动也是可以分享的，因为个别头脑可以聚集在一起交流与分享信息。认知行为虽然最初是孤立的，但不一定是私人的；它可以分享，并且经常共享。为了证明认知主义的不足，有必要表明自始孤立的人，为什么不可能从事孤立但是可以分享的认知活动，比如学习服从规则。

正如我们看到的那样，服从规则是“规范性活动”，它是规则服从行为的内在组成部分。由于这些是非常重要的社会活动，因此服从规则似乎不可能成为一种自始孤立的活动。在关于这个主题的大量文献当中，改错被认为是核心活动，因为改错只能在错误的基础上进行，而犯错的可能性对于学习服从规则来说是必不可少的。如果说自始孤立的人可以自我纠正，那么说他可以犯错并且随后识别出这些错误也就可以说得通了。也就是说，他有能力进行与服从规则行为相关联的规范性活动，也就是改错。在第 6 章，我们将看到，表象能力要求某种服从规则的能力。如果一个自始孤立的人不能服从规则，那么他也就无法表象，更不用说通过表象的手段来学习了。因此，有关孤立的服从规则的可能性的议题，对于我们理解人类学习来说至关重要。

毫无疑问，说一个孤立的人甚至一个没有语言的孤立的人可以犯错乃至纠正自己的错误，这都可以说得通。① 然而，关键问题在于他是否可以在服从规则的行为方面犯错。只有确定他可以服从规则之后，我们才能回答这个问题。有充分的理由相信，一个孤立的人不能发明一种孤立的语言。② 为了做到这一点，他必须为这种语言的词汇赋予意义。唯一的方法是借助于指物定义。但要取得成功，任何指物定义都必须嵌入已有的实践当中去。否则，**定义**就容易被任意解释，从而
47 无法得到明确定义。“这是红的”可能意味着这个颜色是红色，或者这个标记是红色，或者这个词叫作“红色”等。只有当一个符号可以被指定一个意义，而又不需要做进一步的解释时，指物定义才可能发生。比如，有一些规则让我可以自信地把“这是红的”解释为“红色是面前这块补丁的颜色”，同时又无须做进一步的解释。但是，可能存在这样的规则，令指物定义即意味着证明。孤立的语言理论家似乎预设了他希望证明的东西。正如维特根斯坦所说，奥古斯丁关于语言学习的解释

① 比如，可参见：R. Kirk，‘Rationality without Language’，*Mind*，76，1967，pp. 369-386.

② C. Verheggen，‘Wittgenstein and “Solitary” Languages’，*Philosophical Investigations*，18，4，1995，pp. 329-347.

似乎是这样的：儿童进入一个陌生的国度，他虽然不了解这里的语言，但是已经可以自言自语了。[①]

不过，这可能还不足以证明认知主义的不自洽，因为要点不在于孤立的头脑发明了服从规则的语言，而是他使用了已经确立的语言，即所谓的“思维语言”(见第6章)。至关重要的是，作为一个自始孤立的人可以服从一项规则，即他可以检查自己是否服从规则并纠正自己，否则我们就无法区分他的习惯性行为与服从规则的行为。声称他的规则是规范性的而不是习惯性的，其核心在于他可以决定自己是否以同样的方式继续下去。[②] 他必须能正确对自己说他正在做某事 x，并且他将会继续做某事 x。也就是说，以同样的方式继续下去。但是，能够以相同的方式继续做，就要能够意识到指导以及之类的东西都得到了正确的服从。因此，自始孤立的人一定要有能力问自己，所做的事情算不算服从，如此等等。然而，正如维特根斯坦指出的那样，关于做某事 x 的指导就像是指物定义，一切都取决于怎么做，以此类推。比如，有人可能会教我在路中间画一条白线。他可能先画一条线段，然后说“等等”。如果我把这作为在道路中间画线的指示，而不是作为继续画下一条白线而不是黄线的指示，或者画这条特定粗细的线而不是另一条线的指示，那我一定已经了解了这项活动背后的大量实践。但是，如果我这样做了，那么我必定已经掌握了决定这种做法的那些规

---

① Wittgenstein，1953，op. cit.，para. 32.

② Wittgenstein，1953，op. cit.，para. 1-3. 试比较：T. S. Champlin，‘Solitary Rule—Following’，*Philosophy*，67，1992，pp. 285-306，298.

则。[①] 如果没有某种实践提供背景来指示正确的处理，那么自始孤立的人就无法服从自己的指导，以同样的方式来做诸如 x 之类的事。所以，如果不预先假设他已经具有某种有助于理解的实践背景，作为自始孤立的人就不会有(更不用说发起)这样的实践。[②] 这个论证是要证明，作为一个孤立的人可以有某种实践。但是，这个论证却表明，如
48 果没有进一步的实践，他就不能进行这一实践。因此，试图表明自始孤立的人可以有这样的实践，就变成了一种恶性循环。

如果这一系列推理都成立，那么认知主义方案就被有效扼杀了，因为那是试图用服从规则来解释学习。然而，就此认为不能以一种“法理学或准法理学”的方式来解释规则，使其既是有效的、机械的，同时又是规范性的，这条结论仍显草率。这一推论具有一定的合理性，因为模仿自然语言属性的机械的、自始孤立的语言概念看起来并没有什么不自洽。[③] 然而，第 6 章的讨论会表明，这种重建规范性的努力是不合法的。

---

① 这里的实践同时意味着服从规则及其周边的规范性活动。

② 表示“像这样继续”或“等等”的手势，与指向一个物体或者位置的功能类似，参见：Wittgenstein，1953，op. cit.，para. 208.

③ 比如，可参见：L. Wittgenstein，*Philosophical Grammar*，Oxford，Blackwell，1974，p. 188. 类似的相关评论，参见：Wittgenstein，*Blue and Brown Books*，Oxford，Blackwell，1958，pp. 12，97；Wittgenstein，*Philosophical Investigations*，Oxford，Blackwell，1953，para. 495.

/ 5. 学习、训练与行为主义/

49

任何解释都有其训练的基础。（教育者要记住这一点。）[①]

导言

在教育界的大多数学术评论者那里，训练都显得声名狼藉。它通常被认为是教育的对立面。[②] 训练之所以不受欢迎，具有深刻而复杂的文化根源，这超出了本章的内容范围。简言之就是：相信训练是权威式的，而权威是有害的；把训练等同于条件作用；以及把训练与非常狭隘的职业准备联系起来。我将首先展示训练与条件作用的区别，

---

① L. Wittgenstein，*Zettel*，Oxford，Blackwell，1967，para. 419.

② P. Abbs，'Training Spells the Death of Education'，*The Guardian*，5 January 1987. 罗伯特·迪尔登更加谨慎，但仍然认为训练有可能颠覆教育。R. F. Dearden，'Education and Training'，*Westminster Studies in Education*，7，1984，pp. 57-66，esp. p. 64.

随后指出认为教育或训练可以在不接受某种权威的情况下完成的信念是一种错觉。这种错觉会导致对隐蔽的条件作用的依赖。最好能认可教师作为权威人士①的角色，因为他们在习得某些知识与技能方面就是一个权威，这将导致对教育与训练来说什么东西有必要的更加明确的看法。

自由派教育者往往会警告说，教育正面临被某种狭隘的职业训练替代的危险，但是他们对训练概念本身较少关注。结果，训练在教育中的作用往往被低估了。无论是自由教育还是职业教育，都要承受这种忽视的后果。自由教育受进步主义的影响，进步主义则普遍倾向于淡化训练在学习上的重要性。职业教育虽接纳训练，但是采用了一种贫乏的训练模式。自由教育者将这种贫乏的训练模式与行为主义建立了联系，这个判断是正确的。②

训练是一个复杂的概念，对于理解从儿童早期到成年期学习的许多方面都很重要。训练一方面与条件作用不同，另一方面也可以与发
50 现区分开，尽管它与这两者都有联系。训练不是教育的替代品，因为这两个概念从属于不同的范畴：教育涉及个人的长期生活准备，训练通常涉及短期的能力、态度与倾向的习得，但成功习得这些东西本身也是教育的一个重要方面。因此，训练也应该成为任何有价值的教育活动的核心，无论是自由教育还是职业教育。另一方面，周期足够长

① 关于这种区别，可参见：R. S. Peters，‘Authority’，in A. Quinton（ed.）*Political Philosophy*，Oxford，Oxford University Press，1967.

② Terry Hyland，‘Competence，Knowledge and Education’，*Journal of Philosophy of Education*，27，1，1993，pp. 57-68.

且在涵盖的知识、技能与理解方面足够广泛的训练形式，完全有资格获得“职业教育”的称号，而不是“职业训练”。问题的关键在于，虽然训练与教育是不同的概念，但两者之间的界限并不总是一清二楚的。我并不是说训练可以成为教育的替代品，只是建议人们去承认训练在教育当中发挥的重要作用。

任何试图以令人满意的方式来处理训练概念的人，遇到的主要难题之一是其衍生性质。训练可以成为第一语言学习的一个重要方面，可以成为习得识字与运算能力的一个重要方面，可以成为习得身体技能、道德、审美与宗教敏感性以及职业教育与准备的一个重要方面。[①] 可是，有必要从一开始就把训练与条件作用区别开来。

训练与条件作用

在对训练的一系列指控当中，首当其冲的是认为它并不比条件作用好，因此它也同样缩小而不是扩展了人的能力。下面是阿布兹(Peter Abbs)对训练的控诉。他是典型的当代自由教育者。

> 我们会说到“便盆训练”“驯狗”“训练一支军队”“训练工程师”或“技师”。似乎训练总涉及限制人的意识，以掌

---

① 关于道德教育的情况，可参见：T. Kazepides，‘On the Prerequisites of Moral Education：A Wittgesteinian Perspective’，*Journal of Philosophy of Education*，25，2，1991，pp. 259-272.

握特定的技术或能力。[1]

在这段话当中，有两个高度值得怀疑的假设。第一，驯狗与训练工程师可以相提并论；第二，学习能力与技术会限制人的意识。这两个假设都是错误的，认清这种错误是理解训练的关键，它远远超出了自由教育者所能想象的范围。[2] 甚至行为主义心理学家称之为“操作性条件反射”的动物学习模型，也未能把握动物在接受训练时学到的东西。

联想论学习理论(Associative learning theory)关注的是两个事件之
51 间的联系，以及学习者将这两个事件联系起来的方式。其中一个事件，被心理学家们称为“重要事件”，因为它能够在没有先期条件作用的情况下引发反应。这类事件也被称为“强化物”，因为它们能够强化其他反应。比如，身体伤害能够在没有任何先期条件作用的情况下，引发逃避反应。如果一个动物已经被条件化，可以对另一种刺激做出逃避反应(比如巨大的噪声)，那么强化物将会强化这一反应。

在**经典条件作用**理论当中，重要事件位于刺激之前，典型的结果是信号刺激会引发与重要事件相同的反应。比如，吹一口气可以让人眨眼，并且是在没有先期条件作用的情况下做出这个反应。当一阵风吹过时，烛光同样会开始摇曳。

---

① Abbs，op. cit.

② 更谨慎的观点来自罗伯特·迪尔登，他似乎认为训练在很大程度上排除了理解。R. F. Dearden，op. cit.，p. 64.

在操作性或工具性条件作用当中，重要事件会伴随着某种反应而不是刺激，结果就是反应概率的变化。① 在强化当中，结果有吸引力，并且会导致反应，这有助于实现强化。举例来说，如果一个孩子每次哭泣都会得到甜食，他将来就会更容易哭泣。当重要事件不具有吸引力时，它往往会减少反应频率。这种负强化有时被误称为惩罚，尽管它并不具备我们通常所说的“惩罚”的任何规范性。

条件作用理论承认，有机体的行为并不完全取决于条件作用，这就为非条件反应保留了可能。但是，我们不能就此认为，无论是操作性条件反应还是经典条件作用过程，会以任何方式达到训练的那种复杂性。为理解这一点，有必要看到当代联想论学习理论所在的行为主义传统，是在一个价值中立的观察与描述系统之上来建模的。为了得到联想论学习理论，研究人员的价值观与信仰就不得干涉研究过程及其描述。此外，为了研究特定刺激的效果以及它们引起的反应，想找出一个人对特定刺激会如何反应，就必须对被试获得的刺激类型加以限制。这些要求意味着对联想学习的研究要在实验条件下进行，对这类工作的描述往往采用的是价值中立的“数据语言”。②

这些限制带来一个重要的后果：由于条件作用理论涉及正强化物与负强化物的反复应用，因此要在许多场合识别与重新识别这些强化物。这就意味着必须严格解释诸如“同类强化物”之类的说法，以便使 52

① D. Lieberman, *Learning*, California, Wadsworth, 1990, p. 34.

② 对于“数据语言”的批评，参见：C. Taylor, *The Explanation of Behaviour*, London, Routledge, 1964.

用实验术语来定义它们。这是为了确保在实验室条件下得到的各项发现是可信的，即可以在未来的实验当中进行复制。这种可重复性，并不意味着条件作用理论有效，并不意味着它可以作为对动物学习的一般解释。事实上，动物训练虽然比人类训练简单得多，但是也要比操作性条件作用模型复杂很多。为了理解这一点，有必要认识到，在非实验条件下应用这个模型时，诸如“同类强化物”这样的表达，必须采用比实验室用法更为宽松的解释。动物在接受复杂训练时，必须在识别刺激与做出反应时保持足够的弹性。而在操作性条件作用模型当中，不允许这种可能性。

比如，受训练去聚拢羊群的狗，预期能对各种信号做出反应，这些信号会告诉它需要采取哪些操作。这些信号来自于对比鲜明的物理环境，由于距离的关系也会出现音量上的变化。这些信号，还与狗为什么要保持灵活的背景有关：预期在某种条件下执行与绵羊相关的某种操作，而这些条件参数都是具体的。然而，这并不意味着我们承认其中包含了思考。① 狗必须有效地把绵羊从一个地方带到另一个地方，不能伤害羊群，也不能指望绵羊自愿合作。狗必须运用自己的感知、判断、耐心与胆量。换句话说，它的精神潜能得到了充分应用。

这个例子表明，与在迷宫当中通过使用操作性条件作用技术诱发老鼠的行为相比，训练狗是规模更大、更加复杂的成就。人类训练涉及的范围，远甚于牧羊犬的训练，尽管并不总是如此。在人的训练当

① N. Malcolm，‘Thoughtless Brutes’，in *Thought and Knowledge*，Ithaca and London，Cornell University Press，1977.

中，训练过程与训练结果都要比动物训练更加复杂。也许最重要的区别在于，语言在人类训练当中起到了至关重要的作用。人类按规则学习。他们的所作所为，可以得到纠正与评论。这些规则需要解释与评估。它们可以被教授，但受过训练的人又要能在迥异的情况下使用它们。在其中，相关的解释与评估活动，可能起到关键作用。我们的一些受到训练的活动就像条件作用一样，这种反应不需要很大的灵活性。彼得·阿布兹举的便盆训练的例子就是这样。但是，如果就此认为这是受训练反应的典型特征，那就不怎么明智了。罗伯特·迪尔登(Rob- *53*
ert Dearden)对教育活动与训练活动的区别做了评论："在这些情况下，教育的一方特别强调理解的重要性，以反对特定类型的表现。"①似乎对于表现的训练，并不包含理解。这是一种误导。正如我们所看到的，阿布兹提到的训练狗的例子，可以用在赶羊的狗身上。对这个例子的进一步思考表明，训练可以基于狗的一般能力，以引起高阶的精神与身体能力的运用。

对于一条受到训练能够赶羊的狗来说，如果说它的意识被这种训练限制了，这将会是一个很奇怪的说法。只有当一只受过训练能够赶羊的狗，因此失去了做其他需要技巧与判断的事情的能力时，我们才有理由这么说。但是，没有理由认为这是一个事实。这一点同样适用于人的训练。比如，训练有素的工程师必须遵守、评估与解释一些规则，然后在与他们接受训练时并不相同的环境中进行理解与判断。这很难说是在限制意识。而且我们要记得，成为一名训练有素的工程师，

① Dearden，op. cit.，p. 64.

个人不会因此就无法做他已经会做的事情，也不会因此无法学习他还不知道的东西。

逃离训练

现在我们可以开始部分回答这个问题："为什么训练如此不受教育者欢迎?"如上所述，条件作用理论不足以解释人类学习(甚至是动物学习)，因此当然要警惕把条件作用当作一种有效甚至符合伦理的让人类学习任何东西的方式。① 但是，我们已经证明，训练是与条件作用十分不同的一个概念。训练可以实现的能力上的发展，比条件作用所能引起的反应更有弹性。此外，训练也没有必要带上那种伦理上的不可欲性。因此，教育者对于训练的质疑，是完全没有根据的。

现在可以看一看训练受到怀疑的另一个主要原因了，即进步主义的影响与反威权主义在教育思想中的崛起。为此，有必要再一次回顾卢梭的教育方案。正如我们在第 3 章中看到的那样，这些教育方案是基于他的这种希望，希望表明教育如何根据最大限度的人类自由来得到促进与推动。要理解为什么要拒绝把训练当作一种学习形式，拒绝
54 权威就显得至关重要(后面再讨论)。但是，正如我们将要看到的，它的基础是对权威与权力的致命混淆。成功的条件作用，取决于条件物之于条件对象的**力量**。在人的问题上，训练涉及受训练者对于训练者**权威**的认可。

① 相关原因在本节稍后部分会有更清晰的阐述。

为了达到预期效果，卢梭设计了一些控制爱弥儿的情境，以便让爱弥儿学习卢梭希望他学的内容。在《爱弥儿》中有很多这样的例子。考虑到卢梭并不认为儿童在 12 岁之前有可能完全获得理性，同时也考虑到他反对使用任何训练技术(因为这包括一个意志对另一个意志的服从)，很难看出卢梭能教给爱弥儿什么东西。这个孩子被教会不要去打破东西，因为他认识到缺少这个被打破的东西对他来说意味着什么："他弄坏了自己房间的窗户。让风昼夜吹拂他，不要担心他受凉。因为受凉总比发疯要好。"①但是，值得注意的是，如果这一课不起作用，卢梭就建议将孩子放在窗户洞开的房间里，以便这个孩子更好地理解弄坏窗户意味着什么。虽然从形式上说，这个孩子在通过认识缺乏某种东西的后果的方式来学习，但是另一个人的意志已经悄然强加在这个孩子身上了，这个孩子已经被一个成人带到了一个可以有这种不愉快经历的境地了。

一个更著名的例子解释了爱弥儿如何找到返回蒙莫朗西的路。爱弥儿得知，森林位于蒙莫朗西以北。第二天他被带到森林里散步，事先没有吃很多东西。不久以后，爱弥儿饥渴难耐，而且迷路了。这时已经到了正午，爱弥儿开始哭泣。卢梭提醒爱弥儿的方式，让人想起《美诺篇》当中的苏格拉底和奴隶男孩之间的对话。② 靠着这些提问，爱弥儿想起在正午时分可以通过观察阴影的方向来找到北方。利用这

① J. J. Rousseau, *Émile ou l' éducation*, Paris, Editions Flammarion, 1966, p. 122. Passage translated by C. A. and C. Winch; Foxley translation, p. 64.

② Plato, *Meno*, in B. Jowett, *The Dialogues of Plato*, London, Sphere Books, 1970.

些提问，他解决了问题：如果森林位于蒙莫朗西以北，那么蒙莫朗西就必定位于森林以南。沿着与阴影相反的方向走，他意识到自己已经找到返回蒙莫朗西的路了。[①]

这个例子旨在表明，某种自然的匮乏(饥饿与口渴)如何引导孩子们开始以自发的方式应用其不断增长的理性力量，以获得原本会以说教的方式来传授的地理知识。但是，卢梭的例子并没有实现他的愿望。爱弥儿已经得到了对他随后发现蒙莫朗西的位置至关重要的那些信息：森林位于蒙莫朗西北部，阴影在中午倒向北方。没有任何迹象表明，他可以自己发现这些东西。爱弥儿被自己的老师置于特定的境地，他不会把自己置于这样的境地：即使某个意志没有实际上直接强加给他，他至少也是在被控制以后才进入某种“学习情境”当中去的。卢梭的提
55 问风格，旨在从爱弥儿那里引出卢梭渴望的反应。蒙莫朗西的例子远远不能说明学习是如何自发产生的，而是说明了为达到理想的发现学习的效果，情况需要多么刻意，而且这还只是面对一名学生。

更糟糕的是，从卢梭的角度来看，爱弥儿已经在某些重要的知识方面得到了指导。可以说，爱弥儿已经被*条件化*了，可以让这些知识发挥良好的效用。这是通过一个意志对于情况的有效操纵来实现的。这种控制尽管隐蔽，但的确是对于另外一个人的控制。卢梭可能会回答说，将一个人的意志*直接*强加给另一个人是有害的，并且会引起怨恨。但是，如果爱弥儿认识到正是由于老师的明显不负责任才让自己

---

① Rousseau, *Émile*, op. cit., pp. 232-235 (Editions Flammarion); pp. 143-144 in Foxley edition.

陷入困境，认识到自己是在被各种负面刺激诸如饥饿、口渴与恐惧等感受条件化以得到某种反应，那么他同样也可能产生怨恨。卢梭的例子并未表明，避免对儿童灌输规则或权威，学习就可以更加有效。在第一个例子当中，将一个孩子带到一个窗户洞开的房间，是把一个人的意志强加给另一个人；在第二个例子当中，老师安排了某种特定的情况，而爱弥儿的学习主要依赖于从某些地理事实的教学来获得的知识及不愉快的感受。有人会说，卢梭已经从他的学习情境中取消了权威，代之以一种隐蔽的力量形式。很难说这在道德上要优于传统家庭教师的权威应用方式。后者采取了一种“公开”“诚实”的态度，而且因为并不操纵人，所以反而尊重了学习者的尊严。

不把一个意志强加在另一个意志之上，不直接去教获取知识的规则，学习也可能有效地发生。可是，卢梭的努力是不成功的。他悄悄地掺入了自己本应该拒绝的教育学元素，以实现自己希望的学习成果。更糟糕的是，他似乎时不时地使用操作性条件作用技术。窗户的例子，看起来很像我们现在所说的厌恶疗法。需要接受负强化的“重要事件”就是打破窗户。不修窗户或者关禁闭，是这个情景中的负强化物，可以用来消退打破窗户的倾向。在蒙莫朗西的例子当中，重要事件是迷路的经验，这被恐惧、饥饿与口渴的感觉进行了负强化。

无论是在伦理上还是在教育上，这似乎都不是对训练技术的一种改进。卢梭的方案并不认为人能够理解身边的事，能够理解自己应该做什么。这与卢梭不认为 12 岁之前的儿童有可能完全拥有理性的信念完全吻合。[①]

56 从本质上来讲，卢梭描述的是一种虚假的可能性。如果人类行为受规则制约，那么习得的人类行为也将服从规则，无论它是怎么学会的。如果从事受规则制约的行为，包含对权威的认可，那么对某种权威的认可就是人类生活必不可少的特征了。[②] 至此，我们面对的是一个务实的判断，即发现或训练哪一方才是更好的学习方式？鉴于学习涉及对权威的服从，至少是最低限度的服从规则，所以以服从规则的方式来学习服从权威，就不能构成对学习的一种批评。关于什么是最佳教学方法的论证，变成了一个实践问题。这种方法包含对人类制度与智慧的应用，还是完全无中生有、重新创造？届时训练就可以凭借自身优势，被认为是一种合法的教学形式了。

人类训练的复杂性

动物训练可能是一件复杂的事，可以获得反应的灵活性与可塑性。这已经使它与条件作用区分开了，因为后者只涉及对单个或非常有限的一组刺激的刻板反应。在条件作用与训练之间没有明确的分界线，比如我们给婴儿的一些训练，就像是条件作用(比如阿布兹提到的便盆训练)。虽然并不具备真正的操作性条件作用的实验条件，但对小范围

---

① Ibid.，p. 113 in Flammarion edition；p. 106 in Foxley edition.

② P. Winch，'Authority'，in A. Quinton（ed.）*Political Philosophy*，Oxford，Oxford University Press，1967.

刺激有一组相当刻板的反应，这使得这个实例与最严格的操作性条件作用密切相关。不过，使用一些孤证，还是无法把训练与条件作用的区分确定下来。

事实上，人类可能接受的训练活动的范围，远远超过动物。训练遍及语言学习、幼儿教育、初等教育与职业教育，并且它还会根据应用的阶段与环境，采取多种不同的形式。那么，在这一系列广泛的活动之间有什么共同点，以致我们可以把它们全部称作"训练"呢？在训练与条件作用之间存在临界情况的事实表明，并不存在这样的共同点。

也许"训练"一词的核心用法，使其不至于成为像"游戏"这样内涵多样的家族相似概念，而仍旧是一个边界模糊的概念。这种核心用法，与自信地学习做某事的观念有关。一方面，重点在于行动而不是知识。另一方面，重点在于一种**毫不犹豫的**、**自信的行动**，而不是犹豫不决与缺乏自信的行动。这样做并不是要否认成功的行动需要一定程度的知识，也不是要否认自信的行动可能来自于其他形式的学习，比如猜 57
想与检验。简单来说，与训练相关的学习，与自信行动的发展有关，而不是与知识、反思相关。

在我们说许多活动需要**反思行动**之前，我要指出当反思对象是有效的行动时，反思往往是最有用的。训练很可能是通往复杂专业活动的一个阶段，实际情况每每如此。实际上，在通常情况下，有一些训练就是在继续前进之前形成后退、反思及检查的能力；训练概念足够灵活，可以适用于这些情况。我们确实希望受过适当训练的航空飞行员能够自信的行动，但又不希望他忽视具体情况的特殊性，也不希望他在行动中不考虑这些特殊性。

训练与小学教育

发现学习的方法，在学校(至少是英国的学校)当中仍然流行着。结果，在大多数进步的小学教育者看来，那种认为训练在小学教育中有重要作用的观点，真会让人惊诧莫名。然而，重要的是坚持这个可怕的假设，看一看它会把我们带往哪里。首先，有必要区分修辞与现实。我们从各种研究中得知，小学教师的实践多种多样，并不总是符合进步主义的理想。[1] 其次，一种普遍的做法，并不保证它是最有效的，甚至不能保证它是有效的。我们需要提出的关键问题是："训练是否有助于小学教育？如果它有贡献的话，这些贡献是否被忽视了？"

毫无疑问，初等教育包括引导儿童获得一系列与识字、算术有关的基本技能。在习得这些技能的学习当中，他们需要参与各种服从规则的活动。现在问题出现了："学习服从这些规则，最好是通过发现还是通过训练来实现呢？"虽然这是一个经验性问题，但它并非没有概念上的讨论价值。正如我们之前对卢梭的讨论一样，我们尤其需要对"发现"的本质给予足够的关注。如果这里的"发现"是类似于卢梭被迫求助的那种操作性条件作用，那么它几乎算不上是一个优点了。如果与训

① 比如，可参见：M. Galton，B. Simon and P. Croll，*Inside the Primary Classroom*，London，Routledge，1980；P. Mortimore，P. Sammons，L. Stoll，D. Lewis and R. Ecob，*School Matters*，Wells，Open Books，1987；R. Alexander，*Policy and Practice in the Primary School*，London，Routledge，1992.

练相比，条件作用更加否定自主的实践，那么“伪装成发现的条件作用”就很难摆脱针对训练的那些批评了。并且，在其有效范围内，对于条件作用的攻击将会更加猛烈。

反对把训练作为一种有效的、灵活的学习形式，这方面的案例当然没有办法得到证实。还有一些关于小学教育实践的研究，至少表明 58
传统的小学教学在某些方面优于进步主义的、基于发现的学习形式。[①]此外，对国际数据的比较表明，拥有更传统的小学教育的那些国家(训练仍然在发挥重要作用)，在某些科目尤其是数学方面取得了更好的结果。[②]

但是，作为对小学的其他学习形式的反对，关于训练角色的争议很少在经验层面展开，实证研究发现也总是存在争议与误解。为了理解为什么训练法声名狼藉，有必要考虑在意识形态层面对于把训练视为一种教学形式的反对。其中的一个方面已经确定了，亦即训练与条件作用之间的混淆。但另一个方面涉及训练中具体的人性的方面，即训练发生在规则系统当中，因此包含被训练者对训练者权威的认可。

正如我们在前面所看到的那样，进步主义教育方式来源于卢梭，其基础是在教育与养育子女时拒绝权威。卢梭与进步主义运动的整个

---

① Mortimore et al.，op. cit.；Alexander，op. cit.；B. Tizard，P. Blatchford，J. Burke，C. Farquhar and I. Plewis，*Young Children at School in the Inner City*，Hove，Lawrence Erlbaum，1988；P. Bryant and L. Bradley，*Children's Reading Problems*，Oxford，Blackwell，1985.

② S. Prais，'Mathematical Attainments：Comparisons of Japanese and English Schooling' in B. Moon，J. Isaac and J. Powney (eds) *Judging Standards and Effectiveness in Education*，London，Hodder and Stoughton，1990.

道德心理学是基于这样一种观念，即一个人公然把自己的意志强加给另一个人会造成伤害，这种伤害既涉及强加给他人的人也涉及被强加的人。但是，卢梭未能区分合法的强加与不合法的强加，而且他本人也会借助隐蔽的意志强加来实现某些学习目标。但是，在人类学习当中，正是训练者的权威使被训练者能够接受训练。如果只是因为某种特殊职位才获得权威，那么这种权威就什么也不是了。训练者之所以有权威，是因为他本身就是这方面的权威人士。他具备的知识与技能值得被训练者尊重，因为后者正需要这些知识与技能。①

即使在母语学习当中，情况也是如此。其中，幼儿依赖并服从成人的语言知识，以发展出沟通能力。② 一名具备儿童所需的知识与技能的小学教师，如果他认为这是让儿童获得知识或者技能的最佳方式，如果他之所以拥有权威只是因为他是所教学科内容的权威人士，那么他就拥有道德权威，可以在适当的时机使用训练的方法。毫无疑问，这涉及把他的意志强加给他的学生们，因为是他而不是学生们来制定日程。如果认为这本身就是令人反感的，那就陷入了卢梭式的道德心理学的混乱，因为强加意志本身就是有害的。但是，正如我们看到的
59 那样，鉴于人类生活的规范性本质，说这种规范性可以避免，是让人感到费解的。重要的是通过合法的方式来行使权威，确保这种意志强加能够以适当的方式完成。

当然，关于何时应用、应用多长时间以及是否配合其他方法，这

① 该区分，可参见：R. S. Peters，op. cit.

② M. A. K. Halliday，*Learning How to Mean*，London，Arnold，1978.

本身仍是一个专业判断。重要的是要引起人们对于以下观点的关注，即人类生活是服从规则的。第一，如果承认权威以及服从权威本身不会对儿童产生道德伤害，那么是否应该使用训练或者其他技术来促进学习，这方面的决策就可以通过对这些技术的效率评估来进行了。在这种方式当中，效率证据开始变得重要，而不只是意识形态斗争中的那些含糊其辞、存在争议的武器。第二，训练的潜在重要性贯穿整个课程，从学习阅读与写作，到学习数学、学习以合乎道德的方式行动、学习创作艺术品都是如此。① 就这些服从规则的活动而言，训练可以被视为促进学习的一种可行的技术。

训练与自主

我现在要考虑的反对意见是，如果教育的主要目标之一是促进自主，那么使用训练将不利于这一目标的实现，因为它鼓励服从权威而不是独立判断的增长。如果认为所有应接受训练的儿童都要服从权威，这种反对意见就可能有些分量。训练的使用，最好被认为是服务于某些目的的手段，其中之一可能就是自主。一个可以使用母语的儿童，比一个不能使用母语的儿童更为独立，尽管学说话包括一些训练以及对权威的认可。一个能够读写算、知识渊博且拥有手工技能的成人，

① T. Kazepides, 'On the Prerequisites of Moral Education: a Wittgensteinian Perspective', *Journal of Philosophy of Education*, 25, 2, 1991, pp. 259-272; D. Best, *The Rationality of Feeling. Understanding the Arts in Education*, Brighton, Falmer, 1993.

比没有这些特点的成人更为独立，尽管习得这些东西要包括某个阶段的训练。如果能给人们提供独立行动与自己发现事物的技能与知识的话，训练也完全可以带来自主。

通过发现来学习，不是训练的替代方案，而是指一系列技术，可以从训练获得的技能中生成。关键在于，是否使用训练或其他教学技术，不是一个非此即彼的问题，而是一个事关平衡的问题。在教育过程中，技术方面的平衡可能会随时发生变化。

在学习服从规则的过程中，人们学会了**继续前行**。已经学会了如何通过加法来生成数列的儿童，可以继续生成该数列中的更多数字。与此类似，学会使用木工工具的成人，可以使用他的这项训练来制作与修理东西。服从规则的能力，包含一定程度的独立性。在许多情况
60 下，学习服从规则还会涉及判断、解释与评估。比如，规则服从者可能需要**判断**某些情况是否适用于特定的规则；他可能需要**解释**一个信号，以确定它是哪个规则的实例；他也可能需要**评估**自己服从规则的程度。在各种不同背景下进行判断、解释与评估的能力，是自主性的一个重要方面。

学习曲线

行为主义是一种**条件作用**而不是训练理论。因此，在理解人类学习或者实际中的大部分动物学习方面，它并没有多大价值。然而，行为主义的一项“发现”已经进入日常词汇，被认为是关于学习的一项真

正的发现。这就是“学习曲线”的观念。它与人类学习的相关性，在此将得到简要讨论。

作为预测科学的学习理论，显然通过刺激—反应联结这种一般模式的发现取得了进展。瑞斯克拉—瓦格纳(Rescorla－Wagner)模型通常被称为“学习曲线”，旨在表明学习的(条件作用)模型是如何发展的。[①] 直观地说，它是基于这样一种观点，认为学习在本质上有渐进性，在接近最大程度学习但并未完全达到时，条件作用会受到收益递减规律的影响。虽然从直觉的角度来看，瑞斯克拉—瓦格纳模型具有一定的可信度，并且似乎可以做一些成功的预测，但它实际上并不完全成功。比如，已经证明该模型不能正确预测构型学习与存在潜在抑制的情况。[②]

更令人吃惊的是，为该模型准备的原理，其核心是惊奇这个词。比如，在刺激—刺激学习当中，当被试第一次接受非条件刺激时，与条件刺激的关联是出乎意料的，被试会感到惊奇。在随后的试验当中，对这种刺激的预期会增加，惊奇的成分开始减少。

模型在这个方面，包含两个要点。第一，在用期待与惊奇来描述这个模型的原理时，该模型有助于实现能明确意识到的那些概念。比如，一个人期待某事，或者一个人对某事感到惊奇。虽然这些概念本

① R. A. Rescorla and A. R. Wagner，‘A Theory of Pavlovian Conditioning：Variations in the Effectivenes of Reinforcement and Non－reinforcement’ in A. H. Black and W. F. Prokasy（eds）*Classical Conditoning II：Current Research and Theory*，New York，Appleton Century—Crofts，1972.

② Lieberman，op. cit.，p. 134.

身并不是目的论的，但它们确实构成了一些目的论解释的基础。第二，有机体的目标搜寻行为，可以用期望模型获得部分解答，这些期望的中断可以用惊奇来描述。当然，数据语言只描述纯粹的运动变化，而不包括任何精神联系。所以，诸如“期望”与“惊奇”之类的术语，也是无法直接获得的。应该使用不同的术语来解释瑞斯克拉—瓦格纳模型
61 的基本原理。比如，将其作为条件反应与无条件反应之间关系的一种经验描述。

如果情况是这样，这个模型就会失去大部分吸引力。因为，虽然它原本只是作为对**如何**学习的经验概括才有效，但它也提供了一种有关**为什么**学习通常会采用这种模式的解释。它以在行为主义术语中通常是非法的方式来完成了这一点。然而，在这个角色当中，它作为一种解释并不令人感到兴奋。最初，一种刺激与另一种刺激同时出现，某个动物可能真的会感到惊讶。然而在重复之后，对于两种刺激同时出现所感到的意外就会减少，对于会同时出现的期待就会增加。这种解释只不过重复了民间心理学的某种格言，而这种格言本身并不是普遍有效的。除了这个角色之外，该模型的唯一用途就是作为对学习模式的一种假设，在某些情况下可以得到临时的证实，在其他情况下则会得到果断的反驳。似乎瑞斯克拉—瓦格纳模型并不能解释动物的不同形式的条件作用，更不用说更加复杂的人类学习了。事实上，正如已经指出的那样，该模型的预测价值存在严重局限性。① 该模型还被用作联结主义者(connectionist)的神经网络研究的预测架构，用于预测

① Lieberman，op. cit.，p. 134.

反复刺激作用下神经联结的发展。在这个角色当中，这个模型可以很好地作为预测理论来发挥作用，从而为特定条件下神经网络的行为假设提供架构。[①] 但在这种情况下，它已经不再是对人的描述了，而只是作为一种工作假设。

结论

前文已经表明，训练不同于条件作用。训练是一种教学形式，有效训练可以得到在各种情况下都能够自如运用的技巧与技术。在人的训练方面，训练总涉及语言运用与服从规则。因此，即使与最复杂的动物训练形式相比，人的训练也要更加复杂、有质的不同。因此，训练可以促进独立与自主。对训练的反对，是基于一种源自卢梭的反权威主义，这本身已经被证明为一种混淆。在大多数情况下，条件作用取决于力量或者强迫，在有的情况下则会导致不假思索的反应。在实验心理学当中，就肯定会是如此。在有限的(也只是有限的)情况下，让人类接受条件作用在道德上是合理的：第一类情况是条件作用对主体有益，但主体因为年龄、疾病的关系而无法表示赞同。在这类情况 62
下，合法的权威必须代表该主体来表示赞同。第二类情况是个人能够控制自己的官能，不受胁迫地同意去接受一项他认为对自己有利的条件作用方案(就像某些医学治疗一样)。这些例外不包括条件作用的任何教育或准教育用途。动物训练依赖人类之于动物的权力，在面对高

① 试比较：Lieberman，op. cit.，p. 445.

等哺乳动物时，能够在同类情境中产生多样化的反应。针对人类的训练总要包括对(基于知识、技能以及制度性地位的)权威的认可，并且具有过程的复杂性与结果的灵活性，使得语言应用与规则服从技术可以单独获取。

因此，人类训练不仅比动物训练更加复杂，而且服从不同的规则。没有理由认为训练**本身**在道德上是不合理的。事实上，如果教育者有义务通过尽可能有效的方式来教学，那么就会有大量场合恰恰应该使用训练。

/ 6. 表象与学习/

63

导言

关于如何学习的一种主流观点，源于被通称为认知主义的一系列理论。它特别具有影响力，因为结合了与卢梭相关的浪漫主义学习观点的元素，以及与乔姆斯基等人相关的对于学习的更明确的科学解释。① 认知主义理论影响的主要后果之一是强调自主学习，以及相应地贬低教学对于学习的价值。然而，如果认知主义的基础是错误的，那么建立在认知主义基础上的对于教学的贬低也就不再成立了。因此，需要重新评估教育中以牺牲教师角色为代价，来提升学习者角色的现代潮流。认知主义的基础确实是一个错误，教师的角色确实需要重新评估，这是本章的论点。在这里，我所谓的“教学”指的是通过权威人

---

① J. J. Rousseau, *Émile ou l'éducation*, trans. B. Foxley, London, Dent, 1911; N. Chomsky, *Language and Problems of Knowledge*, Cambridge, Mass., MIT Press, 1988.

物来主动传播知识和技术，而不是建立一个可以让自主的学生学习得以发生的情境（“学习促进者”模型）。[①]

认知主义可以作为对行为主义学习理论的一种替代或者回应。这是一系列理论，不仅有关人如何学习，而且有关人如何思考。事实上，认知主义认为人是先能思考、再能学习的。这一点也存在争议。我们认为，有意识与无意识的理性思考能力，相当于内在地操纵作为我们思考对象的符号表象的能力。[②] 一些版本的认知主义强调计算机的重要性，认为这可以作为内部表象系统的一种概念化方式，另外一些则选择使用神经网络。“经典”认知主义与联结主义的认知主义，都将表象概念作为其解释的基本组成部分，因此它们之间存在很多共通之处。
64 如果要考察认知主义的学习解释，那么我们首先就要看一看认知主义对于思维的解释。因为，如果它们对于思维的解释不充分，那么在缺乏其他支撑的情况下，它们对于学习的解释也就不充分。

表象论

表象论背后的主要观点是，我们有可能表明对精神活动的物理论解释与精神论解释是相容的。因此，我们谈论思考、学习、行动与意图的能力，不会因为使用精神机制或物理机制来解释的可能性而受到

---

① 比如，可参见：Carl Rogers，*The Carl Rogers Reader*，edited by H. Kirschenbaum and V. Land Henderson，London，Constable，1990，esp. pp. 304-322.

② 试比较：William I. Matson and Adam Leite，'Socrates' Critique of Cognitivism'，*Philosophy*，66，256，1991，pp. 145-168.

损害。表象论者通过援引心理机制，能够表明表象如何相互作用以产生新的表象。[①] 因为这些表象在某种意义上是同构的，所以即使没有实际共享，也是可以分享的。不同个体表象系统的同构性并不难解释。为了使某种表象与现实相匹配，表象元素必须与相应的现实元素保持一一对应的关系。[②]

如果每个个体的表象机制是该个体自然选择的产物，如果所有根据表象机制来运行的个体(特别是要求个体能彼此交流)的自然选择没有什么显著差异，那么可以预期一组彼此沟通的个体将使用可以与他人分享的大致相似的同构性表象系统。

这些个体表象系统，充分发挥了笛卡尔天赋观念的作用，并且与结合了观念的精神官能一道，构成了笛卡尔派对于心灵的独特解释。它们整合了表象、概念与心理的角色，通过将语言结构映射到表象介质(比如某种树状结构或图表)上，来表示诸如语言这样的规则系统。它们在概念上发挥作用，因为它们提供了从一种表象状态转向另一种表象状态的规则。最后，它们提供了一种心理机制，允许心灵从一种表象状态转向另一种表象状态，或者从一种表象状态转向一种表象

---

① 重要的是要认识到，在大多数认知理论当中，这种心理活动发生在意识以外。在认知理论当中，关于操作材料是否构成一种隐性知识，这一点存在争议。参见：F. D'Agostino，*Chomsky's System of Ideas*，Oxford，Clarendon，1992，Chapter 2.

② 由于图示化表象被作为主要用途，因此它不仅是一种表象形式，而且还构成了一种范式。可比较：J. E. Fetzer，'What Makes Connectionism Different?'，*Pragmatics and Cognition*，2，2，1994，pp. 327-347. 维特根斯坦在《逻辑哲学论》中采用了图示的、同构的表象概念，并将其从图示现象扩展到了语言。它还可以进一步扩展到联结主义所要求的那种分布式的表象形式上。L. Wittgenstein，*Tractatus Logico-Philosophicus*，London，Routledge，1922.

行动。

心灵还能够结合表象系统的元素来生成假设，然后对输入的数据进行检验。因此，对于一般自然语言的抽象精神表象，往往允许自然语言中特定字符串的全部可能组合(即另一种表示自然语言的树状结构)。该组合在自然语言当中是否会出现，可以通过口头表达或者对输
65 入的扫描来检测，看一看这样的组合是否会出现在言语当中。这些数据将决定这一机制是保留还是拒绝，即认为该字符串是自然语言中允许的组合，然后相应地修改对该语言的表象。这种机制可以用控制命题或谓词演算规则的方式来描述，以便产生一种否定后件式的论证。如果该假设被拒绝，那么结果就是一个新的树状结构。如果保留该假设，那就保留原有的树状结构。就这样，我们有可能使用这类符号操作来描述思维，用符号结构上的假设演绎的方法来描述学习。[①] 这就是为什么认知主义会把幼儿学习描述为对科学方法的强力、有效的应用的原因，这甚至比科学家在公开使用这些方法时所能达到的程度还要更加可靠、更加迅速。[②]

各种认知主义都使用表象概念，因而也都使用规则概念。虽然这

---

① 重要的是区分无意识层面的这一过程(比如在母语学习当中)，与日常推理水平上的同一过程。在后者当中，这些规则的运作要宽松许多。参见：J. W. Garson，'No Representations without Rules：The prospects for a compromise between Paradigms in Cognitive Science'，*Mind and Language*，9，1，1994，pp. 25-37. T. Horgan and J. Tienson，'Representations Don't Need Rules：Reply to James Garson'，*Mind and Language*，9，1，1994，pp. 38-55，56-87. 认知主义理论家往往没有明确做出这种区分，这进一步加深了人们的困惑。比如，可参见：N. Chomsky，op. cit.

② 试比较：Frank Smith，*Reading*，Cambridge，Cambridge University Press，1985，pp. 88-89.

些术语具有不同的技术用途，但只有基于在非技术背景下的基本用途才能理解它们。表象是一种代表其他东西的符号装置，它既是可能的也是实际的。动词“表象”实际上是关系性的，比如在某人看来某事代表了某物。这方面的例子包括绘画、地图、象形文字以及句子。它们在社会、文化与背景各异的人类生活当中得到了广泛的应用，并服务于各种各样的目的。表象制度主要是社会的、公共的。认知主义者采用了表象概念，并将其转换到精神领域。有人认为，人类心灵是通过使用内外部表象来运作的。内部表象是关于世界是什么的理论，外部表象是来自世界的数据输入。从一个表象转换到另一个表象时，就会发生思考。当表象引起身体活动时，就会发生行动。当内部表象对其表象内容的表象变得更为准确时，就会发生学习。

因此，在日常用法中表象概念是规范性的，或者说是由各种规则构成的。表象需要是复杂的，才能复制它们所代表的那些东西的复杂性。但表象同时也是选择性的，只代表使用这些表象的人感兴趣的世界的某些方面。表象受规则控制的属性，包含三个方面。首先，有一些规则可以控制表象的不同元素间的关系。令表象实际或可能表示某些事物的，正是它的这些元素以某种方式完成的链条。这种方式是正确的，或者是诸多正确方式中的一种。比如，一张地图如果根据比例约定来表示距离，并且这个比例是地图上的一厘米代表实地的一千米，66
那么当地图上的风车与教堂的符号相距一厘米时，只有当风车与教堂实际相距一千米时才是正确的。在这种情况下，确定表象正确与否的规则，由地图的比例尺来决定。

其次，有一些规则可以规范表象元素代表所表象对象的方式。因此，在地图上会有一个图例，用来确定某个符号代表灯塔，另一个符号代表火车站，等等。比如，当灯塔符号用来代表风车，或者用火车站符号用来代表公交车站时，这个规则就被误用了。

最后，有从一种表象转换到另一种表象的规则。比如，如果需要更大比例尺的地图，那就会有一条规则来确定旧地图上的所有距离在新地图上都要加倍。表象的用法可以教，也可以解释、证明与评价。简言之，表象具有通常与服从规则的实践相联系的所有特点。

表象是**体态性的**，代表了事物的特定方面，并且这个方面与建立这个表象的目的有关。比如，路线图将表现路网，而不表现地质结构，因为它不是为此来设计的。不难看出，人类的表象能力在各个方面对我们都很有用。它使我们有能力谈论不在当前时空当中的事物，使我们可以通过写作来交流、可以谈论可能性与现实性。它还使我们能够专注于与我们的目的有关的世界的特定方面。表象弥漫在我们生活的方方面面，包括艺术与宗教。鉴于如此多的人类活动都依赖于表象，人们自然认为人类心灵的运作是表象性的，尤其是在认为人只不过就是心灵的时候。如果像大多数认知主义者一样认为心灵与头脑是等同的，那么在某种意义上说，把头脑的工作方式描述成表象就几乎是一种难以抗拒的做法了。表象作为一种人类特有的活动，现在主要是头脑的活动，其次才是通常所谓的人的活动。

重要的是要注意到已经发生的转变。我们从一种表象概念开始，这个概念在服从规则的社会世界当中占有一席之地，我们不加置疑地将其作为我们的主要存在方式。表象可能面向被表象者，但它同时是面向某些人的表象(亦即表象的用户)。然后，表象被转换到次一级的用途，这时它描述的是心灵或头脑的运作。又由于心灵或头脑被认为是思想的所在，因此精神或神经表象被认为是更基本的类型，因为它控制着我们在社会世界当中的行动，在其中原初意义上的表象得以发 67
生。最后一步是将精神表象或神经表象作为主要类型，将日常表象作为次要类型，但这只是耍了一个花招。我们不能在重新定义一个正在使用的概念以后，说这个概念仍然是原来那个概念，因为正是借助它的主要用途才使它成为那个概念。但是认知主义方案就是建立在这个花招的基础之上。在这种情况下，“表象”的主要用途是面向用户(人)。而在大多数表象论当中，“表象”的次要用途是面向单个物理器官(即头脑)。说头脑是主要用途意义上的表象用户是荒谬的。通过刻意混淆头脑与人这两个概念，次要用途似乎只是主要用途的一个案例。这一点可以用更形式化的方式来表达：

(1)概念的次要用途，衍生并依赖于这个概念的主要用途。

(2)因此，主要用途与次要用途并不相同。

(3)由于它们不一样，因此次要用途不能取代(substitute)主要用途，而只可能替换(replace)它。

(4)表象投射依靠的是次要用途替换主要用途，因为它提供了对于主要用途的另一种选择。

(5)但是，通过上述(3)，次要用途表达了一种相关但不相同的概念，它替换而不等同于主要用途。

(6)如果表象投射的合理性取决于不承认(5)中发生的改变，则(5)的断言必然会破坏它，因为(5)主张一个概念已经被另一个概念所替换，而不仅仅是得到了说明。

(7)因此，使用次要用途替换主要用途需要独立的理由，以表明次要用途实际上比主要用途要更好。这种次要用途，是对于主要用途的一种阐释与说明。各种认知主义均未完成这一任务。

这种策略要求表象的显著规范性特征在事实上是法理性的。并且，由于表象的次要用途是法理性的，因此把次要用途当作一种更合适的用途，需要用次要用途来替换主要用途。然而，这幅图景由于文字当中以一种令人困惑的方式使用“规则”一词的倾向，进一步蒙上了阴影。一方面，没有认识到表象是服从规则的(如上所述)；另一方面，有人声称表象影响行动的方式也是服从规则的。在某种意义上说，这种表
68 达方式并没有错。比如，我从风车走向灯塔。我查看地图(表象)，发现自己需要向北移动才能到达目的地。然后，我转身向北。我向北走，因为我希望到达灯塔。地图告诉我，这是为了到达目的地应该走的路。表象(地图)给我的所作所为提供了一个理由，并且给我提出了进一步的目标。情况可以这样描述：“如果你想到达灯塔，你应该按照地图建议的路线走。”从这个意义上来说，我照着地图走是一个服从规则的行动。表象不是我这样做的原因，我想达到灯塔的愿望也不是我向灯塔走的原因。

当认知主义者谈论与表象有关的规则时，他们倾向于谈论表象与

行动之间的联系。因此，在给定的表象当中，规则决定了我的行动。在上面的例子当中，这没有任何问题，这条规则以非因果意义的方式指导了我的行动。(如果你想到达灯塔，那么这就是正确的方法。)这里使用的"规则"是规范性的，一如它在解释表象的工作原理时那样。但是，认为"心灵在某种程度上就是头脑"的认知主义者认为，这种关系是一种因果关系，尽管是一种"软的"或可废止的因果关系。但是，这里有两个观念混淆了，而且可能是无法弥补的。第一个观念认为规则引导我做什么(规范性的)，第二个观念认为规则决定我做什么(法理性的)。这两者不仅不同，而且互不相容，因为只有在非法理性的情况下，行动才有可能得到规范性的引导，反之亦然。规范性行为包括服从规则，但不仅仅是照章办事。为了让我们能够说某人在服从规则，而不仅仅是按照规则行事，需要在规范性活动的背景下进行设定。比如教学、纠正、判断、评估与解释，它们提供了一系列充分条件来说明它是规范性行为。在这些活动的背景下，说这些规则有没有正确遵守才是有意义的。这些条件不能提供给头脑(头脑并不在规范性环境中运作)，而是提供给人(人在规范性环境下行事)。[①] 这种对规则的混

① 关于围绕规则概念的相关混淆的批评，参见：G. P. Baker and P. M. S. Hacker, *Language, Sense and Nonsense*, Oxford, Blackwell, 1984, Chapters 7 and 8, especially pp. 294-300, p. 259. 同时可参见：Baker and Hacker, *Wittgenstein: Rules, Grammar and Necessity*, Oxford, Blackwell, 1985, pp. 45-47. 这里提供了对于规范性活动的参考和解释。请注意，认同规范性活动的存在，并不意味着这些活动必然是社会的、必然不是孤立的活动。这一点要做进一步论证(见第4章)。同时可参见：T. S. Champlin, 'Solitary Rule — Following', *Philosophy*, 67, 1992, pp. 285-306, esp. p. 298; N. Malcolm, 'Wittgenstein on Language and Rules', *Philosophy*, 64, 1990, pp. 5-28.

淆，位于认知主义的内核之中。

因此，认知主义者倾向于以法理学或准法理学的形式，来使用诸如“规则”与“表象”这样的规范性术语，允许它至少保留其基本的规范性用法的意味。结果导致规则与表象概念不再连贯，不再有明确的用途。可是，一旦这种理解不可接受，那么大部分关于心灵的认知主义理论就都将不再成立了，因为它们正是建立在“规则”与“表象”这类概念之上的。

69 对于这种论证，认知主义者可能会回答说，我们已经有了一个完善的物理表象系统的例子，在其中表象以数字计算机的形式来引发行为。人们自然会谈论计算机语言，通过这些语言来生成表象，进而这些表象又使计算机根据易于理解与可定义的规则来完成各种事情。因此，认知主义对规则与表象的解释不仅不存在难题，而且还有现成的应用。接下来，我们就来谈谈这一点。

思维语言假设与表象论

从逻辑的角度看，以认知主义者的方式来谈论学习，就需要一种可以进行句子表象、可以完成推理的语言。这就是杰里・福多尔(Jerry Fodor)首先提出的“思维语言”假设。[①] 心灵的表象理论，需要类似的东西才能变得可行。认知主义者的另一种选择是某种联想论或传统经验论，尽管最终也会与物理论解释有关。有理由认为，某种形式的联想

---

① J. Fodor, *The Language of Thought*, Cambridge, Mass., MIT Press, 1975.

论就是这样一种理论，它可以通过“预先设定”神经网络的某些特征，在笛卡尔派的基础上进行修改。当以这种方式进行修改时，它可能成为“分布式小人解释”的一种形式，把众多的小人分布到系统当中去。因此可以说，与更“经典”的表象论相比，主要的区别在于其复杂性。由于这个原因，这里的批评将集中在假定了小人与处理语言的认知主义上。①

由于乔姆斯基首先提出的一些原因，据称经验论对语言学习的解释是必定会失败的，因为他们没有考虑到语言使用者使用与理解他们以前从未听过的句子的方式。笛卡尔派的表象论解释，要求有一种精神装置，能够将一种表象映射到另一种表象之上，而这种装置最好被理解为一种表象装置本身，在这种装置当中，自然演绎的过程被清晰地展现了出来。

根据福多尔的观点，这种“思维语言”不仅需要表象与检验假设，还需要形成概念。② “思维语言假设”并不是有关内部语言的假设。如

---

① 关于这些问题更公允的讨论，参见：K. Sterelny，*The Representational Theory of Mind*，Oxford，Blackwell，1990，Chapter 8. 认知主义者也有可能认为，联结主义(connectionism)足以解释某些甚至全部心理功能。有关联结主义可能性的对比观点，参见：Fetzer，op. cit. 一些反认知主义者也看到了某种清除了表象论的联结主义的可能性。比如，可参见：J. R. Searle，*The Rediscovery of the Mind*，Cambridge Mass.，MIT Press，1992，pp. 246-247. 然而，大多数联结主义者仍然坚持某种形式的表象论。比如，可参见：C. Evers and G. Lakomski，‘Reflections on Barlosky：Methodological Reflections on Postmodernism’，*Curriculum Inquiry*，25，4，1995，pp. 457-465，pp. 463-464.

② 根据福多尔和另外一些人的观点，需要一种思维语言来解释人类形成概念的能力。概念形成的经验论解释，即抽象论(洛克)和联想论(associationism)(贝克莱和休谟)以及他们提出的问题，试图通过“思维语言假设”来处理。

果是那样的话，与小人解释相关的所有难题都会再次出现。如果确实存在使用思维语言的小人，那么这里的小人是否需要一种新的思维语言来解释他使用的思维语言呢？而这种思维语言的使用者，又再次需要援引一个小人来解释这种二阶思维语言。如此等等，构成恶性倒退。对于思维语言理论家们来说，这个问题并不明显。因为，思维语言事
70 实上不是一种可以使用的语言，即使是对于一个个单独的小人来说也是如此。它更像是计算机应用的控制机制，尽管“语言”这个词也可以用来描述这种机制，但这个描述实际上是误导性的。如果思维语言是头脑运行的“软件”，那么它就是某种生物计算机的控制机制，而不是人们通常理解的那种语言。然而，“思维语言假设”试图通过声称“思维语言”是表象性的，来达到同时保留两种用法的目的。如果它具有表象性，那么它必定是面向某人的表象，并且不能是面向头脑的表象，因为头脑只不过是一个身体器官，不是一个可能的经验主体。有人可能会去修改约翰·塞尔(John Searle)的主张，认为表象不是物理现象所固有的，而只能被分配给它。初看起来，似乎“思维语言假设”也犯了上面概述过的与表象有关的错误。然而，在详细考察最有影响力的反驳之前，值得去看一看“思维语言假设”在哪些方面能够吸引人。

福多尔的“思维语言”解释，规避了一些困扰还原论解释的难题。福多尔与弗雷德·德阿戈斯蒂诺(Fred D'Agostino)等人并没有声称“思维语言”具有任何本体论方面的认同，尽管他们的确声称思维语言与记号到记号的物理论完全兼容。“思维语言”并不需要被**化约**为物理语言，以使其易于理解。相反，一种弱主张认为，“思维语言”的运作超越了

任何可能支持其运作的物理属性。[1] 这只不过是说，如果没有必要的物理条件，任何思维语言系统都将无法运行。这并不意味着对于思维语言的描述，等同于对相应物理机制的描述。“思维语言”也是理解人作为一种意识系统的方式，这个系统按照自己的信念与欲望来行动。如果思维语言足够丰富，能够代表欲望、信仰等，那么它就可以支撑一种将信念与欲望结合起来导致行动的行动理论。[2] 重要的是要认识到“思维语言假设”不是循环论证。福多尔并没有声称“思维语言”是习得的。它是一种天赋，在一个人的母语学习之前就已经存在了。福多尔还为“思维语言假设”提出了进一步的论证：如果没有思维语言，概念学习也不可能。福多尔略带夸张地认为，假设检验与形成假设是概念学习唯一可能的形式。[3] 关于概念意义的假说能够被建立起来并接受检验的唯一方法，是借助于一种预先存在的语言。在其中，已经包含这些概念的假设，可以被表达出来。由于这些假设，概念学习明显 71
就包括学习最符合天赋概念的日常语言。重要的是，福多尔忽视了人类也可能通过训练、练习、指导与记忆来学习的可能性，那些由非进步教育者推荐的教学技术。有进一步的证据表明，有关心灵的认知主义解释与进步主义教育发生了合流。

然而，计算机与被赋予某种思维语言的心灵之间的类比是行不通

---

① Sterelny，op. cit.，pp. 43-44.

② 参见：D. Papineau，*For Science in the Social Sciences*，London，Macmillan，1988.

③ Fodor，op. cit.，pp. 95-96. 事实上，福多尔似乎认为，概念学习是我们唯一可能了解的学习。由于我们在学习问题上的无知，我们的学习观念必定是不发达的。

的。在说计算机使用语言时，我们的意思不同于说人类也使用语言时的意思。讨论一种计算机语言与计算机生成的表象之所以有意义，是因为这些表象是为我们而不是为计算机生成的。对于计算机本身而言，无论何种级别的操作语言，都只不过是一种控制机制，其运作可以用控制计算机运作的物理法则来解释。计算机物理系统的设计，使其可以通过各种输入与输出设备，来形成服务于人类的表象，同时控制作为计算机机制的物理功能。因此，计算机的表象属性是人为的，并且能够作为表象系统而不是纯粹的物理系统来运行，因为人类已经确立了规则，使其可以将计算机的物理输出解释为人类自身的表象，并且能够以一种对其他人来说可以理解的语言形式来向计算机做输入。说计算机为自己表象事物，这是一个误导性的说法。计算机通过一种控制机制来运作，这个机制能够将事物呈现给人类。①

有关人类理解的计算机模型，最著名的批评来自约翰·塞尔。②然而，塞尔的论证直接针对的，是认为理解可以用计算机术语来概念化的观点。表象性的输入与输出可能真的服务于我们(而不是计算机)，但输入导致输出的过程却不是。把这个过程描述为语言操作，这也只能是误导性的。我们可以把这个机制描述成一种有自身规则体系的语言，但我们讨论的规则实际上是这个机制所依据的运转法则，而不是

① 联结主义者说表象是脑部编码，这个表述也不准确。因为，他们无法回答表象是对谁做出的。这个问题必须在“表象”的基本意义上才能得到回答。关于“释放矮人”的不可能性，参见：Searle，1992，op. cit.，pp. 212-214.

② J. Searle，‘Minds，Brains and Programs’，*Behavioural and Brain Sciences*，3，1980，pp. 417-457；Searle，*Minds，Brains and Science*，Cambridge，Mass.，Harvard University Press，1984；Searle，1992，op. cit.

规范意义上的规则。计算机并非通过教授来学习规则，它的规则不能纠正，这套“规则”系统也无法解释。因此，计算机不是通过理解自己在做什么来运行的。这些观点不仅适用于计算机，也同样适用于头脑。

塞尔对“思维语言假设”的批评，是基于他的“中文屋”类比。我们假设有一个不懂中文的人被要求操作一个系统，通过提供有意义的中文答案来回答有意义的中文问题。这个人坐在一间屋子里，并以书面形式接受提问。对他来说，这些汉字就像是一些没有意义的曲线。不
过，这些曲线也同时出现在左侧的一个列表上，在这份列表上它们会 72
与右侧的这些曲线相匹配。靠着查阅清单，这个中文屋里的人可以将某个线条与另外一个相同的线条做匹配，然后找到合适的线条卡片通过输出信箱推送出去。虽然对于屋外说中文的人们来说，中文问题得到了有意义的中文答案，但是说中文屋里的居民正在使用中文却是一个错误，当然就更不能说这个人理解中文了。根据塞尔的说法，这个类比表明语义不是句法所固有的。也就是说，拥有一套规则并不能确保说话的人在表达意义与理解。进而，如果我们使用某种机械装置来替换中文屋的居民，那么与计算机语言的类比就完整了。中文屋的句法属性只是表面如此，这时的系统就变成了纯粹的物理系统。模仿规则的计算机状态是被分配给物理现象的，而不是物理现象所固有的。[①]

计算机的内部运作解释了输入与输出之间的匹配，这只不过是某种机制的运作，尽管机制的设计使其能够向说中文的人传达信息。由此可见，中文屋居民如果是一种机制而不是一个小人，那就不是在成

---

① Searle，1992，op. cit.，p. 210.

功地应用思维语言，来实现向那些负责输入与接收输出的人传递信息的功能。即使中文屋是根据一种被称作天然推理系统的法则来运行的，这也仍然正确。虽然人类会遵循命题逻辑的演算规则，但计算机是由某种机制控制的。这种机制产生的结果与人类努力遵循命题演算的天然推理规则的结果相同。因此，计算机的接线与控制，正是在模仿天然推理者的工作。

对塞尔的一种回应，是否认中文屋的孤立小人与计算机系统之间的类比。不是一个孤立的小人，而是在这间屋子里存在分工，有几个小人在通力合作。虽然任何单个小人能理解中文这个说法没有意义，但是根据金·斯特林(Kim Sterelny)的意见，整个中文屋的确可以说是能理解中文的。[①] 这种回应错过了这个例子中最重要的一点，即中文屋内的操作可以被恰当地描述为某种机制，而不是服从规则的行动。控制多个不同操作中心的机制与控制单个操作中心的机制一样，也不能在整个系统中产生理解。

到此为止可能有人认为，由于整个中文屋与其他说中文的人进行了有意义的互动，所以内部发生的事情并不重要。在所有意图与目的当中，在说中文的人的社交世界当中，这个中文屋就等同于一位说中
73 文的人。如果是这样，那么这个例子能支持的东西就太多了。只要中文屋(或者可移动的人形等价物)遵循中文的社会规则与语言规则，就可以被当成是说中文的人，与其他说中文的人一样懂中文。但是我们之所以能够这样说并且还能说得通，是因为中文屋被置于一个规范性

① Sterelny，op. cit.，pp. 222-223.

框架之内，只有在这个框架当中才可能谈论理解。[1] 能够介入中文社会的必要物理条件的实际物理机制，在解释这个房间理解中文的能力方面显得无关紧要。这种理解只能在中文的社会与语言的规范性框架内加以描述。

对于“思维语言假设”来说，塞尔关于认识的计算机模型的批评意味着什么？只有在比喻的意义上，心灵的运作可以被描述为一种思维语言。这种语言包含两个方面：第一，它可以向其他人传递信息，就像高级计算机语言一样。第二，在其机械运行当中，它可能模仿某些服从规则的自然语言或演算语言。然而，它本身不是用于描述人类自然语言那种意义上的语言，甚至不是人们用来服务于特定目的的形式逻辑那样的人工语言。因此，除了作为比喻，将思维语言描述为任何语言都是误导性的。福多尔能自洽的地方仅仅在于，为了使用自然语言，心灵采用了一种机械系统，它在某个层面上模仿了服从规范的人类自然语言的操作。这样看来，这个观点就是可验证的——这可以通过研究“思维语言假设”是否在某种程度上为我们的头脑活动提供了最佳描述来完成。“思维语言假设”成了一个真正的假设，能够加以反驳。没有任何先验的理由能够表明这是最佳描述。

然而，如果认真对待思维语言是真语言这一主张，将学习活动描述为无意识的形成假设、检验假设的过程，这有没有意义呢？换句话

---

① 当然，这过于简单化了。人们也通过表情和手势去交流，单靠一种机制无法做到这一点。但是，如果中文屋只是语言的句法－语义机制，那么这一类比就确实可以成立。

说，包含建构与检验假设的研究语言，是否可以支持这种无意识的、自动完成的过程？在这种情况下，人们在多大程度上仍是在谈论同一个现象？在日常生活当中，假设的形成与检验是有意识的、谨慎的，并且要依赖于先前的经验。经验以及直觉、创造力，告诉我们什么是合理的假设、什么不是。我们还借助经验来表明我们希望监控其发生与否的那些预测。所有这些，都不适用于天赋论者。

74 认知主义的一个核心问题是，在认知主义者视为心灵运作的意义上，精神操作被认为主要是我们通常所谓的建立与检验假设。诸如假设、预测、检验、证实、反驳与证明等概念，在我们日常谈论的学习、发现与研究上都占有一席之地。我们可以将这些概念的应用扩展到内部，而不需要参考社会背景。这是这些概念的主要应用。一些概念线索将被打破，但是足够多的线索仍可能在旧概念与新概念之间保留下来，以便让概念向“私人”领域的扩展变得合理。但是，如果这个说法可以接受，那就不能同时认为概念的内部应用或私人应用是主要用途，而概念的社会应用、公开应用是次要的衍生物。一方必须来自另一方，因为假设检验的观念来自于它的社会角色，在其中它与规范性活动相关，比如检验、拒绝、修改等。这些活动主要在社会背景下发挥作用，非社会背景下的用法不能作为主要用途。如果有人希望让它成为主要用途，那就需要提供独立的证明。这里的立场，与早先讨论过的表象的主要用途与次要用途相同。

结论

如果认知主义不自洽，那么它对学习理论的影响，进而对教育理论的影响就值得怀疑了。认知主义提供了一些看似合理的理由，认为学习可以在没有指导、练习、记忆或训练的情况下发生；此外，作为一种学习理论的威望，认知主义贬低了教育中的这些活动。[①] 因此，对认知主义的拒绝，将引导我们重新审视对明确的、教师导向的教学法的需求。虽然大多数联结主义确实强调"训练"神经网络的重要性，因此对使用显性的教学技术没有敌意，但是它对内部表象概念的依赖，导致它把经典认知主义作为一种连贯的理论来看待。[②] 任何基于表象观念的令人信服的学习解释，都必须把关注点放在头脑以外，并考虑到人类学习不可化约的规范性以及这种视角转变所暗示的一切。[③] 福多尔的概念告诉我们，每个人都拥有一种孤立的语言而不是私人语

---

① 这种联系在多个地方得到过明确表达，比如：Chomsky，1988，op. cit.，Chapter 5，esp. pp. 135，143.

② 试图证明联结主义与后维特根斯坦的心灵哲学可以兼容，这种尝试之所以行不通，原因就在于此。联结主义不能就表象给出一个连贯的解释，因为它无法就服从规则给出一个连贯的解释。关于后维特根斯坦与联结主义的相容性，可以在这里找到：Stephen Mills，'Wittgenstein and Connectionism：A Significant Complementarity?'，in C. Hookway and D. Peterson (eds) *Philosophy and Cognitive Science*，Royal Institute of Philosophy Supplement 34，Cambridge，Cambridge University Press 1993，pp. 137-158.

③ 这并不是说一种非表象的、以头脑为中心的学习解释不可行。只是对这个问题的讨论，超出了本章的范围。

言。[①] 并且，可以保留的一点是(尽管这已经超出了本章的范围)，这种语言只能被理解为一种机制。如果它是一种机制，那么正如我已经表明的那样，在哲学上就不能说是表象性的。

这种转换将涉及我们学习服从规则的方式，以及训练在习得服从规则的能力方面的重要性，特别是在学习的早期阶段。这种转变对于
75 小学教育的后果可能更加深远。这意味着要更加强调训练，发现学习则需要在预先有训练的背景下来考虑。

与认知主义相反，如果概念并非天赋，那么学习新概念就不是把词语与天赋概念相匹配的问题。儿童要通过熟悉概念的使用规则来掌握概念，这可能是一个渐进的过程。[②] 它包括实验工作之前的指导与训练，以找出概念的全部正确应用。[③] 请注意，在这个概念上，发现与假设检验并没有被排除在外，而只是在技术与形式上发生在指导与训练之后。发现与假设检验共同为指导与训练的妥善应用，提供了必要的技术与知识。

如果人类学习在很大程度上是一种服从规范的活动，那么教师与班级的互动就应该被作为传播与强化知识、技术的主要方式之一。认为课堂教学应该具有互动性的观念，也与我概述的这种立场相吻合。因为，在知识权威面前尝试与检验的过程允许对学习过程的参与，概

---

① Fodor，op. cit.，p. 70.

② 有关这一操作如何完成的初步解释，参见：R. Nolan，*Cognitive Practices: Human Language and Human Knowledge*，Oxford，Blackwell，1994.

③ 比如：B. Tizard and M. Hughes，*Young Children Learning*，London，Fontana，1984，Chapter 5.

念正是通过指导、纠正、解释与评估来获得和发展的。进步主义与认知主义的合流，对那些认为教师的作用主要在于指导、训练与纠正的人，提出了巨大的挑战。如果有证据表明认知主义的基础是错的，那么这种挑战就会明显减弱。

76 / **7. 发展**/

导言

有关年轻人的成长与学习之间关系的相关理论，将在本章得到考察。可以认为，除了某种生物学意义以外，并不存在心理发展这样的东西。但是，的确存在各种对学习的限制，其中的一些就与生物学意义上的不成熟有关，它们就可能被认为是“发展的”。[①] 然而，并没有关于这些约束是什么的完善理论，我们也不应该相信会有那样一种稳固的理论出现，更不用说一个稳固的心理发展阶段理论了。我对发展主义的教育理论都不感兴趣，比如阿尔弗雷德·诺思·怀特海(Alfred North Whitehead)与基兰·伊根(Kieran Egan)的教育理论。在我看来，

① 更谨慎地阐述发展的制约因素，参见：M. Donaldson，*Human Minds*，London，Penguin，1992.

这些主要是关于教育应该是什么的规范性解释，而不是关于学习的理论。[①] 尽管没有什么发展理论能够支撑我们的认识，但是尽可能多地了解学习的可能限制仍旧非常有用。实际上，宏观的发展理论如果证据不足，就可能会阻碍我们对于这些问题的了解。

这些限制当中有一些是没有争议的，比如一岁孩子不会说话、八岁孩子不能正确理解性成熟者的情感反应。但是，除此之外的事情就不是很清楚了。认为**一般学习潜能**的发展，会在与年龄有关的连续阶段中出现，这种说法很难得到证实。大多数发展理论都存在两个大问题：首先，它们试图表明儿童在某些年龄段**无法**学习某些东西。其次，它们很难解释动机问题，这植根于自然生长的比喻之中。生长比喻通常隐含着某种评价性元素。它本身的内容未必错误，只是这种评价性元素需要独立辩护，又从来都未曾实现过。生长比喻的说服力，主要来自于对学习的社会维度的忽略。[②]

第一个问题是逻辑的，即如何证伪。如果有人声称任何年龄的人都学不会，那么甲学会乙的单个实例就可以证伪该理论。对此有两种 77
可能的反应：第一，任何发展理论都关于**阶段**而不是年龄；第二，在任何特定年龄，能否习得任何东西，都取决于文化与学习环境等其他

① 参见：K. Egan，*Individual Development and the Curriculum*，London，Hutchinson，1986；A. N. Whitehead，*The Aims of Education*，New York，The Free Press，1967.

② 维果茨基是一个重要的例外。对他来说，发展和学习相互依存，同时又都依赖于社会互动。他也不像皮亚杰这类发展主义者那样，赞同关于一般心智能力发展的刻板的阶段理论。比如，可参见：Chapter 6 in *Mind in Society*，Cambridge，Mass.，Harvard University Press，1978.

特征。第一种反应不是很有说服力，因为除非年龄与阶段紧密相关，否则理论修订也只不过是无谓的重复罢了。假设有人声称儿童在达到第三发展阶段之前无法进行推理，那么任何无法推理的孩子事实上都不在第三阶段。但是，除非第一阶段、第二阶段也能把推理者排除在外，否则这个理论就几乎什么也没有告诉我们。

第二种反应更加巧妙，明确考虑到了在检验理论时需要提供何种条件。它认为习得能力取决于背景、文化以及发展的成熟程度。但是，这种理论的严重风险在于原因的无限多样。存在如此多样的文化、有如此多的方式，可以作为背景去影响理解、动机与兴趣。结果，在适应背景与文化要求的同时，发展理论所承诺的普遍性迅速消失了。虽然如此，对学习发生的序列，至少存在一些生理与逻辑方面的限制。本章将探讨，在多大程度上存在进一步的心理限制。

在大多数理论当中，发展是某种注定会发生的事情。比如，如果一个人通过发展过程获得语言，那么这个人就没有积极学习语言。在某种意义上说，它是在发展序列的适当阶段“开启了”语言。[①] 因此，我们要小心区分通过发展来学习，与在适当发展阶段来学习。在后一种情况下，某一发展阶段的到来只是为学习提供了必要条件，这意味着学习者仍需积极参与学习内容才能取得成功。在文献当中，这两种与发展有关的学习的区别，并不总能得到密切关注。[②] 有时候，作为

---

① 对于这一立场在语言问题上的有力陈述，参见：N. Chomsky，*Language and Problems of Knowledge*，Cambridge，Mass.，MIT Press，1988，pp. 134-135.

② 维果茨基再次成为该表述的一个重要的例外。

内部力量的动机，被认为是由发展阶段提供的，因此额外的个人动机被认为是多余的。这在事实上进一步蒙蔽了上述区别。

人的成长与植物生长之间的类比，在这个领域影响巨大。[①] 可能的原因有很多：第一，存在生物学意义上的生命周期，在这方面人类与其他有机体世界之间毫无疑问是平行的。第二，把植物或生长的比喻与儿童联系起来，带有某种富有诗意的吸引力。第三，这个比喻也带有某种科学方面的承诺。正如植物的生长机制可以做科学研究一样，人类的成长机制或学习机制也是如此。第四，正如植物在得到充足养分后的生长情况一样，人类学习也会在适当条件下自动发生，届时学 78
习过程很少需要或根本不需要训练、指令或权威。

发展与对于学习的限制因素

发展理论认为，在人类的生命周期内，什么时间可能出现何种类型的学习是受限制的。然而，所谓学习可能受到限制，内涵相当不同。要正确理解与评估发展理论的主张，很重要的一点就是去区分这些限制因素。以下是一些有用的区分。

(1)从逻辑上讲，有些东西无法在别的东西之前被学到。在你了解哺乳动物是什么之前，你无法知道所有的鲸鱼都是哺乳动物，

---

① 一个经典的表述，可参见：J. A. Green (ed.) *Pestalozzi's Educational Writings*，London，Edward Arnold，1912，p. 195.

尽管这些东西也可能同时习得。①

(2)从概念上讲，有些东西无法在别的东西之前被学到。与前面提到的逻辑上的限制相比，这个限制要更加宽松，同时也更有争议。但是，如果接受这个限制，则意味着对于可以学习与获得什么以及何时可以，给出了一些先验的限制。虽然在了解哺乳动物是什么之前，人们无法知道所有的鲸鱼都是哺乳动物。但是，在了解鲸鱼是哺乳动物之前，人们的确有可能获得关于鲸鱼的部分概念。② 事实上，我们的概念很可能不会一蹴而就，而是随着我们语言能力的增强逐渐发展起来(见第 9 章)。

(3)根据一个人的认识论立场，学习也可能有理论上的限制。比如，如果认为在获得语言之前人们无法记住事实(大多数经验论者可能会质疑这一点)，那么学习的可能性就会受到限制。

(4)从身体上讲，如果没有达到适当的身体状态，有些东西就无法实现。因此，当你身高 1 米的时候，就不可能跳 2 米高。完善的生物力学原理，使得这种可能性变得极小。

(5)从神经的角度来讲，在神经组织达到某个点之前，有些事情不可能发生。这一点更加难以确定，因为我们的神经组织具有可塑性，同时也因为我们对于人的神经属性如何限制人的所作所为，认识得尚不健全。然而，动物研究中的一些证据表明，印迹

---

① D. Hamlyn, *Experience and the Growth of Understanding*, London, Routledge, 1978, p. 41.

② 同上。

现象与神经系统的接受状态有关，这种状态只会持续很短一段时间。比如，动物幼崽识别并留在假定或真正的父母身边时，就出 79
现了所谓的印迹现象。[1] 有一些证据认为，我们获得母语的能力，也可能受到这种限制。

(6)从心理的角度讲，某个年龄或某个阶段的人无法学习某些东西。除非神经结构与精神结构相一致，否则也就意味着与上述五项不同的东西。但是，由于这种一致是规定的并非实际，因此无论从何种意图与目的来看，存在心理上的发展阶段的主张，与存在神经上的发展阶段的主张是不同的。认为心灵要经过不同的、固定的、连续的阶段，其中每个阶段的属性与能够发生的学习都与其他阶段完全不同，这是大多数发展理论的核心主张。它们把自己视为有关学习的本质与限制因素的科学理论。但是，正如我们将要看到的那样，它们是带有某些奇异特征的科学理论。

最容易的反驳，是在据称不可能的时期内发生的学习。第二种反驳是把价值中立与评价杂糅在一起。从某种意义上说，发展理论提供了一种解释，认为人类身体成熟过程的缓慢，为学习的身体约束提供了解释。可是，自卢梭时代以来，发展主义者已经不仅把自己的理论当成对什么时候可能发生学习的说明，他们还认为自己的理论也包括什么时候需要这样的学习。

---

① 试比较：K. Sylva and I. Lunt，*Child Development*，Oxford，Blackwell，1982，Chapter 3.

发展通常被视为一个有机体的成熟过程，能够通过与环境的相互作用来获得潜能或者能力。[①] 这个模型中的习得有两个必要条件：一是有机体达到了成熟的恰当阶段(成熟本身就意味着已有生物结构与环境的相互作用)；二是暴露在相应的经验当中，使其能够获得特定的潜能或者能力。这听起来毫无争议，但是用来描述发展的词汇的选择，几乎总是很重要的。“成熟”可以被赋予纯粹描述性的意义，用来表示某个特定发展阶段的成就。

“某甲已成熟到了状态乙”，然后断言这只是某甲达到了状态乙(状态乙可能是习得某种能力或者能力的必要条件)。然而，当用在人身上时，“成熟”这个术语通常还具有评价意味。比如，如果我断言罗西娜还不够成熟、不能上大学，我的意思可能是她在身体上还没有准备好
80 (尽管这不太可能是我的意思)。但是，我更有可能提醒别人注意她在一系列规则方面的无能，比如与获取知识、安排自己的生活以及与其他人相处有关的那些。因此，说罗西娜还没有成熟到能够上大学的地步，这就是要根据一系列标准来评估她的能力，至少含蓄地把她作为社会成员来加以评价。当在发展语境下把“成熟”一词应用于人类时，其含义要接受谨慎的考察。

类似的观点也可以从这样的表达中找得到：“那些能够使有机体获得特定潜能或能力的经验。”目前来看，它似乎不包含任何隐藏的评价

---

① 我同意安东尼·肯尼的看法，通过把潜力描述为获得能力的能力来区分潜力和能力。比如，学习母语的潜力，可能只在生物成熟的特定时期才能获得。试比较：A. Kenny，*The Legacy of Wittgenstein*，Oxford，Blackwell，1989，p. 139.

内容。但是这个短语本身过于饶舌，人们更乐意使用的是："获得特定潜能或能力的恰当经验"。然而，"恰当"可能比"成熟"更具有倾向性；它的意味可能不超过第一个短语，但也可能意味着"那些有价值或被认可的经验"。一个人可能拥有的经验，再次根据为人类经验的品质进行分类与判断而建立起来的规范来加以评判。① 在谈论发展时至少要明白，在从生物学背景转向人的背景时，所谓的发展可能会加入某种添加剂，巧妙地改变了讨论的条件。当声称发展速度或顺序存在文化差异时，这种有关正确经验的观念就变得至关重要了。不过，这并非偶然。因为发展理论是关于人的发展，所以它们必须表明这种发展拥有道德上的理想方向。那种导向犯罪的发展模型，在教育上没有任何吸引力。因此，为了让各种发展理论成为教育的基础原理(唯其如此，它们才具有教育上的价值)，它们必须具有某种内在的规范性约束，即使由于所采用的生物学范式，让这些规范性约束变得隐蔽。②

当"生长"(发展理论的又一个核心的、相关的概念)概念的模糊性，被叠加到关于"成熟"与"经验"的模糊性之上时，这个问题就变得更加扑朔迷离了。生长比喻尽管很有影响力，但实际上却很混乱。一方面，我们受到邀请把生长视为与花园中植物的生命周期密切相关的过程。

---

① 这一点在此处得到了有力的说明：R. Dearden，*The Philosophy of Primary Education*，London，Routledge & Kegan Paul，1968，Chapter 3.

② 尽管如此，对于这些问题的有益讨论并没有充分强调发展理论隐含的规范性，参见：K. Beckett，'Growth Theory Reconsidered'，*Journal of Philosophy of Education*，19，1，1985，pp. 49-54.

另一方面，我们确信生长与有效学习只能通过主动参与而不是被动吸收养分、水与阳光来实现。①

生长隐喻的两个方面，包含在乔姆斯基的这段引文当中。

> 这是一种值得关注的传统见解，认为教学不应该被比作用水装满瓶子，而是可以比作让花朵以自己的方式生长。正如任何好
> 81 教师都知道的那样，与成功引起学生天然的好奇心、激发他们自我探究的兴趣相比，教学方法与涉及的材料范围并不重要。被动学习的内容，很快就会遗忘。当学生天然的好奇心与创造性冲动被唤醒时，学生们发现的东西不仅会被记住，而且也会成为进一步探索与研究以及潜在重大知识贡献的基础。②

这段话里的生长比喻包含的评价性元素，几乎无人提及。人们可以指着像“任何好教师都知道”这样的表达说，有些教学方法是正确的，可以提供“正确”的经验来促进发展。从定义来看，一位好教师可能就是能够应用这种方法的教师。虽然植物的生长明显是“自然的”，也就是按照自然规律来发生的，但是有没有同样服从自然规律的“天然的好奇心”之类的东西却还远远不清楚。结果，卢梭式自然概念的模糊性，就在这段话中浮现了出来。“自然”的法理意味，与“自由”或“无约束”

---

① J. Darling, *Child－Centred Education and Its Critics*, London, Chapman, 1994, Chapter 3.

② Chomsky, 1988, op. cit., p. 136.

的评价意味结合了起来。但是，在这个意义上使用的“自然”，恰恰是一个表达赞同的术语。所谓的自然是乔姆斯基赞同的，是非指导性的教学或者不使用规定材料的教学。以这种方式使用“自然”一词，在逻辑上没有任何不妥之处，但这种用法需要额外的理由，而乔姆斯基与卢梭一样也无法说明个中缘由。

生长比喻或植物比喻告诉我们，人类个体的生长是一个自然的(即法理学的)过程。但是，自然的(在其准规范性意义上)过程是我们普遍赞同的过程。因此，我们不得不赞同一个法理学的生长过程。但是，如果学习是通过生长来实现的(也许只是通过增长来实现的)，那么社会对学习过程的影响就将是微乎其微的。对发展主义者来说，这是一件好事。因为对他们来说，生长在评价意义上是“自然的”。学习动机被纳入生长隐喻，这也同样很重要。好奇心在两种意义上是“自然的”。它将因自然而发生，同时又将得到赞同。单凭生长就能解释为什么每个人都想学点什么，这个问题得到了解决；所有的学习都是通过内部驱动来实现的，并且在成功学习成为可能的过程中，完全没有给反应性行为、训练、认同、社会认可或对主题的热爱留有余地。发展主义者，尤其是其浪漫派的发展主义者，更强调社会对动机与学习的**限制**， 82
而不是社会所能提供的**动力**。

针对皮亚杰发展主义的案例研究

虽然皮亚杰的发展理论并非唯一，但是它可能最知名、最有影响力。[①] 由于它在本世纪(20 世纪)早期的影响，在过去的二十年受到了越来越多的批评。但是，批评意见所针对的，往往是皮亚杰及其同事提出的经验性主张，而不是他发展出来的概念架构与研究方案。[②] 在上一节已经说过，发展理论存在一些潜在的概念问题，包括它们那些主张的属性、它们对于描述与评价的隐蔽混合以及它们处理动机的方式。然而，在不忽视经验证据的前提下，本节将主要关注皮亚杰理论的结构及其背后的假设。

皮亚杰把自己的认识论描述为建构主义。这意味着要结合经验论与理性论的元素，来对人类心灵及其成长与人类学习的本质进行恰当的概念化。皮亚杰认为，如果没有把经验融入先已存在的精神结构，学习就不可能发生。如果没有心灵以外的贡献，就没有知识的可能性。在心灵的结构特征与心灵的外部因素之间，存在某种动态联系。进入

---

① 关于理论立场的概述，可参见：J. Piaget and B. Inhelder，*the Psychology of the Child*，London，Routledge，1969 (first published in French in 1966). 更详细的说明，参见：J. Piaget，*Logic and Psychology*，Manchester，The University Press，1953. 关于在发展过程中结构如何得到重组的解释，参见：J. Piaget，*Biology and Knowledge*，Edinburgh，Edinburgh University Press，1971 (first published in French，1967).

② 比如，可参见：M. Donaldson，*Children's Minds*，London，Fontana，1978；G. Brown and C. Desforges，*Piaget's Theory：A Psychological Critique*，London，Routledge 1979；B. Tizard and M. Hughes，*Young Children Learning*，London，Fontana，1984. 一种同情皮亚杰立场的哲学解释，参见：D. Hamlyn，op. cit.

心灵的信息，连同内部的成熟过程，逐步改变着认识世界的心灵结构，并将外部世界的贡献整合到知识当中去。心灵经历的不同结构形式，被表述为**发展阶段**。婴儿的心灵就通过这些阶段发展为成人的心灵，① 知识被组织成特定的结构。在感觉运动阶段之后的每个阶段(这是婴儿期的初始发育阶段)，心灵都可以提供一套允许用集合论术语来描述的推理操作。

皮亚杰的解释，通过动机理论得以完成。该理论假设，某种内部驱动控制着各个发展阶段，并继续进展到下一个阶段。这与卢梭的“自爱”没有什么不同。但是，“自爱”可以被视为增进安康的冲动，而皮亚杰式的动机则是促进发展与学习的动力。作为心灵的真实结构，这些阶段的存在，是从特定年龄儿童无法完成特定任务的现象推断出来的。他们未能执行这些任务，被认为是表明了他们的心灵还处在某个阶段， 83
还不具备成功完成上述任务所必需的认知操作。支持这种观点的证据很重要，反驳这种观点的证据也很重要。② 如前所述，任何试图一劳永逸地证明全称否定判断的尝试，都存在着一个普遍的逻辑问题，即总有可能出现反例，让全称否定判断不再站得住脚。更具体地说，问题可能在于这一事实，即任何不能由特定年龄孩子实现的任务所提供的证明，都必定是在某个特定环境之中的。这个问题随后变成在从特

① J. Piaget, *The Principles of Genetic Epistemology*, London, Routledge, 1972, pp. 85-93; Brown and Desforges, op. cit. , p. 46.

② 对于各项证据的一份有价值的回顾，参见：Brown and Desforges, op. cit. ; Donaldson, op. cit. ; David Wood, *How Children Think and Learn*, Oxford, Blackwell, 1990, Chapter 3; Sylva and Lunt, op. cit.

殊到一般进行概括时的归纳的合理性问题。当数据收集的背景是实验环境的时候，这个问题就会变得尤为关键。这时候的任务与被试的实际兴趣无关，任务目标是什么被试也不清楚。

发展主义者认为，背景并不会影响动机(动机是推动学习的关键因素)，除非背景当中有某些东西会专门阻碍学习的动机过程。这时候，背景提出的学习内容要么要求过低、要么要求过高。人们常说，如果学习内容高于或低于儿童的发展水平(儿童没有达到所需的成熟水平)，或者以扼杀儿童天然的创造力与好奇心的方式来呈现(而创造力与好奇心本身就是内在动机的表现)，这类阻碍因素就有可能出现在教育环境当中。另一种可能是，环境的某些特征(特别是文化背景)，会阻止好奇心的显现。

除非接受发展主义的动机概念，才可以说背景无法影响动机(除了上述情况以外)。但是，这种动机概念本身存在争议，并非理所当然。事实上，天赋论者的动机概念与民间心理学的行动概念背道而驰，也与任何严肃对待人类绝大部分活动的社会属性的行动观念背道而驰。这一点对于理解发展主义的缺陷至关重要。正如我们已经看到的那样，这种缺陷来源于一种“非社会的”甚至在某方面是反社会的关于蓬勃人生的观念。同时，它也来源于关于人类活动的自然科学观点。这种观点把人看成任何其他类型的有机体，完全受天赋的生物驱动支配。但是，这些观点仍只是纲领性的。它们为发展主义提供了支持，但是并没有为它提供证据。它们忽略了人类的社会属性，以及这种社会属性对于人类心理的作用方式。然而，这是一个关键性的遗漏，因为它主要作用于人们的各种外部动机，而对这一点的认识已经融入我们关注与谈论行动的方式当中去了(见第 4 章)。

正如我们已经看到的，反证的困难已经导致对皮亚杰理论的重要重估。但是，关于为什么皮亚杰式的有关人类成熟与学习的解释是错误的，我们也可以提供充分的理由。激励人类的背景是社会性的。甚 84
至当他们是一个个孤立个体的时候，情况也同样如此。在这种情况下，物理环境是社会制度复合体当作的某种个别化的环境。比如，一个削铅笔的孤独作家，是在为自己的读者工作。读者的态度与期望会影响他的工作方式，甚至会影响他能否做这份工作。他对于自身状况的看法，以及对潜在读者的态度与期望的认识，只能在由专业作家及其读者构成的制度复合体当中才能得到理解。

当然，这并不是说行动与活动的出现完全没有个人特征。动机因人而异。作为社会成员，正是个人关于行动价值的概念，以及他自己对于这种行动的属性与可行性的看法，对他是否采取这一行动具有决定性的影响。但是，个人感知到的行动价值，也有可能受到他人感知到的行动价值与声望的影响。

人们是否采取行动或者投入注意力去学习，还同样取决于他们如何理解自身处境，甚至可以说取决于他们是否能够理解自身的处境。通常这会受到他们对于自身期待的判断的影响。如果这个判断不明确，或者他们不想按照人们对他的期待行事，那么他们就不太可能像可能的情况那样去行动或者学习。① 这与天然的好奇心或者创造力无关，而是与联系他人和所在社会形成的自我认识有关。有充分证据表明，

① 这是能力研究遇到的一个普遍问题。它困扰了巴兹尔·伯恩斯坦及其同事关于语言缺陷的研究，也使许多智力研究受到了打击。参见：S. J. Gould，*The Mismeasure of Man*，London，Penguin，1981，pp. 199-232.

皮亚杰的发展主义系统低估了人类的学习潜能。因为，根据皮亚杰的理论，学习潜能是一种由经验激活的生物禀赋，应该是所有人共有的。同时，又因为在**速度**甚至**终点上**已经发现了明显的文化差异，所以该理论又认为某些文化环境未能以该理论建议的方式触发某些阶段的发展。当然，对于这些跨文化研究的结果，还有另外一种可能的解释，即皮亚杰的测验实际上是在特定文化背景之中的。① 维果茨基首次注意到的这种可能性，对于超越具体文化参数来进行概括的可能性，提出了严重的挑战。

我想讨论的对于发展主义的最后一项批评，与迄今为止提出的其他观点具有同样的破坏力。它不仅适用于皮亚杰的作品，也适用于任何发展理论。这些发展理论，都认为特定发展阶段的思维方式，会向该阶段主体提供虚假信息。② 如果发展理论正确，那么在前运算阶段的儿童对数量、形状与分配的判断将存在系统性错误。稍加思考即可
85 得知，这种主张的荒谬不可信。说一个拥有某种认知策略的儿童系统

① 然而，可参见：H. Ginsberg，*The Myth of the Deprived Child*，New York，Doubleday，1972. 西方文化中的跨阶级比较，确实为发展阶段的统一提供了比较性证据。非识字文化的成员，在理解和解决那些属于形式运算阶段的问题方面，可能会遇到什么困难？对此，一种令人信服的解释认为，要求他们完成的任务属性被误解了，参见：D. Levi，'Why Do Illiterates Do So Badly in Logic?'，*Philosophical Investigations*，19，1，1996，pp. 34-54.

② 这一特定的批评路线，是由卡尔发展出来的：David Carr，cf. 'Knowledge and Curriculum：Four Dogmas of Child-Centred Education'，*Journal of Philosophy of Education*，22，1，1988. 把真理重新定义为可行性，并不能真正帮到建构主义者。因为，前运算结构显然缺乏活力，它很快就会被抛弃。对于把真理定义为"活力"的辩护，参见：E. von Glasersfeld，'Cognition，Construction of Knowledge and Teaching'，*Synthese*，80，1989，pp. 121-140.

地制造虚假信息，这是没有意义的。除了那些接受了发展理论的所谓科学权威以外，别人根本不会接受这样的想法。大多数科学理论所寻求的范式，尤其是像皮亚杰这样的基于生物学基础的理论，都采用了进化生物学的范式。但是，进化理论的基础是认为，我们所拥有的特定认知工具能使我们最大化自己的生存机会，或者至少是传播我们的基因。[①] 很难理解，被认为在前运算阶段会出现的那些认知工具，要如何满足这个条件。看起来它们恰恰会最大限度地减少未成熟个体的生存机会。最起码，人们会期待看到某种复杂的进化论解释，能够说明为什么这样的策略对一个物种有益。据我所知，至今没有这样的解释出现。[②] 但是，除非发展主义者能够解决这些难题，否则他们的主张根本就是不合理的。他们将缺乏关于人类学习的任何假定解释的最重要特征之一，亦即能给我们提供一种解释，可以回答我们怎么得到关于世界的知识而不是虚假信念。

结论：抵制对于普遍性的渴望

发展理论是基于这样一个事实，即学习具有某些生物学限制。从对各种环境与文化中的这类约束的考察，转向过度依赖实验方法，以

---

① 试比较：P. Carruthers，*Human Knowledge and Human Nature*，Oxford，Oxford University Press，1992，Chapter 10.

② 有时候这根本不算什么问题。比如，可参见：W. van Haaften，'The Justification of Conceptual Development Claims'，*Journal of Philosophy of Education*，24，1，1990，pp. 51-70.

概括的方式来研究它们，这中间出现了危险。实验环境本身有鲜明的文化特点。认为去背景化的实验环境能够提供更高的效度，这是一种误解。除非有专门理由支持实验环境的可推广性，否则从实验表现推断出来的东西，就会与实验条件下的表现高度相关。这与实验主体不确定为什么会要求他们做某事(通常是这样)的情况很不同。大多数情况下，我们会根据自己掌握的实际理由来行动。甚至是诸如考试或者测试之类的环境，也被认为是达到某种目的的实用手段，参加考试的学生知道人们对他的期望是什么，知道可以相应地采取什么行动。

了解人类可以发生学习的不同条件，以及与之相应的**生物学**阶段，这毫无疑问具有重要的价值。但是，只有当心理学家想要提供某种概括的发展理论的冲动得到了遏制，这些信息才是有价值的。因为，心理学家的那种理论建构的冲动，把某种适度但有用的研究与那种宏大
86 而欠缺基础的研究混淆了。诱惑包括两种形式：第一种是在没有任何经验基础的情况下，将关键假设导入解释框架，比如内部动机驱动理论、抽象论以及对于背后的心理操作的解释；[①] 第二种是在几乎没有实据的情况下，推断说存在一系列相关联的结构，并且在某种意义上会在人类心灵当中得到实现。

这里的讨论结论是，学习存在一些生物限制，对此我们已经有了一些并不完整的知识。这种知识的不完整性，在很大程度上与我们对背景、文化与生物成熟相互作用方式的无知有关。到目前为止，还没

---

① 三件不合理的事，皮亚杰都做了。内部动机理论来自于卢梭，在第 3 章做了批评。潜在的表象操作理论，在前一章有过批评。抽象论在第 9 章得到了批评。

有关于这些约束如何运作的一般理论，更不用说心理发展如何影响学习的一般理论了。这里的讨论实际上表明，到目前为止心理学家还未能提出令人信服的论据，来支持在一般成熟意义上存在心理发展这回事，而不只是对功能和潜能的变化提供一些有用的观察，特别是在人类成长的早期阶段。发展心理学家应该听从弗朗西斯·培根(Francis Bacon)的建议，他写道：

> 有且仅有两种探索与发现真理的方法。一种方法是迅速从感官与个案过渡到最一般的公理，然后从这些所谓确凿、不变的原理出发，继续判断与发现中层公理。这是目前流行的方法。另一种方法是从感官与个案入手，通过渐进与持续的上升过程来推导公理，最终得到普遍公理。这才是正确的方法，但目前仍未被人们接受。①

如果发展心理学继续保持前培根式的方法论诡辩，无视合理的归纳概括的基本原理，那将会让人感到遗憾。实际上，如果本章的论点正确，那么发展心理学家们需要质疑的是，这个领域真要得到什么“最一般的公理”吗？

---

① Sir Francis Bacon, *First Book of Aphorisms*, 1620, cited in M. Hollis, *The Philosophy of Social Science*, Cambridge, Cambridge University Press, 1994.

87 # / 8. 学习语言/

导言

人们经常说，我们的母语是习得的而不是学会的。我将使用“习得”一词来描述母语学习，以便和学习识字与学习第二语言做出区分(后两者要求更强的注意、记忆与指导)。早期语言学习，显然是在没有太多刻意努力或外部动机的情况下进行的，因为儿童本身就有强烈的沟通本能。虽然语言习得有生物学基础，但这个学习过程本身并不是一个生物学过程，而是一个社会过程。认为语言习得不需要任何刻意努力或者外部动机的观点，被过分夸大了。事实上，即使受到强烈本能动机的帮助，儿童与看护人也必须亲自付出努力。

认知主义者的解释

关于语言习得的解释有一项传统，来自皮亚杰的早期作品。他将语言学习解释为从图像语言到内部言语的转换，在其中由自我中心的语言应用转换为社会应用，借此图像就获得了符号表征。[①] 维果茨基对这一理论的批评，现在已经众所周知了[②]。他关注的是皮亚杰理论的错误概括，从非一般情境(如托儿所)开始，到儿童开始使用语言的一系列其他情况。[③] 需要补充的是，皮亚杰的语言发展模型，也来源于前一章概述的那种刻板的发展阶段模型。除此之外，皮亚杰的解释也很容易受到维特根斯坦论点的影响，因为后者认为私人感觉语言是不可能的(见第 4 章)。

当前关于语言习得最有影响力的理论，来自于乔姆斯基及其同事。他们同样也提供了关于母语学习的解释，认为这从儿童作为孤立个体的时期就已经开始了。认知主义者的解释能否回避皮亚杰理论的那些难题呢？尽管乔姆斯基与福多尔的认知主义，可以回避反对私人感觉语言的论证[④]，但它并没有回避第 4 章反驳自始孤立的语言的那些论证，也没有回避第 6 章提出的对于表象理论的反驳。但是，让我们把这些放在一边，先来考察一下这种解释本身的优点。 88

人们提出，人类自然语言的基础是婴儿拥有的天赋个体能力，然

---

① 比如：J. Piaget，*Le Langage et la pensée chez l'enfant*，Neuchatel－Paris，Delachaux et Niestle，1923.

② 译者注：这个“众所周知”的批评，体现为维果茨基和皮亚杰理论的差异。具体内容参见本书 327 页“代译者后记”脚注。

③ L. S. Vygotsky，*Thought and Language*，Cambridge，Mass.，MIT Press，1962，Chapter 2.

④ 参见：J. Fodor，*The Language of Thought*，Cambridge，Mass.，MIT Press，1975，p. 70.

后根据特定自然语言的规则进行调适，该特定自然语言恰好是婴儿所在共同体的母语。每个人类新生儿拥有的天赋个体能力是一种规则系统，这个规则系统在很大程度上是人类物种所共有的，内嵌在人类的神经系统当中。接触母语可以让儿童将这种天赋能力，与自己降生的特定语言共同体的参数进行匹配。这种适应过程有时以小人的方式来描述，好像新生儿是“婴儿科学家”，可以形成并检验关于自己语言共同体当中应用的局部规则属性的假设。或者，它也可以用更客观的术语，被描述为一个电子网络。

> 我们可能会认为，语言能力是某种开关箱，其中包含错综复杂的网络，由一系列包含一个或两个位置选择的开关组成。除非这些开关以这样、那样的方式加以设置，否则该系统就不起作用。当它们以某种许可的方式设置好以后，系统就会根据其属性发挥作用。之所以会出现不同的作用，取决于开关的设置方式。最终那个确定的网络就是一般语法原理系统，那些开关则是由经验固定下来的参数。提供给学习该语言的儿童的数据，必须足以用这样那样的方式来设置开关。当这些开关设置好以后，儿童就得到了这种特定语言的指令，并且了解这种语言的相关事实，即特定的表达具有特定的含义，如此等等。①

---

① Noam Chomsky，*Language and Problems of Knowledge*，Cambridge，Mass.，MIT Press，1988，pp. 62-63.

尽管有这种描述语言如何学习的替代方式，新生儿仍然被描述为拥有某种语言知识体系，尽管是十分特殊的一类。

> 学习西班牙语或任何其他人类语言的儿童，在获得具体的语言经验之前就懂得规则取决于结构。儿童并不是先考虑简单线性规则 R，然后以明智的科学家在研究语言时的方式将 R 丢弃，转
> 而支持更加复杂的规则 R—Q。相反，儿童是在没有经验或指导的 89
> 情况下，就知道线性规则 R 不合适，知道基于结构的规则 R—Q 是唯一可能的选择。这种知识是儿童生物能力的一部分，是语言官能整体结构的一部分。它构成了儿童面对经验世界的精神装置的一部分。①

弗雷德·德阿戈斯蒂诺认为，对于认知主义者的解释来说，儿童了解规则并非必须。从某种意义上说，只要坚持认为儿童拥有语言规则就足够了。② 虽然这种替代方案，确实允许认知主义者免除那种有可能超出意识检验范围的知识(既不是普通意义上的命题性知识，也不是实践性知识)，但是它本身也提出了难题。认知主义者热衷于争论说，新生儿已经拥有一套规则。这种论证的核心似乎是，儿童已经了解某种语言，因为语言就是规则系统。但是，拥有一套规则就是从某

---

① Noam Chomsky, *Language and Problems of Knowledge*, Cambridge, Mass., MIT Press, 1988, p. 45.

② F. D' Agostino, *Chomsky's System of Ideas*, Oxford, Clarendon, 1992, Chapter 2.

种意义上**了解**这个规则系统。人们可能同意新生儿受观察者所谓规则的那种机制的引导，但这不是认知主义者真正希望表达的东西。正如在第 5 章所看到的，他们的要点在于心灵通过表象系统来运行，而且正如在那里所论证的那样，这个表象系统是一个类似于内燃机系统那样的机械系统。因为，一个系统要想成为一个表象系统，就必须向**某人**表现**某事**，而这个某人正是新生儿的心灵或头脑，因此这个新生儿是熟悉这套规则系统的。那么，为了保存更宽泛的认知主义方案，难免会有这样的想法，认为新生儿与表象系统之间存在某种**认识**关系。①

鉴于这种源头上的不可信性，关于语言学习的认知主义解释能有什么优势呢？这个理论的范围涉及句法、语义，但显然不包括语用、语音、韵律、手势、姿势、面部表情或者语境。它的主要优点在于句法。它要求我们相信，儿童从最开始就拥有一种语言习得装置，这是儿童能够如此迅速、又付出如此少的努力，就可以建立自己的母语句法知识，并且可以很快理解并使用他以前从未听过的句子的唯一方式。

> 语言学习不是儿童自己完成的事，而是在适当环境中恰巧发生在儿童身上的事，就像儿童的身体在适当的营养与环境刺激下
> 90 以预定方式成长与成熟一样。②

---

① 德阿戈斯蒂诺的保留态度，主要是出于对解释简约性的渴望。但是，如果就此说新生儿不了解语言规则(即这些规则作为一个表象系统的可能性)，那就会损失一些重要的东西。相应地，这个主张也就不那么容易被驳回了。

② Chomsky，op. cit.，p. 134.

但是，这种如此突出的能力，真的只能用某种天赋语言官能来解释吗？认为这是解释这种现象的唯一合理假设，是一种非常强势的观念，来自于科学研究阵营。鉴于认知主义方法的明显缺陷，这种强势着实令人感到惊讶。认为某种形式的天赋论，是解释语言学习的唯一可行且合理的假设，对这种观点是时候去加以质疑了。在此之后，我们才适合去讨论天赋论的其他缺陷。

乔姆斯基承认，语言的语音体系是通过模仿其他语言使用者来学习的。[①] 他没有说词汇是天赋的，而是说概念是如此。他也没有说儿童使用自己以前从未遇到过的句子结构也是一种天赋。据说，语言习得的真正非凡与神秘的特征在于，儿童能够使用以前从未遇到过的句子。关于语言习得的天赋论方案的整个大厦(实际上，语言发展是对这种解释的更准确的描述)，就建立在这个简单观察之上。然而，他们的所有主张，不过是幼儿能够使用他们之前可能遇到过的类似结构的句子，其中包含的词汇并不是之前使用的那些。但是，他们一定听到过同样结构的句子，他们一定听到过将要用到的这些词汇。

在很多时候，使用一个此前从未听过的句子，很可能是在使用之前听过或用过的一个句子或句子成分。任何句子成分，都可以表示为句子的功能。如果剔除单词或短语，留下的就只是函数表达。可以认为，这是对具有相同或相关句法范畴的一系列单词或短语的统一论证，可以把一个与原句子有相同逻辑范畴的新句子作为它的一个值。这样，“妈妈，给我拿了一些牛奶”，就包含了“妈妈，给我拿了一些……”这

① Chomsky, op. cit., p. 27.

个命题函数。这可以用一系列可能的论证来填空，比如面包、糖果、玩具等。

91 不难理解，原来的句子可以产生一系列命题函数，每个函数都有自己适用的内容范围。说儿童能够借助命题函数，说出一些自己从未听过的句子，用上此前听过或用过的元素与结构，这要比说儿童使用了某种意义上全新的句子，要更少一点神秘色彩。①

儿童习得造句的能力(其中包含显著的新颖性潜能)，我们对此有必要感到惊讶吗？如果我们的能力如此刻板，以至于无法应对乃至利用新情况，那才是让人惊讶的。人们遇到的大多数情况，都在某些方面与他们以前遇到过的类似情况不同。如果人类无法应用它的能力来考虑新情况，那么人类这个物种(实际上对大多数其他物种也是如此)的前景必定很黯淡。可以想象，下面的说法将会多么让人难以置信：某人必须拥有驾驶汽车的天赋能力，因为作为一名驾驶员，他不断进行演练，而这些演练的细节与他之前曾经执行过或者面对过的都不同。我们不认为这种应对新情况的能力是神秘的。我们承认在驾驶当中使用了一系列已经掌握的、经过训练的标准化技术。我们必须以一种前所未有的方式，在新环境中对这些技术进行部署与组合。如果做不到，那我们就只能以最初受训练时完全相同的方式在同一条道路上开车。

语言学习也不例外。在某个年龄段，幼儿获得了在一系列语法结

① 现有证据表明，儿童语言习得是通过使用日益复杂的结构来进行的。比如：P. Menyuk, *Language Development*: *Knowledge and Use*, London, Scott Foresman, 1988, Chapter 8.

构中使用一系列词汇的技术。他学会在某些情况下应用这些技术，与他以前遇到过的情况相比，这些情况在某些方面有所区别，有时甚至会是在很重要的方面。有时，他会在不同情况下使用相同的单词与相同的句子。有时，同一句话可能伴有不同的韵律与副语言特征。在其他场合，他通过不同的组合，来应用自己先前使用的命题函数与先前用过的词汇。

儿童如何理解自己之前从未听到过的句子？这个问题的答案，同样适用于新句子的创作。儿童会遇到他以前遇到过的结构与词汇，尽管在组合上有所不同。但是，他还会遇到以前没有遇到过的词汇与句子结构。在这种情况下，如果他不能直接理解，就可能需要帮助与解释。不过，在很多时候都会有一些提示来帮助他，比如语境、手势、韵律与其他副语言特征。人们对于子女的自然的反应性行为，对于这一过程至关重要。他也可能观察过类似的情况，注意到参与者在这些 92
情况下的行为及其结果。比如，当被问及“你拿牛奶了吗”的时候，他可能会认为这句话是在向自己提出信息方面的要求，他也可能是在看到自己姐姐被问到“你没有带你的泰迪熊”时，注意到她把这个问题当成一种提供信息的要求。在别的场合，他可能会注意到自己姐姐会在不同语境中、以不同的语调被问：“你拿牛奶了吗?”他可能已经观察到，姐姐看起来有点不好意思，然后去冰箱取了一些牛奶。随后他就能够理解，根据提问的方式与背景，在要求完成某事的时候，也可以用反问句的语法形式。

乔姆斯基反对把儿童语言学习解释成类比，认为这是基于对能力与知识概念的混淆。在这个解释当中，我们永远无法说明儿童对自己语言的知识，而我们又需要这样的解释，才能说明他的说话能力与他的母语。然而，一个言说者对于母语的了解，恰恰就是那种在很大程度上是“知如何”方面的知识。这个混淆可以用下面的这个例子来说明：

> 假设两个人在西班牙语方面的知识完全相同。他们的发音、对单词意义的了解、对句子结构的掌握等都完全相同。然而，这两个人在使用该语言的能力方面，仍有可能在属性上有很大不同。第一个人可能是一位伟大的诗人，第二个人则可能只是平庸的语言使用者，只能说一些平常话。从特征上讲，两个拥有相同知识的人，倾向于在特定场合说出完全不同的东西。因此，很难想象能力与知识怎么可以画等号，更不用说把倾向、举止与知识等同起来了。[①]

这是来自日常观察的一个谜，一部分语言使用者会比其他人更擅长使用该语言。只是在我们接受乔姆斯基对于天赋语言知识的解释时，
93 知识方面的问题才会出现。而有关天赋语言的解释，恰恰是乔姆斯基希望建立的东西，因此他不能靠牺牲这一点来批评那些替代方案。说这两个人分享了相同的知识，这对于乔姆斯基的两个例子会增加什么理解呢？唯一的可能是，他们都会说西班牙语、都能理解西班牙语，但是，其中一个人比另一个人要更加娴熟。诚然，人们可能会发现伟

---

① Chomsky, op. cit., pp. 9-10.

大诗人拥有的知识可以提升他的技能。比如，他可能知道很多这种语言的历史、精通正式的语法、有丰富的词汇、对于诗歌结构非常了解，等等。但是，所有这些都不是乔姆斯基认为极其重要的那种所谓的默会知识，而只是关于这种语言的命题性知识。

为什么关于语言习得的神秘本质有如此众多的猜测？原因可能在于，一些有影响力的研究者过度集中于语言习得的一两个方面，这不利于对整体图像的理解。尤其是考虑到言说者能创造与理解新句子这一事实，考虑到经典行为主义明显无法解释这种现象，研究者们于是得出结论说，必定存在某种天赋的知识体系。在某种意义上，连无知的新生儿也已经“知道”了。然而，正如我们已经看到的那样，新颖性并不像人们想象的那么大，因为新句子与已经遇到过的句子在韵律、句法与词汇方面具有实质性联系。

但是语言当中还有其他一些非常重要的方面，是在语言习得过程中得到学习与关注的。如果注意到这一点，就不会像初次接触认知主义论点时那样，如此难以解释人对于新事物的能力。言语是两个或更多具身动物之间的相遇。这种简单观察会带来一系列影响。第一，我们的发声器官不仅产生充满词汇的语法结构，也通过语调、重音、音量与停顿来表达意义。因此，一个儿童在学习欣赏言说者韵律当中的细微差别的同时，也在欣赏词汇、语音与句法。第二，儿童学习把言说者的面部表情、手势、位置与身体姿势，解读为信息的一部分。第三，直接的物理环境与共享的经验与文化的更宽泛的背景，都有助于理解特定的口头表达。为了处理所有这些不同，包括倾听与谈话在内，都需要经验与别的许多帮助。

对文化假设与个人经验的分享，使得在许多言语情境中的教科书式的语法变得多余。通过内在地参照当前的物理环境、分享以前的经
94 验以及共享的文化假设与知识，意义往往可以得到有效传达。这是(虽然不是唯一的)乔姆斯基及其追随者在语言能力方面——**能力**与**表现**之间——做出区分的原因之一。因为我们所说的大部分内容都没有得到完整的句法表达，所以他认为我们的能力(我们关于语言结构的天赋的与习得的知识)与我们在现实生活中的实际表现并不匹配。① 对于乔姆斯基来说，能力是知识体系中的某种认知联系，而不是在某些情况下以某种方式采取行动的倾向。② 这是深层语言结构的**表象**属性所要求的，反过来又解释了我们使用与理解此前没有听过的句子的能力。因此，与通常的理解不同，它与能力没有任何关系，而且不需要解释我们这里讨论的这种默会意义的现象。

教科书中的任何语法(形态句法)，几乎总是对于言说实践的编纂与理想化，为满足特定目的组合在一起。它没有直接规定用法(除了一些专门的正式情况以外，比如为了写作或为了第二语言学习者服务)，而是编纂与整理了言说者使用的非正式规则。因此，它不是对大多数言说者应用的实际规则的描述。在这种意义上，言说者的能力就是他

---

① 参见：N. Chomsky，*Aspects of the Theory of Syntax*，Cambridge，Cambridge University Press，1965，pp. 3-4；也可参见：Chomksy，1988，op. cit.，pp. 133-134.

② 有关能力的对比观点，参见：G. P. Baker and P. M. S. Hacker，*Language，Sense and Nonsense*，Oxford，Blackwell，1984；P. H. Matthews，*Generative Grammar and Linguistic Competence*，London，Allen & Unwin，1979；D. Cooper，*Knowledge of Language*，London，Prism Press，1975.

们能够在各种言语情境中使用那些能够有效管理言说与聆听的那些规则。对言说者能力的归因，不要求我们归因于句法形态学的命题性知识(比如，在语法书中能够找到的那些)。但是，正如一些认知主义者(包括乔姆斯基)认为的那样，这并不意味着这种知识超越了意识能够掌握的范围。能力概念告诉我们，并不需要始终说出语法规定的那种完全清晰的句子，但确实有必要把语法、词汇与言说者和听众的语境与个人特征进行匹配。因此，能力就是在适当情况下以适当方式去执行的能力。根据乔姆斯基的能力概念，一个人有可能胜任，但又从未在适当情况下以适当的方式行动。因为，这种能力指的是超越了意识水平的语法知识。但是，为了学习说话，我们必须掌握的知识才是乔姆斯基及其追随者需要告诉我们的东西。

能力可以得到拓展，有些方面需要对更正式的、编码的语法有所了解。某些正式的言语情境，提出了这方面的要求。在大多数语言当中，书面语言要求作者在获得相应的能力之前必须遵循正式语法。这 95
并不意味着他们接下来要依靠某种超越自觉意识限度的特殊知识。相反，在获得了一些“知什么”的事实性知识以后，就足以使他们成为胜任的写作者了。

关于母语学习的认知主义解释，在科学方法论方面是非比寻常的。由于声称语言知识存储于“心灵或头脑”当中，人们自然想要知道它在哪里。可是，我们却被告知具有转换成分的短语结构的语法，能够清晰表达自然语言规则的某些特征。① 这不是可以接受的科学证据。关

① Chomsky，1988，op. cit.，p. 179.

于一般语法的天赋精神表象理论，与语法可能存在的一系列可能性相一致。比如，乔姆斯基指出西班牙语的某些特征，更像一棵倒立的树而不是线性结构。但是，这些观察结果甚至连一个临时性的结论也得不到。我们不能就此认为，这些结构存在于个别发言者的头脑当中，以表象的方式得到了实体化，我们没有办法排除一系列别的假设来有效剔除其他解释。在这些进一步的假设当中最重要的一项是，发言者需要先行了解一种语言，才能习得他的母语。但是，正如我们已经看到的，这个假设本身存在重大难题。

儿童能够毫不费力的快速学习母语，这只有在具备某种天赋结构的前提下才有可能。这句话的用意是什么？语言学习有某种本能基础(这与我们的生物本性有关)，而且在某些阶段可能特别活跃，这两点都没有太大争议。然而，天赋论者随后的两个主张就并非如此了。首先，学习语言主要是一个“发展”问题，而不是“习得”问题。比如，乔姆斯基说：

> 习得语言是某种发生在你身上的事，不是你完成的事。学习语言就像是经历青春期。这并不是因为你看到其他人这样，所以你才学会这样，你只是被设定好在某个时间去做这件事。[①]

第二个有争议的观点与第一个争议密切相关，同时也隐含在上述引文的观点当中，即语言学习是在“某个时间”发生在你身上的事(通常

---

① Chomsky，1988，op. cit.，p. 174.

是在 4 岁或 5 岁时)。[1] 这些说法都没有经过细致检查，至多是以非常简单的方式做了解释。早期语言学习要求婴儿以某种方式接受训练，比如，通过指物定义来解释某些词语的含义。成人对婴儿早期沟通尝试的反应性行为，首先为婴儿的反应设定了条件，随后又对这些反应进行了训练。之后，儿童再通过询问单词的意思，来更加积极地学习。[2] 但是即使在条件作用与训练的阶段，语言学习也几乎总会涉及 96
学习者通过说话与聆听他人来进行的积极参与。没有这些，儿童就没法学会说话。说儿童不做任何努力，是歪曲了这个过程。如果语言资源有限，并且对话者对儿童注意的需求彼此冲突，那么儿童要获得理解就需要为此付出巨大的努力。毫无疑问，年幼儿童似乎特别善于模仿母语的发音，并且他可以用比成人少得多的有意识努力来做到这一点。但是，没有做任何有意识的努力去学习母语语法，不是因为这已经存在于他的心灵当中，而是因为他不需要做有意识的努力。这并不意味着他不需要做任何努力，事实上有很多证据表明儿童需要付出努力，正如他在学习新词汇与新结构时的犹豫、停顿、迷惑与自我纠正行为所表明的那样。

学习一些人们并没有真的在学的东西当然是毫不费力的，但这是

---

① 近年来，这一说法得到了修正，结果使发展可以扩展到青春期之前和之后。由于面临压倒性的证据，这一主张不得不做出修正。参见：K. Perera，*Children's Writing and Reading*，Oxford，Blackwell，1984，Chapter 3（pp. 88-158）and P. Menyuk，op. cit.，pp. 33-34.

② 试比较：P. M. S. Hacker，*Wittgenstein's Place in Twentieth－Century Analytic Philosophy*，Oxford，Blackwell，1996，pp. 190，192.

一个没有意义的说法。儿童学习他要说的那种语言的规则，他通过参与来做到这一点，这种参与需要不同程度的努力。他并没有像乔姆斯基所说的那样去修改某个现成的语法知识体系，因为他并不具备这样的知识。我们仍然需要一些有说服力的论据或证据来证明：(1)某种语言习得工具是语言学习的必要前提。(2)存在这样的工具。说语言学习无须付出努力，从对语音与语法的关注上看具有合理性，可即便如此也仍然经不起检验。

人们现在普遍认为，尽管语言习得的关键期相当短暂，但它仍然可以持续到青少年期。然而，乔姆斯基似乎想要为此提供一个“先验”的解释，不过这种解释并不正确。他认为，由于神经系统的发育一直持续到青春期，而语言发展是神经系统发育的一个功能，因此语言发展一直持续到青春期。[①] 这是一个不合理的推论，不是来自于这一命题：甲是关于乙的函数，乙当中的任何事物，都必定反映在甲上。对于一个天赋论者来说，语言发展是神经系统发育的某种功能，而这在五岁左右就已经完成了。可以说，即使是母语的句法资源，要想完全习得，也需要很长一段时间，这对天赋论假设提出了质疑。因为，天赋论的假设是，语法在某种意义上是预先形成的。因此，在暴露于母语的一系列可用的句法结构范围以后，幼儿应该可以获得所有“开关设置”。这似乎没有发生。有大量证据表明，语言习得是一个旷日持久的
97 过程，既包括退化，也包括快速增长的阶段。流利、自信以及基本掌

① 同时可参见：E. Lenneberg，‘Natural History of Language’ in F. Smith and G. Miller (eds) *Genesis of Language*，Cambridge，Mass.，MIT Press，1966.

握，都需要在很长一段时间内去逐步实现。①

天赋论者可能会争辩说，经过若干年的发展直到青春期以后，头脑的某些结构才可能“开启”。没有什么证据可以证明这一点，并且这个观点也容易受到跨文化研究的反驳，这些研究表明语法发展的速度并不相同。在比较文明社会与非文明社会时，情况尤其如此。因为许多口语结构(比如被动式)的使用，与它们在书面语言中相对频繁的应用有关。无论如何，天赋论者的假设，无法以令人信服的方式解释在专业知识方面的退化与缓慢增长。当然，他总是可以利用能力与表现的区别。但越是这样做，这种区别就越会显得多余，因为语言习得的兴趣与表现有关，而不与天赋论者的能力有关。任何无法解释表现能力增长的语言习得理论(即日常意义上的能力)，都有严重缺陷。并且，有证据表明，语法结构的习得是以犹豫与流利程度的逐渐增长为标志的。

> 五岁以后持续多年的另一个过程，是流利程度的逐渐增加，同时伴随着困惑与犹豫的逐渐减少。此外，不成熟的错误慢慢消除了，包括：复杂的名词短语(尤其是主语的位置)、一些情态助词(比如将会、可能、应该)、作为主语的名词从句、关于地名、方式、让步与假设条件的状语从句、非谓语形式的副词从句(除了目的以外)、由谁、哪里或者某些关系代词引入的关系从句、从句替换、某些类型的省略号、不常见的连接词。②

---

① 对该领域研究的总结，参见：Perera，op. cit.，Chapter 3，esp. pp. 156-158.

② Perera，op. cit.，p. 156.

关于语言习得的其他方面，天赋论者是怎么主张的呢？正如我们已经看到的，语音主要是通过模仿来获得的。至于词汇，天赋论者通常认为，人类心灵应用的概念结构是与生俱来的，并且我们获得的词语在大多数情况下与天赋的含义相匹配。① 从天赋论者的角度来解释概念形成，这方面的难题将留待下一章再做说明。

无论是天赋论者、发展主义者还是行为主义者，都没有什么兴趣去谈论具体交流行动所需的实用能力的发展。在句法、语义、语用等
98 方面的区分，确实存在一定的人为因素，好像它们是儿童要额外学习的东西一样。然而，在不同环境下言说与倾听，是我们言说能力的基本组成部分。任何对于语言发展的解释，如果不涉及这个问题，都将存在严重缺陷。天赋论者可能会指出某种装置，用来适应特定自然语言的副语言特征与发音特点。发展主义者可能会指出在特定阶段社会意识的增长，以此作为某种实用能力发展的先决条件。但事实似乎是，这两派都没有任何证据支持自己的论点。行为主义者可以争辩说，通过模仿与强化，人可以获得语用与语音方面的储备，但这种说法很难与我们和他人交谈的大多数情境的相对新颖性相匹配。在大多数情况下，一个言语情境与另一个言语情境之间根本没有足够的相似性，因为不能说一个人遇到的情况与之前发生的情况相同，尽管它们之间也可能有足够多的相似性，可以让言说者在处理新颖性时不至于有太大困难。言语情境在人员与物理环境两个方面有各种细微变化，包括导

① 试比较：Fodor，op. cit.，pp. 95-96；Chomsky，1988，op. cit.，pp. 190-191.

致这种接触的历史以及在适用于特定情况的特定社会习俗，使得“相同情境”这个概念显得过于含混不清。对行为主义者来说，这没有什么价值，因为它需要严格界定“相同情境”才能维持自己的解释。

在行为主义、发展主义与天赋论的神秘面纱被揭开以后，关于语言习得就可以表达很多，而且也更容易表达。理解与创造以前没有听过的句子所涉及的明显的新颖性，不需要被作为一个需要天赋工具来解释的谜团。如果我们回到第 4 章讨论的观点，认为人类生活是社会的、是服从规则的，如果我们提醒自己人类生命受到生物学限制的特点(所有共同体都能发现对包括舒适、住所与食物的需求)，那么通过长期、认真观察得到的语言习得的可观察特征，看起来就不是那么神秘了。关于儿童如何获得母语，现在有大量的观察数据。如果仔细观察，会看到这很容易被纳入一种关于人类的一般图像当中去，即人是社会性的、服从规则的生物，同时又有一定的生物学特性，他们通过参与降生在其中的那个服从规则的社会世界来学会交流。① 这没有给我们提供一种语言习得理论，但确实提供了一种可靠的解释，可以解释大多数儿童的语言习得过程。

---

① 比如，可参见：M. A. K. Halliday，*Learning How to Mean*，London，Arnold，1978.

99 # / 9. 学习与概念形成/

导言：该问题的重要性

从开始接触世界的那一刻起，我们就学会将个别事物视为某些类型的实例。动物也可以做到这一点。它们识别食物来源与危险的能力，对它们的安康与生存至关重要。在人类这里，这种识别能力不仅更为复杂，而且在很大程度上与语言使用密切相关。我们在判断、质疑、祝福、许诺之类的行为当中做出的区分，成为区分真与假、遵守与不遵守、履行与不履行以及诚实与不诚实的能力的基础。动物的识别能力以及判断中的非话语协议，构成了日常生活中应用的话语式概念运用能力复合体的基础。[①] 因此，学习就涉及对这些复杂的识别能力的习得与运用，其中既有话语性的也有非话语性的判断行为，而无论如

---

① 这些未必先于语言使用，也可能被作为语言使用的基础。R. Rhees，'Language as Emerging from Instinctive Behaviour'，*Philosophical Investigations*，20，1，1997，pp. 1-14.

何这些能力最终都要依赖语言。这些能力对我们生活的实践与理论方面都至关重要。

这些识别能力被称为概念，概念习得构成了本章的主题。在这个问题上，笛卡尔派与经验论之间存在巨大差异，尽管这两种传统都将概念习得定位于某种自始孤立的心灵内部，而不是某个降生于社会环境中的个体。尽管它们都受到挑战，尤其是来自维特根斯坦传统下的哲学作品的挑战，但是这两个传统至今仍具有影响力。[①] 最近，人们试图重振笛卡尔传统，并在其帮助下重新定义经验论。[②]

抽象论

洛克认为，观念源于感官，然后我们在来自感官的观念素材的基础上，形成对事物类别的更一般的概念。因此，我们首先熟悉一系列被认为是概念 F 的实例，然后看一看这些实例有什么共同点，最后根 100
据这些共同点令 F 成为一个独特观念。比如，在我看到红色的东西时，我注意到它们有一些共同之处，并形成了对于这个共同特征的独特观念，然后我可以将其称之为“红色”。这样，我就形成了红色的概念。

现在人们普遍怀疑抽象论是行不通的，因为它以需要解释的能力

① 一个早期的例子是吉奇在《心理行为》当中对抽象论的批评。P. Geach, *Mental Acts*, London, Routledge, 1957.

② 关于前者，可参见：J. Fodor, *The Language of Thought*, Cambridge, Mass., MIT Press, 1975; N. Chomsky, *Language and Problems of Knowledge*, Cambridge, Mass., MIT Press, 1988. 关于后者，可参见：P. Carruthers, *Human Knowledge and Human Nature*, Oxford, Oxford University Press, 1992.

作为前提。[①] 反对意见如下：据称，通过注意甲、乙、丙，并注意到它们都是 F，就可以形成概念 F。F 的共同特征，被从它们当中抽象出来，形成了一个独特的观念。如果没有事先接触到是 F 的实例，就不可能产生概念 F，这些实例的提出是形成概念 F 的必要条件。[②] 但是，除非已经能够把它们置于概念 F 之下，否则他怎么能够注意到甲、乙、丙都是 F 呢？可是，如果他能做到这一点，他就已经占有概念 F 了。因此，通过抽象可以产生概念的说法是多余的。因为，为了让这个主张能够成立并且避免恶性循环，这个观念就必须是天赋的。

然而，反对意见略显轻率。它假设概念 F 的形成，是由于注意到 F 的某些实例，进而由注意到它们之间共性的人构造出来。如果这就是抽象论者关于概念 F 是如何形成的解释，那将面临一个致命的反对意见。因为在关注实例并注意到它们在某些方面相似的时候，我必须进行一种判断活动(卢梭意义上的消极判断)。我会注意到甲是 F、乙是 F，以此类推，然后判断它们都是 F。在做出这些判断时，我会运用概念 F，而如果我这样做了，我就已经拥有这个概念了。目前尚不清楚，经验论者是否也接受这种抽象解释。经验论者接受的是这样一种观点，即形成一个概念的必要条件是它的实例在经验当中得到呈现，

---

① 参见：Carruthers，op. cit.，p. 55. 但请注意，吉奇并不接受这种观点。

② 我使用的不是斯特劳森提出的技术意义上的“实例”，而是作为一个通用术语来涵盖在具体时空当中暂时出现的对象以及传统经验论的感官数据。不坚持经验论的某些特定教条，也仍有可能成为一个抽象论者。事实上，抽象论是一种比经验论更加古老的学说，只不过是被洛克借用了。P. F. Strawson，*Individuals*，London，Hutchinson，1961.

并且概念正是此种经验的结果。但这两项认同本身，并没有迫使经验论者对概念形成进行循环论证。

如果在最基本的层面上，拥有一个概念就是拥有一种非话语性的识别能力，那么它就可以通过拥有天赋**潜能**来习得。没有哪个经验论者会否认这一点。事实上，洛克坚持认为，心灵确实具有某些天赋能力，以便处理感官数据呈现的原始素材。① 需要的只是在心灵面前呈现都是 F 的甲、乙、丙。然后，在**没有任何判断行为**(**更不用说有意识 101
的判断行为了**)的基础上，通过抽象甲、乙、丙的共同点来形成概念 F。天赋的抽象潜能开始发挥作用，结果此前不存在的那种识别能力现在就已经得到了。② 这种潜能本身并不需要概念化，尽管从表象论解释来看它必须如此。如果这是一个概念化的过程，那么抽象论就需要天赋这个概念，这会破坏其作为对经验如何形成概念的解释的价值。如果抽象被认为是一个机械过程，它就不必是概念性的。在这种情况下，不仅抽象论不是循环论证，它也不会预先假定任何概念能力。③ 只有在关注已经形成的观念时，才会出现概念识别。④

---

① 见第 2 章。

② 正如彼得 · 卡拉瑟斯所指出的，概念性的无意注意与有意注意要面临同样的反驳，即意味着拥有需要解释的概念能力。然而，无意识的抽象不一定是一个概念化的过程。比如，洛克有时谈到抽象当中的思维运作，但又不因此就认为这本身就是一个概念化的过程。参见：J. Locke，*An Essay Concerning Human Understanding*，London，Dent，1961，Book II，Chapter XI，p. 126. 不过，洛克认为儿童很难做抽象，这表明他认为这个过程或多或少是一个有意识的过程。

③ 换个角度，可参见：Carruthers，op. cit.，pp. 55-56.

④ 关于这一点，洛克的评论看起来非常含糊。我们不清楚他是说观念是通过反思形成的，还是说反思是我意识到已形成的观念的手段。参见：Locke，op. cit.，Book II，Chapter 1，p. 78.

然而，这是需要付出代价的。它将难以解释那些并非以任何明显方式从感官经验得来的概念。天赋识别能力的假设，也不会毫无困难。其中最明显的一条与德阿戈斯蒂诺在他的经验论批判中提出的一项原则有关，即从解释的角度看它不如天赋论经济。如果概念是天赋观念，就没有必要像经验论那样，为了产生概念就假设潜在的识别潜能。新生儿要做的就是将母语中的词汇，与已经存储在心灵当中的观念相匹配。这不需要凭借任何神秘元素。通过注意与参与日常生活，新生儿可以相对快速成功完成必要的配对。

但是，贝克莱与休谟指出了一项更加严重的难题，即单个观念如何代表一般观念。任何印象或观念都有一些个别属性。比如，三角形的观念必定是等边的、等腰的或不等边的；它不可能同时是所有这些东西。而如果它是其中之一，那么它就不能代表一般的三角形。抽象论认为一般观念是对于类的一般特征的表征(借助它们的相似性)，所以抽象论无法显示某种事物如何既是类的图像，又是某个特例的图像。为了解决这个难题，休谟发展了一个关于概念形成的联想论的解释。①

① 贝克莱攻击了抽象论，认为一个具体的观念(比如一个三角形)也可以代表所有三角形，而不必依靠一个抽象的三角形观念。借此，贝克莱预见到了休谟的看法。G. Berkeley, *Principles of Human Knowledge*, Introduction, esp. pp. 114-115, first published 1710, available in *Berkeley: Selections*, edited by Mary W. Calkins, New York, Scribner, 1929; D. Hume, *A Treatise of Human Nature*, Oxford, Oxford University Press, 1978, pp. 18ff.

联想论

贝克莱与休谟拒绝抽象论对概念及其形成的解释，因为他们认为有关抽象观念的见解是难以理解的。[①] 他们认为，特定观念*可以*在适当情况下具有普遍适用性。当我形成三角形的概念时，我形成了许多特别的三角形概念。这些三角形中的一个(比如等边三角形)，通常与“三角形”一词联系在一起，并且在通常情况下，会被作为该术语的意 102
义。但是，依据“习惯”(在休谟特有的精神官能的意义上)，由这个三角形观念可以联系到其他三角形的观念，后者可以在必要时得到调用。比如，如果断言三角形的所有边长度相等，那么从等边三角形到等腰三角形、不等边三角形的习惯联想，就会唤起另外的这些观念，从而让我们拒绝之前的那个命题。[②]

联想论避免了抽象论的一些难题，以及一般观念中明显的不自洽。但是，联想论的问题被维特根斯坦指出来了，即“同一个观念”这种东西是无法理解的。如果我们承认，很难看出同一个观念如何在不同人的心灵当中存在，那么我们难道会承认同一个观念可以在一个人的心灵当中持续存在吗？因此，概念的话语式运用可能会出现问题，而不是这些概念的个人运用。但是，一旦某种个人应用被建立起来，关于术语使用在定义上的一致性就足以让沟通成为可能了。

---

① Berkeley，op. cit.，paras 12-17；Hume，op. cit.，pp. 18ff.

② 这种习惯性联想是心理的，而不是社会性的。

这个方案的难题在于，如果不能理会心灵当中的“同一个观念”，那就不可能把概念塑造成为观念了。[①] 贝克莱指出，定义的一致允许我们不求助于直接观念去进行沟通，但也认为语言很容易扭曲我们的思想。[②] 如果我们不能先形成概念，那么概念的话语运用就不可能了。重新识别“同一个观念”的难度，正是维特根斯坦提出的难题。如果没有正确识别、错误识别的标准，那么关于“同一个观念”这个短语也就不存在一致用法了。如果确实如此，那么习惯就不能将一个观念与一个词联系起来，甚至无法将一个观念与这个观念的私人意义联系起来，结果在思想中处理这个概念也就变得不可能了。即使思想是直接发生的，没有观念的命名作为中介，情况也仍然会是如此。因为，观念的同一性问题，首先就给一种命名概念的语言造成了困难。因此，困难的根源在于为观念或概念提供有意义的同一性标准的可能性。顺便提一下，抽象论者提出的一般观念也是如此。

天赋论：笛卡尔派对概念形成的解释

强天赋论认为，所有概念都从出生开始就存在于心灵当中。我们通常所谓的概念形成，是将语言标签贴合到已经拥有的概念之上。

---

① 联想论者提供的方案，是私人语言论证针对的主要对象之一。它在这里得到了发展：L. Wittgenstein，*Philosophical Investigations*，Oxford，Blackwell，1953，paras 258-265.

② Berkeley，op. cit. paras 18-19.

> 事实上，尝试定义一个像“桌子”或“书籍”之类的词，你会发
> 现相当困难。举例来说，某语言学期刊在最近一期当中有一篇文
> 章，试图给“攀爬”这个词赋予含义。这个过程非常复杂。但是每 103
> 个孩子都很快可以完美地学会它。这只可能意味着一件事。也就
> 是说，人性无偿为我们提供了“攀爬”这个概念。“攀爬”这个概念，
> 只是我们用来解释经验的众多方式中的一部分。在我们获得经验
> 之前，它就已经在那里了。对于大多数在语言中有对应单词的概
> 念来说，这可能是正确的。这是我们学习语言的方式。我们只是
> 学习了与先前存在的概念相匹配的标签。换句话说，儿童在获得
> 任何经验之前，就已经拥有了一长串像“攀爬”这样的概念。然后，
> 儿童会观察这个世界，想弄清楚哪个声音匹配这个概念。我们知
> 道，儿童只通过非常少的声音表象就能够弄明白这一点。①

儿童不太可能“立即”完美地习得**攀爬**这个概念。他可能会在相对较短的时间内学会“攀爬”这个词的一系列正确用法，但他不太可能掌握这个概念的全部用法，特别是在以扩展用法来使用这个概念时，比如在社交领域往上爬的观念。大部分困难与这一事实有关，即许多概念是**家族相似**的。它们不受现成定义的影响，也不按照定义来使用。相反，它们是应用当中相互交叠的一组相似性，其标识与成功应用通

① Chomsky，1988，op. cit.，pp. 190-191.

常都要依赖于上下文。[①] 并且，根据不同的语言与文化，概念的应用也会有所改变。比如，在某种语言当中，可能只有带四肢的动物才可以说“攀爬”，因此蛇往树上移动就需要用不同的词来描述。我们会说概念存在跨文化的、语言学的差异，但是天赋论者并不这么认为。他们不得不说，同一个概念在不同用法上要用不同的词来表达，或者说蛇的“爬”与有肢动物的“爬”是不同的概念。

第一种回应提出了一个重要的让步，认为概念形成与对语言用法的掌握有关。第二种回应认为，大量概念的跨文化差异的形成存在运气因素。如果不同的用法反映不同的概念，那么由于不同语言的用法，天赋论解释就有使天赋概念碎片化的风险。尽管存在这些难题，天赋论仍可能因为别的理由而被认为要优于经验论的解释。

一种来自福多尔的观点认为，唯一一种严肃的学习心理学理论认为学习是通过假设的形成与检验来实现的。[②] 为了学习“猫”这个词的
104 含义，一个儿童必须形成关于这个词可以正确应用的假设，然后用现成的素材来检验这个假设。最初的假设可能是，“猫”这个词适用于成人所谓的“动物”。然后，在适当的时候，这个假设会得到修正，直到它与成人对这个词的用法相对应为止。然而，为了形成关于词的含义的这些假设，首先必须拥有人们希望去检验的那个概念。因此，概念

① L. Wittgenstein, op. cit., paras 65-67. 关于维特根斯坦这一声明的专门解读，参见：R. W. Beardsmore, 'The Theory of Family Resemblances', *Philosophical Investigations*, 15, 2, 1992, pp. 111-130.

② Fodor, op. cit., pp. 95-96.

是天赋的，否则我们就无法学习使用概念词。要注意的是，这一论点并没有说猫这个概念是与生俱来的，而只是说一些关于猫的假说的概念是如此。这破坏了乔姆斯基在上述段落中的主张，即认为这类概念是天赋。

这个论点的一个主要难题是，通过假设检验来学习并不是唯一的学习方法。我们还可以通过训练与实践、通过注意与记忆的应用来学习。事实上，大多数未曾以哲学方式反思过此事的人们，都可能会说这些才是人的普遍学习方式。如果概念形成可以通过对经验的实践与记忆来解释，那么以天赋的方式来占有概念似乎就不再是必要的了。

因此，在关于概念形成的天赋论解释当中存在张力。一方面，如果所有概念都是天赋的，那么一个人唯一能够形成的有意义的假设，可能就是表达这些概念的词语。这导致了前面提到过的那些难题。另一方面，如果有人通过检验假设来形成概念，那么这个人需要的就只是一组概念原型(或许是以思维语言来编码的)，能够作为产生进一步概念的假设。再一次的，认为早期学习只能通过假设形成与检验才能发生的说法，是根本不可信的。

卡拉瑟斯的修正经验论

传统经验论的难题在于感官数据的声明、对于思维的图像论解释以及天赋精神官能的学说。如果这些会导致难以克服的难题，那么我们是不是要被迫放弃这样一种观念，即认为概念结构在某种程度上是基于经验的进而完全接受天赋论？最近一位反对者是彼得·卡拉瑟斯(Peter Carruthers)。他提出了一种修正的经验论解释，去掉了感官数据的声明与思维的图像论解释，并且在不接受任何表象图示理论的前提下，对天赋论做出一些让步。通过这种方式，他希望让人们明白，至少我们的一部分概念是通过经验获得的。

105 关于掌握概念，卡拉瑟斯区分了三种情况：

> (1)**即拥有分辨能力**。能够区别环境的不同特征的动物，显然能够并且确实占有概念。他们通过本能与学习而具备这些能力。还有证据表明，它们可以在**一定条件下**区分某些种类的事物，而人们通常认为只有人类可以完成这种分辨。从这个意义上讲，鸽子可以被条件化，只去啄包含人像的照片。从某种意义上说，鸽子能识别人类，因此拥有**人类**这个概念。一些评论家似乎没有意识到，将动物的识别能力等同于人类的认知能力并将其称为**概念占有**，可能会出现什么难题。动物缺乏语言这一事实，并不被认为是一个问题，它们表现出了以其他方式去识别的能力。①
>
> (2)**即拥有与识别能力相关的信仰与欲望**。从这个意义上说，仅仅认为动物拥有识别能力还不够，它还要证明自己拥有与这种能力相关的信念与欲望。比如，如果狗实际上能够区分周围环境中与散步有关的特征与无关特征，那就有可能认为狗有**被主人带出去散步**的概念。狗也可以根据直接环境中存在的某些迹象，预

① D. Lieberman, *Learning*, California, Wadsworth, 1990, pp. 429-430.

期自己会被带出去散步，比如主人穿上了外套。狗可能希望出去散步，并以预期的行为表现出这种期望。这样做也表明了一种信念，即它将被带出去散步。这个信念也可能通过把绳子叼在嘴里、交给主人表现出来。我们甚至可以这样解释这只狗的行为：由于它想出去散步，而且它相信会被带出去散步，所以它用嘴叼起绳子，送给自己的主人。我们不必认为狗有有意识的、清晰的思考，也不必认为狗有其他足以解释其行动的那些能力。我们要说的是，狗的行动可以用“欲望＋信念＝意图/行动”的模型来解释。①

(3)意味着能够享受得以形成概念的有意识的思考。在这个意义上，拥有正确使用自然语言的相应术语的能力，将是拥有一个概念的充分条件。② 有人可能会说，享受有意识的思考这个要求太难了。一个人当然可以在判断中运用这个概念，而不必同时享受有意识的思考。更根本的可能是，享受有意识的思考这个想法 106
需要谨慎对待。要有意识并且审慎地谈论某事，并不意味着一个人在“有意识的思考”。在某种意义上说，这只是某人在思考时的伴生品。有人因此可能会说，拥有一个概念，在人们可以说占有概念的意义上，取决于他们使用语言以及对所用概念进行话语判断的能力。在这样做的过程中，他们不一定会享受概念得以出现的有意识的思考。卡拉瑟斯似乎忽略了一个层次，在这个层次上

① 试比较：D. Papineau，*For Science in the Social Sciences*，London，Macmillan，Chapter 4. 使用“欲望＋信念＝行动”的模型来解释人类行为。

② Carruthers，op. cit.，pp. 95-97.

我们可以说一个人拥有一个概念。因此，语言学意义上的概念占有，是在有能力享受有意识思考的意义上的占有概念。根据彼得·吉奇的看法，这种能力可以被描述为我们做出语言判断的能力的类似延伸。[①]

对于必须通过检验假设来学习的主张，以及以思维语言来进行思考的主张，卡拉瑟斯都抱怀疑态度，因为这两种主张都需要凭借天赋观念。他倾向于认为某些概念来自于原型。最初，人们学习的是范式。比如，我看到一只猫并记得它是什么样子。然后，我判断其他事物是否与范式足够相似，以至于可以做同样的分类。在这个过程中，我得到了纠正与更多例证的帮助，这样我就不会过多或过少地扩展这个概念了。然后，我又获得了其他范式，比如尾巴、胡须等。一个原型是一个加权的范式集，在其中可以构建各种充分的范式集，这些范式将被视为概念的一个实例。[②] 比如，狗这个概念将构成一个范式集，包括：吠叫、哺乳动物、摇尾巴等。卡拉瑟斯认为，复杂概念可以通过像逻辑乘法这样的方式从原型中建构出来。因此，可以通过把“棕色”这个概念加入到奶牛这个概念中去，得到棕色奶牛的概念。然而，他认为形成复杂概念的能力取决于天赋的逻辑概念(比如与)[③]，评估非

① 维果茨基主张语言能力先于心理能力，并且预设了心理能力。参见：L. S. Vygotsky, *Thought and Language*, Cambridge, Mass., MIT Press, 1962, Chapter 2.

② Carruthers, op. cit., pp. 104-107. 从解释来看，不清楚范式本身是否就是概念。有人倾向于认为不是，否则它们就不能用来解释概念的形成了。不过，“最佳解释推理”这个概念表明，这些原型属性都是概念。

③ Carruthers, op. cit., p. 106.

演绎论证的能力也是天赋的。

原型理论是休谟与贝克莱的联想论的修订版。范式就是观念(在这里，观念指的是感知而不是感官数据，并存储在记忆当中)，它们以串联的方式连接起来(吠叫、摇尾巴、有毛皮等)，并且可以像休谟的观念那样在推理当中得到应用。比如，如果声称所有的狗都不到半米高，那么关于阿尔萨斯狗的范式就可以被唤醒，来让我拒绝这个命题。休谟的主张建立在私人语言论证的基础之上，但其现代版本是否也需要这样的基础呢？如果概念的形成，自始就是通过范式习得的，那么答案必然是肯定的，因为这个理论本质上与贝克莱或休谟的理论是相同 107
的。如果不是这样，那就需要对范式形成做进一步的解释，以说明这个过程是如何运作的。卡拉瑟斯假定的演绎推理与非演绎推理的天赋潜能本身无法做到这一点，因为它们需要经验性的原材料，而这些原材料的适用性是成问题的。

因此，卡拉瑟斯关于概念形成的修正的经验论解释，出现了许多反对意见。第一，他未能区分两种关于概念能力习得的理解(一是作为判断当中的非话语协议，二是作为语言能力。)第二，原型理论似乎更需要天赋推理能力的假设，而不是这种提议的内在合理性。第三，原型理论与联想论未做充分区分，无法为概念形成提供新的经验论解释，来化解维特根斯坦提出的众所周知的难题。

一种有关概念形成的不同看法

无论是经验论还是天赋论，都不能解释人类获取与使用概念的能力。那么，替代方案是什么？一个好的起点，是提醒自己注意卡拉瑟斯对“概念”一词不同意义的区分，看看是否还有他没有做过的区分。其中，首要的是判断中的一致这个观念。它允许用非话语的方式来表明我们自己的行动模式与反应模式的意图。比如，有些东西是相对固定的，比如我们的外表不会总在改变，又比如我们会用同一个名词来称呼相同的事物。[①] 这些判断模式是众多具体判断的基础。第二，把概念在语言中的应用，作为与行动假设相关的识别能力，而不是假定概念应用要依靠思想中的某种平行的精神媒介。

我将追随吉奇，将概念描述为在判断行为中发挥作用的那种能力。[②] 更具体地说，它们是遵守单词或其他非句子表达形式的使用规则的能力。[③] 在获得一个概念时，人们一开始就获得了在断言或其他言语行动当中使用能表达这个概念的单词或短语的能力。这可能意味着，他们能

---

① 当我说这是一个非话语协议时，并不指在任何可想象的情况下语言使用者都不可能做出这种判断。

② Geach，op. cit.，pp. 7-8. 最近一项关于概念本质的重要研究，没有提到彼得·吉奇的解释，但是认为拥有一个概念需要在不对概念与能力做区分的情况下就能够做出判断。参见：C. Peacocke，A Study of Concepts，Cambridge，Mass.，MIT Press，1992，p. 44.

③ 为简便起见，我避免使用某些类型的二阶概念。在弗雷格的意义上，这些二阶概念来自于命名。最近一位关于概念本质的作家，虽然也在弗雷格范式下开展工作，但是在术语使用上用“概念”来指代各种表达方式，包括专有名词。（Peacocke，op. cit.）

够在大量不同的上下文与不同的句子当中使用这个词。这些句子之前从未出现过，但是他们能做出(大体上)准确的判断。这并不意味着概念的使用规则，需要以规范的形式确定和书写下来。在言说者所属语言共同体的日常使用当中，只要默默遵守这些规则就足够了。说拥有一个概念等于拥有一种能力，似乎会使概念“个别化”。其危险在于，存在与“红色”这个名词的使用者一样多的红色概念。正如吉奇指出的那样，事实 108
并非如此。说能够游泳是一种个人能力，与说一群人具有相同的能力，这两个表达之间并没有什么矛盾。因此，说拥有一个概念是个人的一种能力，与说不同人拥有相同的概念也不矛盾。[1] 概念已经借助一个共同的应用网络而个性化了，有别于休谟希望用来代表共同概念的精神图像(精神图像必须针对特定心灵做个性化)。这个解释的直接优点是，能够解释我们大部分概念结构的家族相似性。在掌握诸如“游戏”这类概念的用法网络时，我们掌握了这个词在不同语境中各种用法之间的异同。

概念是在断言、命令、承诺等方面体现出来的能力。从这个意义上讲，他们是一些语言能力。但它们也是在判断行为中应用的能力，不需要明确表达出来。但是，这些能力取决于语言的使用。正如吉奇所说，它们是在公开的语言行动中对于我们概念能力的类比式扩展。[2] 因此，概念可以在心灵活动当中得到运用，但这些概念既不在时间上、也不在概念上先于与他人交流时的话语运用以及随后在私人语言当中的使用。如前所述，如果认为独白中的概念运用，是先于语言应用的

---

① Geach，op. cit.，p. 14.

② 同上，75-78 页。

某种能力的应用，那将会是无法理解的。与言语中的概念运用相比，不仅在于一方可以听得到而另一方保持沉默。断言、承诺等行为不仅可以确定日期，也可以确定时限。虽然并不常见，但也可以说花了多少时间来做出承诺。虽然在做沉默的判断时，人们在某种程度上可以准确地说出来，但是说这种判断行为花了多长时间是没有意义的。

经验的作用

我们想说的是，在某种重要的意义上，概念确实与经验有关，并且主要通过体验式学习来得到。关于概念形成的三种解释已经被否决了，分别是抽象论、联想论与原型理论。考察此事的一个更有启发的方式，是提醒人们关注与动机、行动密切相关的区分能力的发展。婴儿很快就发展出了区分能力，这个过程同样也可以在动物身上看得到。但在人类学习当中，这种能力是语言使用得以发展的背景。重要的是，正是通过使用语言与服从规则的社会经验与参与经验，在普通的人类
109 事务当中，判断、提问等得到了应用，概念习得也得以发生。

正如乔姆斯基所言，概念习得并非一蹴而就，而是随着时间的推移逐步发展起来，并在一段时间内以一种并不完备的形式得到应用。有证据表明，儿童不仅要经历一个对概念只有部分理解的阶段，而且还要投入大量精力来扩展与澄清自己的概念能力。幼儿掌握的有限知识，在某种程度上可以有信心地被描述为对一系列概念的不完全掌握。① 但是，

① 最近的讨论，参见：R. Nolan，*Cognitive Practices：Human Language and Human Knowledge*，Oxford，Blackwell，1994.

由于这是部分习得，也就意味着犯错的可能性。举一个巴巴拉·蒂泽德(Barbara Tizard)与马丁·休斯(Martin Hughes)的例子①，如果一个儿童对金钱概念还掌握得不完整，只知道钱是支付货品及服务的媒介，那这并不意味着这个儿童能识别出某种与找零有关的实践，他可能只是把找零当成向购物者赠送礼物。

然而，这并不意味着这个孩子有一个不同于一般成人的金钱概念，他只是掌握了部分金钱概念，导致对某些找零行为的重要性理解得不完全。乔姆斯基的天赋论，在这方面出现了一些难题，因为掌握概念被认为是一种全有或全无的事情。一些受认知主义影响的人认为，儿童实际上拥有与成人不同的概念。如果有人接受福多尔的论点，即学习是通过假设检验来发生的，那就不怎么让人信服了。每个儿童都有一个独立的关于世界的理论，有自己的概念结构，然后逐渐被经验所修正，直到与大多数成人持有的概念结构相类似时为止。然而，这会带来以下结果：一个认为“出生”就是指胎生的孩子，与另外一个认为“出生”也可以是孵化的孩子，他们口中的“出生”指的是不同的东西。②这是一种误导。我们要说的是，儿童对不同动物如何出生的了解十分有限，而知识的增长将使他们对出生概念的掌握变得更加充分。如果儿童在很多情况下使用的概念与成人不同，那就很难看出成人与儿童之间的交流是如何实现的了。

---

① B. Tizard and M. Hughes，*Young Children Learning*，London，Fontana，1984，Chapter 5.

② M. Sainsbury，*Meaning*，*Communication and Understanding in the Classroom*，Aldershot，Avebury，1992，pp. 112-113.

很明显，在关于概念是否与生俱来以及学习是否通过假设检验来进行的争论当中，认知主义内部存在很大张力。如果概念是天赋的，那么唯一可以合理发生的学习，就只是关于母语词汇含义的学习了。但是，作为对儿童出生概念的解释，这种说法是不可信的。如果这个
110 概念是天赋的，那就很难理解儿童为什么掌握得不完全，为什么一个孩子不能认识到胎生是一个更普遍情况的具体案例？说他没有准备习得出生一词的含义，并不是说这个概念被错误标记了。要知道，这时候人的“出生”概念并没有标记错误，“出生”确实适用于胎生。如果认为这是一个不同的概念，那就把水进一步搅浑了。儿童是真的先有一些不恰当的天赋概念，然后通过假设检验逐渐形成适当的概念吗？这些观点之所以不可信，已经在第 7 章讨论过了。

儿童通过参与人类生活与越来越多的使用语言来获取概念。一开始，他们的概念是局部的、不完整的，在某些方面甚至是错误的。这很容易理解，也更加合理。概念形成是一个借助于经验的渐进过程，这里的经验是在某种哲学上不加质疑的意义上来理解的。可能被合理地认为是天赋的，是参与反应性行为、服从规则、学习说话以及受到激励去扩展一个人的概念储备。

这不是一种关于概念形成的理论，而是一系列关于年轻人如何获得概念的提醒。如果没有考虑到某些重要的现象，那么它甚至不足以作为一组提醒。其中最重要的一些将在下面得到考察。

家族相似概念

许多概念既不通过定义，也不依靠它们的实际用法来获得。它们

的意义在某种程度上要依赖上下文，并且由一系列重叠的共同特征组成，其中没有哪一个能涵盖概念的整个使用范围。维特根斯坦使用“家族相似”这个术语来描述这些松散相关而又旁逸斜出的概念。诸如游戏、语言、思维这样对人类生活至关重要的东西，就是其中的例子。[①]有人可能会反对，认为只要有足够的天分，就完全有可能为许多这一类概念或所有这一类概念提供定义。这是弄错了重点，这些概念的使用不依赖于定义，同样这些概念也不通过定义来学习。定义总是容易受到此前未曾注意但完全可以接受的用法的影响，这有可能让某人很好理解家族相似概念的含义，而无须形成定义或者熟悉因地制宜的各种用法。

各种理论都假定，任何概念都有一些基本的东西。在可以说自己理解这些概念之前，我们都需要先行获得这些东西。这种假定在关于家族相似概念的解释方面会遇到难题。联想论假设一组确定的观念通
过共同的相似点结合在一起，抽象论假设有一种共同形式，原型论假 111
设有一组确定的范式，天赋论假设有一组既定的特征。对于家族相似概念来说，这些都不是必需的。它们通过在不同语境下学习使用诸如“游戏”“思考”这些词汇的用法来获得。

可能有人会反对规则无法做明确界定的观点，认为那是依赖背景的一系列规则，其中无法提取明确的应用原则。而且，如果情况是这

① 维特根斯坦关于家族相似概念的讨论，可以在《哲学研究》中找到。op. cit.，paras 65-76. 要注意的是，维特根斯坦不是在谈论边界模糊但是有共同核心的概念，而是在谈论那些未必有核心意义的概念。

样，那就不清楚这样的规则怎么可能教给任何人了。但是，这个反对意见并不有力。单词的使用规则的确往往是复杂的、要依赖上下文，不能完全表达出来。然而，在其他情况下，它们可能是清晰的、有明确的界定。虽然许多单词与概念的使用规则都含混不清，但并不是说它们不可教。可能很难通过特定的方法(比如指导与定义)来完全教好，但是其他方法(比如参与活动，在其中那些拥有完整资质的他人也在使用这个概念)可能有效，然后它们就被作为母语学习的一部分而被习得了。随后，它们可以用类似的方式，被应用于无声的判断行为当中。另外，有些概念可能更适于通过背诵定义的方式来学习，然后辅之以单词的应用练习。

为什么动物不具备完整意义上的概念

当声称动物可以形成与使用概念时，不同水平的分辨能力就会被混淆。动物拥有反应与分辨能力，使它们不仅能够生存，而且能够形成信念。当我们这样描述时，就包含了概念的使用。然而，动物的信念是非话语式的，除了在非常有限的意义上，也不涉及概念运用。

自然概念

根据亚里士多德的看法，有些东西因为其固有的自然属性而如其所是。植物与动物就属于这些自然物。这些概念通过类似的方式形成，而另一些则通过在不同上下文中对概念词的使用来形成。撇开使用这些概念是否就能识别固有的天然属性的问题，对自然概念的日常理解并不会特别成问题。[①]

推理中使用的概念 112

那些认为概念形成是通过假设检验来实现的人，必须假设有一种智力装置来实现这一过程。正如我们已经看到的，卡拉瑟斯认为，演绎推理与非演绎推理必定是天赋的。其中，非演绎推理包括拥有最佳解释推理的概念。有人认为，占有这个概念是一种天赋，因为它的原型结构不可能从经验中获得，它的应用也不需要儿童预先接受训练。

最佳解释推理概念的特点是简单、一致、与周边信念也能保持良好的一致性，同时范围广泛、在产出新预测方面富有成效。卡拉瑟斯还声称，“最佳解释推理”这个概念是规范性的。这种推理解释的优点在于：

(1)足够一般化，可以在推断人类不同部分的状况时解释各种局部变化。

(2)既可以解释实务推理能力，也能解释理论推理能力。

(3)这是一种说明人类进化适应性的可信机制。

但是，这种解释也有一些难题。第一，人们可以拥有一种天赋能力来推断出最佳解释，而不需要最佳解释推理这个概念。实际上，这似乎很有可能，因为这个概念最近才被引入哲学，来作为某种推理的技术术语。所以，我们一点也不清楚，能力是否真的需要相应的概念，

① 关于自然物固有的自然属性(比如延展)的批判性讨论，参见：P. M. S. Hacker，*Wittgenstein's Place in Twentieth－Century Analytic Philosophy*，Oxford，Blackwell，1996，pp. 250-253.

这就好比拥有行走能力是否需要有**运动**这个概念一样。

第二，正如卡拉瑟斯承认的那样，这个概念是**规范性**的。这意味着它本身就是衡量实际解释的标准。这似乎很难与其天赋属性相协调。说一个解释是最佳解释，就是说根据现有的社会实践，它比任何其他解释都要更加有效。卡拉瑟斯承认，什么是最好的解释，取决于解释框架的背景与问题。如果是这样，那么这个概念就会与不同文化中不同类型活动存在的解释规范相对立。如果是这样，这个概念就相对化了，会受到不同文化中存在的解释规范的影响。一旦承认了这一点，就很难看出这样一个多样化的概念怎么可能是天赋的。因为，正是根据这些文化当中的那些活动的普遍规则，解释被判断为好的或坏的、令人信服的或不令人信服的、适当的或不适当的。这些规则本身就是
113 社会建构的，没有所谓的自然规则。如果是这样的话，那么关于**最佳解释推理**的天赋概念的观念，就只能是一个空想了。

也许有人会说，**最佳解释推理**所适用的规则就像是维特根斯坦的烹饪规则。也就是说，它们是由自然而非人类给出的规则。因此，制作蛋糕的规则，与成分的自然属性有关，而不是与社会设定的任意规范有关。比如，蛋糕什么时候能吃、什么时候不能吃。然而，这种反驳的问题在于，规范的**自然性**是成问题的。似乎没有一个很好的理由来解释为什么我们所有的解释都是由自然决定的，就像烹饪规则那样。[①] 正如烹饪规则一样，推断最佳解释的真实规则，似乎是**目的论**

---

① Guy Robinson, 'Language and the Society of Others', *Philosophy*, 67, 1992, pp. 329-341.

的，但这并不意味着在相关意义上是自然的。在推断的时候，我们使用那些希望能给自己讨论的现象提供最佳解释的规则。但是，如果所谓最佳解释要求助于需要解释的背景与文化，那就很难看出这种解释为何只受到自然限制的影响了。比如，对某人行为不端的解释，可能指向的是那些只能在特定社会背景下才能正确理解的限制与诱惑。我们可能希望寻找一种关于身体机能障碍的解释，但可能只在特定文化传统甚至是特定情况下，这种解释才会被认为是可以接受的解释人类行为的方式。综上所述，最佳解释推理的规范性，似乎排除了它作为一个天赋概念的可能性。

第三，"最佳解释推理"这个概念本身是复杂的。如果它是天赋的，就预设了其他概念的天赋性。卡拉瑟斯并不认为这是一个问题："成分的观念不容易定义，也不容易看出它们如何来自经验。"[①]这看起来很奇怪。诸如一致性与简单性这等概念，似乎是习得的。我们学会在各种环境中使用它们。更重要的是，一些被作为概念的东西，在使用时高度依赖背景。比如，一个简单的大学数学问题，对小学数学来说就太难了。通过儿时的各种活动，我们了解到"简单性"这个概念的本质，然后学着在成人生活中加以扩展。人们总是可以毫无矛盾地说："在与日常生活相关的问题上，他理解什么是简单性，但不知道在物理科学当中这意味着什么。"

与卡拉瑟斯的主张不同，很难看出概念如何通过经验获得，这恰恰也就意味着很难看出它们是如何通过其他途径来获得。传统经验论

① Carruthers，op. cit.，p. 107.

114 者的确很可能会遇到难题，但这是因为他希望将概念形成与(印象或感官数据形式的)感官体验紧密联系起来。对于**一致性**之类的概念，这可能不会起到很好的作用甚至有可能完全失效。但这是传统经验论的一个问题，并不是天赋论的胜利。关于**一致性**概念的另一种解释认为，这是通过参与相关活动来获得的。这可能是辩论、坚持己见，也可能是维系友谊和工艺标准等。虽然在不同的环境当中，概念会有所变化，但在不同的应用之间会有足够多的家族相似性，这让我们可以谈论一个尽管富于变化但仍旧单一的概念。建立家族相似概念的典型方式，是在以多种方式彼此相关的一系列不同背景下应用这个名词。这个理论将允许我们考虑概念的性质以及一个人对它的掌握在某种程度上与背景有关的事实。认为**最佳解释推理**概念的标记是天赋的，这种解释并不令人信服，而且似乎隐约依赖于经验论者对于源自经验的概念形成的解释的真实性。但是，我们还可以找到更好的解释，这种解释并不诱惑我们去把概念或相关能力视为天赋。

结论

关于概念形成的各种经验论与天赋论解释已经得到了考察，结果发现它们都是不充分的。另一种选择不是提出一种新的概念形成理论，而是将其与最完整意义上的语言学习结合起来。它还会与语言的相关能力密切相关，比如自言自语、享受思考、在“心灵当中”形成判断而不加以断言。学会做推论，就是学会参加各种基于语言的活动，在其中给出理由或者对结论、行动提出反驳显得至关重要。这些活动的范围，受到非常普遍的自然事实的限制，但这种限制并不意味着我们的推理是天赋的。

这并不是说我们，可能拥有的概念“一切皆有可能”。我们的体格与自然能力、我们与自然的联系、自然的一般特征以及我们的原始反应性行为，限制了我们可以构造的可理解概念的范围。但是，如果说这些限制使我们以某种方式(可能通过自然选择)天生就拥有某些概念，那仍旧是一个错误。

115 # / 10. 记忆与学习/

学会某些东西，在某种意义上就意味着这些东西被保留下来以备不时之需。我们这样做的能力被称作**记忆**，它是学习的基础。本章的主题就在于澄清记忆及其与当代不同社会中的学习之间的联系。

不同的记忆

记忆现象极其多样，它影响人类生活的方方面面，为我们所做的几乎所有事情提供了意义与连续性。以下列举的这几种依赖记忆的能力虽未穷尽，但已经涵盖了我要关注的核心领域：

(1)驾驶飞机、盘问证人、下棋的能力。

(2)回顾事实。

(3)回顾个人经历。

上述能力(3)常常被认为是哲学家的记忆范式[(2)被作为可能的附

属物]。个人记忆被认为具有特别重要的哲学意义，因为个人身份与回顾过去经验并当作特定个人的经历的能力密切相关。这种记忆在日常意义上对我们也很重要。我们对于愉悦、渴望、悲伤、后悔与满足的情感反应与回忆密切相关，不能分开来理解。[①] 然而，无论个人记忆在理论上对于哲学家有多么重要，或者在个人水平上对于我们每个人有多么重要，对它的过度关注都有可能扭曲我们的记忆概念，妨碍我们充分认识记忆对于人类学习的重要性。

对记忆的解释 116

表象

诸如亚里士多德、奥古斯丁等人关于记忆的最早解释，强调记忆图像的表象特点。并且，奥古斯丁将记忆概念化为表象的仓库。[②] 根据奥古斯丁的看法，这些表象可以在记忆活动当中，在即时的、个人的经验当中获取和再现。在洛克那里，来自初始经验的观念被存储起

---

① 试比较：Richard Wollheim，*The Thread of Life*，Cambridge，Cambridge University Press，1984，Chapter 5；M. Warnock，*Memory*，London，Faber & Faber，1987.

② Aristotle，*On Memory and Reminiscence*，in R. Mckeon (ed.) *The Basic Works of Aristotle*，New York，Random House，1941；Augustine，*Confessions*，Book X，London，Dent，1907. 一种出色的解释，可参见：D. Locke，*Memory*，London，Macmillan，1971.

来，并可以在记忆活动当中再次得到调用。[1] 休谟的解释试图表明，观念的过去性是如何通过其印象的暗淡版本来表明的。一个暗淡的(记忆)图像，是与想象的产物不同的东西，因为它事实上是记忆内容的副本，而想象的产物则是其他观念元素的重组。[2]

这里并不是要对表象理论做彻底的批判。但是，从前面的章节可以清楚看出，关于心灵运作的任何表象论解释，都假定了经验论意义上的私人性，或者现代认知主义意义上的那种自始的孤立，这都容易受到第4章与第6章已经提出的那些批评的攻击。在本章当中，作为表象理论中的一个非常有影响力的版本的痕迹理论，将得到详细的分析与批评。

现实主义

记忆表象理论的传统竞争对手是现实主义理论。简单来说，该理论声称在回忆时我们拥有关于过去的直接经验，而不是这些经验的表象性图像，因此，它应该可以回避我们已经注意到的与表象理论有关的陷阱。据此，记忆声明只不过是有关过去知识的声明。我声明记得p，是声明p已经发生，或者声明我知道作为过去式的命题p。因此，记忆是知识的特例。现实主义理论似乎想避免依赖于特定的图像现象学，并集中于记忆声明的独特性，即它们是对于过去的关注。它还解

---

① John Locke，*An Essay on Human Understanding*，Volume I，London，Dent，1961，Chapter X，p. 118.

② David Hume，*A Treatise of Human Nature*，Book I，Section 3，Oxford，Oxford University Press，1978.

决了表象理论面临的问题，即一般的记忆声明如何与正确或不正确的记忆声明区分开来。根据现实主义，对记忆声明的验证就像对其他声明的验证一样，要借助对其他知识来源的交叉核验。

然而，现实主义与表象论类似，也坚持认为记忆是一个人从事的具体活动。在某些事情被记住时，就会发生一项具体的活动。但是，117
那会是什么活动呢？记忆与各种现象有关。当记起上周自己做过一次糟糕透顶的演讲时，我可能会对自己的蹩脚表现拥有某些图像。我可能会对同事们说“我上周的表现糟透了”，或者我也可能会面红耳赤。这些都是我能记得的一些迹象。但是，正如诺曼·马尔科姆指出的那样，这些迹象可以表明真实与不真实的记忆活动。虽然我可能会因为想到上周的可怕演讲而尴尬到脸红，但实际上我可能想到的是自己职业生涯初期的某次讲座、一场噩梦甚至是我听过他讲座的另外某个人的经历。在这个例子当中，只是在一定的情况下，某个特定事件才可以被视为回忆的迹象，这需要做进一步的说明。没有哪一个活动可以构成唯一真实的记忆唤醒，而现实主义似乎认为存在这样的活动。[①]

洛克与休谟希望给记忆提供一个去背景的解释，但却无法隔离那些让图像成为记忆图像而不是其他图像的属性。无论是图像还是外部记忆符号，这些符号要想成为记忆符号，就都取决于所发生的背景。在口头表达、手势、图像与被记住的内容之间需要保持联系，而这只能在更广泛的背景下才能发生。因此，脸红可能是回想起了可耻过往的迹象，而不是当前尴尬事件的迹象，特定的背景决定了这一点。比如，我可能正

① 参见：D. Locke，op. cit.，p. 24.

在与同事谈论某个特定的话题，然后记起来我就该主题所做的一次令人尴尬的演讲。在这种情况下，尽管存在与记忆声明相关的典型现象，比如脸红、微笑、做出口头的记忆声明或图像的呈现，但是我们可以说，没有一个事件对于我记住那场尴尬的讲座来说是必需的。这些东西既不必要也不充分，不能让这个声明成为记忆声明。要点在于，对于识别记忆声明来说，重要的是语境而不是具体的精神活动。正如我们将要看到的，对于最具影响力的表象理论来说，这一点同样很重要。

记忆与学习：现代范式

痕迹理论

我们已经提到，仓库概念被认为是关于记忆力的最引人瞩目的概念图像之一。它不仅古老，而且把记忆概念化为房间或者空间似乎也
118 仍旧富有启发。把记忆表象为房间、建筑物甚至是剧场，在个人记忆能力的发展当中发挥了重要作用，尤其是在命题记忆方面。[1] 仓库概念通常与记忆如何运作的因果解释有关，被称为痕迹理论。

随着计算机技术的兴起以及这种技术对认知主义者关于心灵的解释的支持，这种痕迹理论得到了巨大的推动。在仓库的现代版本当中，

---

① 试比较：Frances Yates，*The Art of Memory*，London，Ark，1984. 矛盾的是，虽然将记忆概念化为一个仓库，会导致理解记忆的各种哲学难题。但是，从启发性的角度来说，这对于记忆的训练可能的确非常有帮助。

记忆被编码为物理位置中的痕迹，最常见的例子是计算机当中的“存储芯片”。人们自然会认为，人类记忆能力是基于对头脑某处物理痕迹的编码。正如马尔科姆表明的那样，这种对记忆的解释存在许多缺陷，其中一些与表象理论相同，另外一些则是特有的。[①] 根据痕迹理论，记忆通过痕迹的存储或者过去事件的表象来运行，并且在必要的时候可以重新获取以供检查。痕迹理论不是关于记忆的必要物理条件的解释。如果不超过这个限度，那么这个解释就不会有什么概念上的难题。最大的问题在于声称记忆是对过去的表象进行编码。

感知的对象，被以物理的方式存储在头脑当中。如果存储过程成功，它们就将保留在记忆当中；如果不成功，它们就没有保留下来。即使是这样看似简单的解释，仓库类比也会逐渐消失。感知对象并非如字面意义上那样“存储”在头脑当中。这是对该理论的一个归谬论证。从某种意义上说，保留的是原始的表象，而这也正是存储的内容。[②] 这并没有增加我们对于记忆的物理存储机制的理解，痕迹理论家恰恰认为这种物理存储机制很重要。如果某人能背诵，我们就说某人回想起了昨天学到的一首歌的歌词；我们没有对它的神经存储做任何进一步的声明。[③] 记忆存储理论家，并没有说可以通过神经外科手术，来实际观察脑组织当中的表现。

---

① N. Malcolm, *Memory and Mind*, Ithaca, NY, Cornell, 1977, Chapter 8.

② 参见：Descartes, *Rules for the Direction of the Mind*, Rule XII, in *Philosophical Writings*, selected, translated and edited by E. Anscombe and P. T. Geach, London, Nelson, 1966.

③ Malcolm, op. cit., p. 203.

即使摆脱这种主张，痕迹理论也仍然偏离了通常的用法。我们通过提问或者考察其是否始终一致，来检验记忆声明。我们不会把神经外科作为记忆检验的一种方式。认为表象的痕迹位于神经系统当中的说法，就是声称有一个将图像感知转换为痕迹的过程，这个过程类似于脑部某处的沟槽或者结构属性。当某个记忆内容得到保留时，就会有一个程序可以获取这个痕迹，并使其成为那个保有记忆的人可以识别的表象。

对于这个理论来说，痕迹至少要可以转换为表象。记住的人要能
119 识别痕迹，因为痕迹即是过去感知的表象。比如，有些解释认为，视觉模式被处理器处理成对模式的抽象描述，然后把这些描述或抽象规则存放在仓库当中以供将来之用。[1] 然而，萨瑟兰(N. S. Sutherland)承认，没有任何生理证据可以支持这一解释。事实上，正如马尔科姆指出的那样，很难看出这到底是怎么一回事。说头脑在保留、存储与检索的过程中使用了符号、规则与描述，这是一个荒谬的说法，除非“符号”之类的术语可以仅仅用物理过程来加以解释。然而，一旦做到了这一点，我们得到的所有内容就只不过是对头脑运作过程的解释，而不是对如何保留、存储与检索表象的解释，而后者恰恰是痕迹理论的最初目的。

我们似乎又回到了脑中小人的“头脑对话”及其面对的所有难题。头脑不能使用规则，因为规则只能说是存在于言说者的共同体当中，头脑显然无法这样做。如果一个孩子的记忆出了错，我们知道这可能

① N. S. Sutherland, ‘Outlines of a Theory of Visual Pattern Recognition in Animals and Man’, Proceedings of the Royal Society, B. 171 (1968), 301. Cited in Malcolm, op. cit., p. 206.

会是什么样子。我让这个孩子背一首诗，结果他背错了一个字。这个孩子的头脑怎么了？是不是他的脑子出了问题，背错字这件事在某种程度上是他头脑当中的一个错误事件？显而易见，痕迹理论家在这一点上的看法是荒谬的。[①] 痕迹理论制造的混乱在于，把记忆所需的物理要件，与记忆的因果解释相混淆了，结果把保留与存储混为一谈。把对“保留”的物理要件的解释当成对“存储”的一种解释，这既无必要也不正确。

一种自然的回应可能会断言，我们已经拥有了一个与计算机有关的可行且实用的记忆痕迹理论，它事实上的确把物理形式的信息表征保留为一种痕迹。计算机的例子表明，记忆可以借助在硅等材料中的电子痕迹来保存，为什么脑组织没有相同的功能呢？答案在于，计算机根据我们解释其电活动的规则，向我们传递信息(见第 6 章)。人类知道计算机的内存当中存在痕迹，因为计算机内存被明确设计成以物理痕迹的形式来工作，而物理痕迹对我们来说是表象性的。这与我们的记忆是否也像这样工作根本无关。

痕迹理论的结果是，当说某人记住了某些东西时，我们真正的意思是：(1)无论是作为物理标记，还是作为头脑的结构特征，事件的痕迹已经沉积在头脑当中了。(2)该标记或特征，在表象方面与标记为痕迹的事件是同构的。(3)痕迹可以得到恢复，并在意识当中重新呈现给 120
我们。关于第一点要说的是，这虽然很有可能，但在我们能够记住它们之前，事件对我们的神经系统是否产生了某些影响，实际上还不清

① Malcolm, op. cit., p. 209.

楚。关于第二点，人们一直认为，在规范的、社会的背景之外，人们无法理解某个*表象*的观念，因此谈论头脑中的表象是没有意义的。至于第三点，我们用来描述“某人已经牢牢地记住了某件事”的标准，并不符合对“什么是记住某件事”的理论解释。为了解这一点，马尔科姆的例子很有帮助。①

> 假设乔纳斯在他的花园里种了一棵山茱萸。当他完成这项工作以后，他把铲子靠在另一棵树的树干上。后来他的妻子想做移植，就问站在那儿的三个儿子：“爸爸把铲子放在哪儿?”三个男孩(汤姆、迪克、杰瑞)看到父亲把铲子靠在那棵树上，他们记得他已经这样做了。这肯定是接收与保留信息的一个例子。为了回答母亲的问题，汤姆回答说：“爸爸把它靠在山茱萸附近的一棵树上了。”迪克拿手指向那棵树。杰瑞则跑向那棵树，为母亲取过铲子。②

马尔科姆认为，在这个例子当中，即使三个儿子都记得同样的事情(他们的父亲把铲子靠在山茱萸旁边的树上)，也不可能具体说明神经痕迹的作用。由于神经痕迹被认为在记忆当中起着重要的因果作用，在某种意义上它*代表*着被记住的事件，但是在这个具体的例子当中却很难看出它扮演了什么角色。

① Malcolm，op. cit.，pp. 224-229.

② 同上，224-225 页。

到目前为止，我还没有提到实际的记忆，其中涉及保存一种习得的**能力**。根据痕迹理论，诸如骑马这样的能力，将通过所涉及的各种活动的表象痕迹来得到保存。但很明显的是，骑马能力并不取决于调用该能力不同子部分的表象片段的能力。然而，有人可能会说，这种能力在因果关系方面是基于非表象性的神经痕迹。在某种意义上，这只是说神经痕迹是保存与应用能力的必要条件，从来没有引起过争议。因此，表象理论似乎对于人类实际的记忆能力没有任何意义。有人记得如何骑马，这只是通过对这个能力的应用来表现的，仅此而已。它当然不是一种回忆与识别表象的精神活动。

痕迹理论与学习 121

痕迹理论对于当前关于人类学习的观念以及教育实践产生了深远的影响。可以从以下这些地方看出来。

学习被认为在很大程度上是一个物理过程，因此可以在不经努力或不参考文化因素的情况下被激活。[1] 强调因果的、物理的过程，在逻辑上并不意味着排除记忆操作中的其他因果性的必要元素，但它确实倾向于贬低它们，让它们很难得到应有的认可。人们倾向于认为，记忆能力是一种天赋。相反，人们不会认为计算机的内存大小是一种

---

① 联想论假设了一种叫作"训练"的学习形式，它与通常理解的"训练"不同(见第5章)。试比较：Stephen Mills，'Wittgenstein and Connectionism：A Significant Complementary?'，in C. Hookway and D. Peterson（eds）*Philosophy and Cognitive Science*，Royal Institute of Philosophy Supplement 34，Cambridge，Cambridge University Press，1993.

天赋。只要机器运转正常，在没有训练或鼓励的情况下，计算机也仍然会以最大内存量来运行。将痕迹理论与有关记忆的共同要件的进一步理论结合起来是完全可能的。但是，记忆的物理模型或计算机模型并不鼓励这一做法。这正是因为，在计算机这个典型案例当中，这些进一步的元素都变得无关紧要了。实际的记忆在这方面给痕迹理论带来了独特难题。因为，在绝大多数情况下，相当程度的训练、练习与注意显然对于人类能力的掌握是必要的，而鼓励与负面压力也是训练过程中的重要因素(参见下文)。

记忆的机械模型支持记忆能力固定不变的观点。记忆能力的差异，因此被归因为不同个体可用存储容量的大小。因为这个容量被认为在物理上是给定的，所以如果教育者选择了这个记忆能力概念，那么这个理论就没有为教育者提供更多动力来提高记忆能力。[①] 然而，在不同背景下改善记忆，很可能恰恰是最重要的教育目标。

对于影响记忆的情感、动机与文化等可能因素的忽视，是记忆研究的特点。结果，对于记忆能力可能部分源于非物理因素的反思，一般持敌对或漠视的态度。在这些非物理因素当中，以下这些是重要的：

(1)注意：如果注意自己正在学的内容，人们就更有可能成功记住或获得某项技能。是否注意，取决于许多别的因素。有的在学习者的控制范围以内，有的超出了学习者的控制，比如环境噪

① 试比较：Rhona Stainthorp, *Practical Psychology for Teachers*, London, Falmer, 1989, Chapter 6.

声、温度与舒适度、社会与文化压力以及学习者的意志。毫无疑问，在投入注意方面也存在脑神经方面的限制，但用计算机术语 122
来描述则是一个误导。①

(2)鼓励：鼓励可能来自方方面面，比如社会奖励、同伴群体的认可与家长的支持。当学习者希望取得成功，而又受到难题的阻吓时，鼓励的效果最好。

(3)负面压力：过度的压力当然会损害注意以及成功的记忆。但是，这并未改变这样的事实，即负面压力(比如对制裁的恐惧)往往也可以用来刺激注意，从而影响记忆能力，尤其是当学习者对学科内容缺乏内在兴趣时更是如此。

(4)文化或技术因素(如识字能力)：在上述三点当中隐含着一层意思，认为社会因素可能很重要。不仅对和学习者有直接联系的人是如此，而且从社会的角度来看也同样很重要；此外，某些技术与文化因素，可能影响该社会当中的记忆的性质与重要性。最值得注意的是识字能力，最近的还包括电子技术与计算机技术。印刷媒介与电子媒介，让信息更易于获取，从而替代了记忆，这可以降低人们对于记住信息的需求。有充分证据表明，精心培养记忆是一种成熟的技艺，是古代与欧洲文艺复兴时期修辞学的一个分支。② 即使在同一代人当中，也有可能注意到某些记忆在文

① 试比较，同上第6章。提供了一种关于记忆的计算机模型的例子。对此，第11章有更详细的讨论和批评。然而，罗娜·斯坦托普确实认为记忆训练有有限的价值。

② 试比较：Yates，op. cit.，这里充分解释了古代和文艺复兴时期的记忆艺术。

化价值上的衰落，比如对诗歌、拼写规则或乘法表的机械学习。当不再被重视或者不再得到培养时，这些记忆成就往往就会被废弃。在拼写与算术当中，通过诸如拼写检查器与袖珍计算器之类技术的发展，这种趋势得到了加强。

现代性与现代社会中的记忆

现代性的一个显著特征是对人类经验的划分。随着工作与社会角色变得更加专门化，任何个人都不太可能承担更多的角色。正因为如此，人们对另外部分的理解只能通过粗浅的参与来获得，以便让他们能够理解自己在事物的整体架构当中的特殊位置。

因此，人们在现代社会必须记住的许多信息，都以两种方式排除
123 了情感共鸣。首先，它无关于他们本人的个人历史，也不是本地社会群体(比如家庭或社区)的历史。其次，社会期望他们学习的大部分内容，对他们的生活几乎没有什么个别影响。这些基本上不可避免的考虑，与似乎需要学习的大量材料一道，在要记住的内容与记忆者之间建立了一种情感联系，让学习成为一项具有挑战性的任务。这种挑战，在现代教育系统中基本没有得到满足，实际上是被轻蔑地称之为“填鸭式学习”而备受质疑，并因此而逐渐衰落了。正如在第 12 章将要看到的，对一门学科或一项技艺的正确认识，取决于一定量的基础知识。

除非借助于指导、训练与记忆，否则这些基础知识就不容易获得。由于在熟悉之前，无法发展出对于某个学科的热爱，因此教师与学生之间的情感联系至关重要，这是在学生与学科之间建立情感联系的初步方法。但是，如果教师不再将自己的角色视为训练者与指导者，那么这种联系就会陷入困境，这对于记忆的发展或对于某个学科基本原理的了解都没有什么用处。

进步主义(来自第 3 章讨论的从卢梭的观点发展出来的教育意识形态)的反应是把教育经验个人化，以至于建议教育应当围绕儿童自身的利益与观点来组织。通过这种方式，儿童将“自己创造”学校经验，从而更好地记忆与学习。其他作者对于进步主义已经做过足够多的批评了，本章不必再深入探讨这一点。但是，有证据表明，在进步主义的课堂当中，记忆是偶然的、无效的。[①] 这里给出的一些要点，与这种失败高度相关。在某种程度上，通过使所学内容成为个人经历的一部分，可以确保一个人与所学内容之间建立情感联系。然而，如果没有在更广泛的社会当中被社会认可是有价值的东西，那么个别儿童就不太可能认识到这一点，也不太可能有效学习。可以说，情感联系需要一些社会黏合剂。我们必须在这里加上其他地方已经提到过的要点，即孩子们感兴趣的事情并不一定最符合孩子们的利益。一个孩子未必能认识到他要学的东西对他本人与社会都很重要。[②] 这再次强化了社

---

① 作者在英国小学工作时的亲身经历。

② 比如：Robin Barrow and Ronald Woods，*An Introduction to Philosophy of Education*，London，Methuen，1975，Chapter 7.

会在儿童与必须学习的东西之间建立联系的必要性。建立这种联系显而易见的方式，就是借助教师、家长与各种关系。

我们已经看到，记忆、情感与感受之间的联系，已经因为现代性
124 条件与认知主义的影响而被削弱了。在某种意义上说，进步主义确实已经认识到了情绪与情感在记忆与学习当中的作用。但是，进步主义很难解决这个问题，因为他们的解决方案是将学习的全部负担放在幼儿身上，这对于解决问题来说是相当不够的，甚至在某些方面还加剧了问题本身。在任何情况下都必须反对这样的观点，认为非个人的记忆能力可以在不依赖感觉与情感的情况下得到令人满意的发展。相关的一种情感是热爱。热爱必须学、想要学的东西，不仅有助于学习，而且有助于实现对于卓越或完美的追求。这不仅适用于实践知识，也适用于文学或历史知识，乃至任何其他类型的获得价值或文化认可的事实性知识。实际上，认为任何大规模的、成功的信息与技能的掌握，都可以在没有感受与情感投入的情况下发生，这恰恰是错误所在。古代与文艺复兴时期的记忆艺术家能很好地理解这一点。比如，朱利奥·卡米罗(Giulio Camillo)的记忆剧场，代表的是一种对于人类知识的百科全书式理解的尝试，利用行星和与之相关的情感来作为可以在这间剧场获得的知识的组织原理。

> 剧场的基本图像是诸位行星之神。根据规则，对于良好记忆的感受或情感偏好，就通过这样一些图像来表现，包括木星的宁

> 静、火星的愤怒、土星的忧郁、金星的爱[1]。在这里，剧场再次从原因开始(行星对于不同情感的影响)，七种不同的情感流从行星源头开始贯穿整个剧场(行星被认为可以从情感上唤醒记忆)。借助情感来唤醒记忆，这在古典艺术当中颇受欢迎，但在表演时与原因有机联系在了一起。[2]

所有不同类型的记忆对于学习都很重要，因为如果不保留已经教过的反应、信息或能力，那么它们的收益就会大大降低。记忆的使用与拥有良好记忆的声望正在下降。因为记忆的机械模型与表象模型现在如此有影响力，结果记忆的情感方面被忽略了。那么，怎么才能重新把良好记忆的培养，作为教育的一项重要的工具性目标呢?

首先，它的价值需要得到认可。在许多情况下，直接了解某些事物，比拥有发现它的技能要更好。(如果这样的技能有任何用处的话，它们本身就能学会与学好。)“学会学习”可能是一个有吸引力的短语， 125

---

① 译者注：在英语当中，太阳系各行星分别以一位希腊(罗马)神话中的神祇来命名。其中，水星(Mercury)是赫尔墨斯(墨丘利)、金星(Venus)是阿弗洛狄忒(维纳斯)、地球是盖亚、火星(Mars)是阿瑞斯(马尔斯)、木星(Jupiter)是宙斯(朱庇特)、土星(Saturn)是克洛诺斯(萨图恩)、天王星(Uranus)是乌拉诺斯(凯卢斯)、海王星(Neptune)是波塞冬(尼普顿)、冥王星(Pluto)是普鲁托。(其中，冥王星已于 2006 年 8 月被“国际天文学联合会”从太阳系的行星名单中剔除，被归类为矮行星。)其中，除天王星、冥王星以外，各行星的英文名均来自于所代表的罗马神祇的名称。这段引文中提到的几位行星之神，包括罗马神话中的众神之王朱庇特、战神马尔斯、农神萨图恩、美神维纳斯。所谓“木星的宁静、火星的愤怒、土星的忧郁、金星的爱”，都反映了这些行星之神的神格。

② 将记忆视为仓库，这可能有所启发。但是，将仓库的形象作为记忆本质的哲学解释的核心，则完全是另一回事了。Yates，op. cit.，p. 144.

但重新学习已经获得的人类集体经验所涉及的实际困难，被那些轻信“学习技能”的人大大低估了。

其次，需要明确承认记忆在教与学当中的地位。由于被认为是被动的、缺乏自主性，机械学习被认为是一件坏事情。我们要认识到，如果知识是好的，而机械学习、训练、实践或任何其他形式的记忆是获得知识的最有效方式，那么它的应用就应该优先于其他学习形式。在任何时候，记忆都不可能是被动的。为了有效利用记忆，当然需要掌握一定的技术、需要对注意力加以训练，而不是经验论模型所谓的对于感觉数据的被动吸收。

再次，基于前两点要认识到，为了充分发挥作用，记忆必须与感受及情感接触。这意味着它要获得声望和鼓励(或者如果它的价值没有得到认可，则不予认可)。这个过程必须从某个地方开始，而最好的地方就在教育系统内。

最后，如果通用学习技能的支持者是错的(见第 12 章)，那么学习就将取决于对事实性信息的掌握，然后才能在某个学科内进行恰当的评价与论证。因此，要恰当发展关键技能，记忆的有效运用就是必备品，而不是一件奢侈品。

/ 11. 注意、思考与学习/ 126

导言

本章旨在展示**注意**与**思考**如何影响我们的学习，以及为什么这二者是重要的。思考与注意往往会促进学习，这不仅仅是一个经验性事实，同时也是一个概念要点。因为，如果思考与注意从未曾促进学习，那么我们的学习概念本身就会发生巨大变化，学习就会与它一直津津乐道的那些联系相脱离、远离日常生活与言谈。因此，说注意与思考会促进学习，这不仅仅是一个明显的事实，而且是对“学习”语法的一种评论。尽管如此，注意、思考与学习之间的联系，仍旧是有关学习的学术写作当中相对被忽视的特征。

这一点并非偶然。到目前为止讨论过的学习理论，都未能以令人满意的方式来处理注意与思考这两个概念。笛卡尔派与认知主义希望把它们解释为心灵或头脑中的内部事件，并且因为无法以这种方式做出合理解释，所以倾向于忽视它们。行为主义只在注意和思考被具体化为特定的外显行为时才接纳它们，这种具体化无疑是一项极其艰巨的任务。皮亚杰的发展主义，同样具有认知主义的问题。而卢梭及其追随者的浪漫传统，无法理解思考与注意得以实现的社会与文化背景。总之，时机已经成熟，现在是重新审视这些概念，并展示它们对于学习的极端重要性的时候了。在本章结论部分，将讨论注意对学校等更正式的学习环境的影响。

思考与注意

注意与思考密切相关。二者都不是某种进程，尽管二者都是有思维乐趣的那类活动的特征。人们很容易认为，思考是要认真注意一个
127 人在做什么。[①] 大多数思考确实涉及认真对待一个人做的事情，因此在认真与思考之间存在重要的概念联系。这一点无可争辩。但是，不能把思考视为一个人正在做的事情的认真的那个方面，因为一个人可以在不思考的情况下认真做某事(比如立正)，也可以用并不认真的方式来思考某事。[②] 注意虽然不必包含思维乐趣，但看起来的确在某种程度上包含对某人所做事情的认真对待。[③] 如果没有意识到所学内容的重要性，学习就不容易发生。因此，如果材料被认为有一定的重要

---

① 对于这个问题的详细讨论，参见：O. Hanfling，'"Thinking", a widely ramified concept'，*Philosophical Investigations*，16，2，1993，pp. 101-115.

② 也许正是在认真对待自己思维的观念当中，我们才最接近这样的想法，认为思考可以是一种独特活动。

③ 在这个意义上说，思考和注意密切相关。试比较：R. K. Scheer，'Thinking and Working'，*Philosophical Investigations*，14，4，1991，pp. 293-310.

性，并因此得到了认真对待，那么学习似乎理所当然地也就会更多一点。

注意的重要性

如果注意是行动中反思的一个重要方面，那么它就会是一般意义上的学习的一个重要方面。在不注意的情况下也可能学习一些东西，但我相信在注意与学习者的成功之间不仅仅只有统计的或者归纳的联系。在说到任务概念意义上的学习时，我们的一个意思是关心正在学习的内容。如果在实践中注意与学习是割裂的，那么它们也会在概念上彼此割裂，我们日常言谈中关于学习的无数联系也将被切断，而正是这些联系把注意、努力、动机、兴趣与学习联系了起来。**注意**是我们理解学习的一个核心概念，因此任何基于对注意的错误解读或者未予认真对待的学习理论，都会遇到严重困难。

从广义上讲，有三种普遍接受的处理注意问题的方式。

(1)第一种方式把注意视为一种内部过程。这可以被称为**笛卡尔派**的方法。它试图将注意描述为某种内部的对于当前问题的关注。

(2)第二种方式是**认知主义**的。注意被认为是头脑信息处理能力的一种反映。

(3)第三种方式是**行为主义**的。注意被视为某种行为，仅此而已。

这些解释都没有对注意概念的复杂性做出恰当判断，并且每一种都以不同方式存在严重误导。这些都将逐一得到描述与讨论，以便为注意提供一种正面解释，进而评估注意在学习上的重要性。

128 笛卡尔派对注意的解释

为了理解笛卡尔派的解释，我们需要回顾笛卡尔关于意识本质说了什么。意识或思维是心灵的基本属性。笛卡尔并不认为一个人只能同时处理一个观念，因为他希望人可以在思维当中对观念进行比较。为了实现这一点，就需要有一个以上的观念同时呈现在心灵面前，也就是让一个思维过程同时包含多个观念。可是，他又确实将思考、注意与专注视为纯粹的精神活动。比如，在《沉思二》(*Meditation* Ⅱ)中，笛卡尔认真讨论了这样一种可能性：一切都是由于一个满怀恶意的骗子，才让他接受了所有一切可能欺骗他的事。然后，笛卡尔追问有没有什么属性是完全属于身体的："我专注、我思考、我考虑；可是心灵什么也没有得到。"①

因此，注意似乎包含在这样的思考当中：去思考在一个人心灵面前以一定强度呈现的东西。与所考虑的主要事项无关的所有可能的精神内容，都被从意识当中排除掉了。因此，注意被认为是一种纯粹而专注的形式，它关注的是一个人心灵的内容。这个解释包含一些有说服力的方面。我们的确把注意与思维的关注联系在一起。我们也同意，

---

① René Descartes, *Meditations*, p. 68. 可与休谟的这段话做比较："在我以最近距离的方式进入自身时，我总会意外发现一些特定的知觉，比如热或冷、光或影、爱或恨、痛苦或快乐。"*A Treatise of Human Nature*, Oxford, Oxford University Press, 1978, p. 253. 后来，休谟又把心灵与剧场作对比："在几个知觉相继出现的地方，在各色姿势和情境中经过、再经过、逃离、混合。"(同上书，253 页)

一个人不能同时专注于多个事物。(尽管某些形式的半并发式注意也有可能，比如一个人在交替处理两件事情的时候。)但是，这种解释存在难题。

首先，笛卡尔及其追随者似乎支持这个命题：

注意是把一个人的思维聚焦于某个观念或者是观念的比较。①

我们怎么知道这一点呢？在他为此做辩护的《思辨》阶段，尚未确立“非物质性”这个基本概念，所以在某种程度上他还没有做出论证，而只是对注意的本质下了断言。不过，由于有关注意本质的主张，对于笛卡尔的非物质性本质的观点并不必要②，因此允许笛卡尔从他的思考本质出发，通过回溯性推论来判断注意的本质。注意的本质是一种精神现象，不能通过对有形特征的观察来加以检验。

一个人的思考通常是关于甲或乙的，这些甲或乙不再是别的思考，而只是思考者心灵以外的东西。因此，在认为“太阳是热的”这个观念当中，我是认为特定的天体具有某种物理属性。如果我正在注意太阳， 129
那是因为我正在认真思考它。这时我的注意焦点不是我身上的某些东西，而是这个世界当中的某些东西。

然而，这正是出现难题的地方。因为，如果注意包括对个人思维

---

① 然而，正如第 2 章所示，这并没有让笛卡尔接受观念的实质存在而非模态存在。

② 在当前阶段这并不必要，因为笛卡尔要做的只是提供一种描述，去说清楚专注于自己的思维意味着什么。

的关注，那么注意“太阳是热的”这个观念就不是在注意太阳，而是在注意一个关于太阳的观念、概念或者思维。但是，注意太阳与注意我们对于太阳的思维，我们当然可以区别开。比如，如果我认为太阳是一个直径几百米的熔化的青铜圆盘，那么我的太阳观念与太阳本身的差别就很大了。这种差异不仅体现在一个是精神的而另一个是物理的，也体现在我关于太阳的看法与其他更有学识的人之间的差异。

因此，将注意解释为关注一个人的思想，就不能解释对非思想性对象的关注。然而，这正是我们在各种日常的注意当中所做的事。我们不仅注意不在我们心灵当中发生的那些过程、事件与细节，而且也注意自己的活动，比如开车或者造一口锅。

这些考虑有助于解释，为什么我会误以为自己正在注意某事。如果我认为注意有关太阳的特定观念时，就是在注意太阳，那么我就犯了这样的错误。所以，我可能会误以为自己在注意甲，而实际上我只是专注于自己对甲的思考。①

我们会注意自身活动与经验的各种特征。这一事实表明，一种对注意的解释如果仅仅关注一个人思想当中的内省部分还远远不够。这反过来表明，必须找到一种替代方案，来替换对于注意的纯粹心灵论的解释。就像许多其他的精神概念一样，笛卡尔派的注意解释遇到的这些难题与这样一个事实有关，即注意是具身造物(人)的特点，无法

① 这里描述的困难，与第 2 章讨论的观念作为表象的困难有关。然而，即使我关于太阳的思考是对一个错误的太阳概念的判断，在某种重要的意义上，我对于太阳的思考还是会与太阳不同。换言之，我描述的困难，不是概念的表象论解释所特有的。

用内部精神生活做完备的解释。

认知主义与注意

认知主义对注意的解释，在目前可能是最有影响力的。这些解释往往与计算机之间有强烈对比。这时，计算机领域的“信息处理”概念、对电子脉冲的控制，都被认为是解释人类注意的关键。对注意的信息处理解释，从一种完美的观察开始，即我们的注意潜能是有限的。①这个观察进而被重新解释，认为我们处理信息的潜能是有限的。目前 130
尚不清楚，到底是处理信息的潜能还是有意识的信息处理能力是有限的。这个区分很重要，因为人们能够同时进行的行动数量有限，这是一种司空见惯的观察。正如我们看到的那样，在聚焦我们的心灵的意义上，同一时间我们的确只能注意一件事。这一点同样平淡无奇。我们不能同时注意多个对象，这似乎是说注意需要如此强大的处理能力，以至于我们的头脑一次只能注意一个对象。

这种解释看起来像是一个偶然：由于神经回路与处理能力的限制，让我们一次只能注意一件事。如果我们拥有更大、更好的头脑，我们就可以同时关注更多的事了。如果这是一种对于注意本质的解释，那将会产生严重的误导，因为一个人一次只注意一件事情，并不是一个偶然的事实。在全神贯注的时候，一个人只专注于自己。这就是我们所谓的“全神贯注于某事”。这表明将注意定义为处理能力的额外运用

① 比如，可参见：R. Stainthorp, *Practical Psychology for Teachers*, London, Falmer, 1989, Chapter 5.

是错误的，因为这意味着如果拥有足够的脑力，他就可以同时关注多个事物(而不是同时做多件事)。这似乎毫无意义。说额外的处理能力，是解释我们如何更好地注意一件事或部分注意多件事的必要条件，这只是一个假设。另外，说额外的处理能力是出现这种可能的充分条件，那就是一个错误。因为，它无法解释这样的事实，即注意往往意味着获得特定品质的经验。

但是，注意和思考一样，是体态性的而不是事件性或意向性的。注意是做事时的某个方面，会使其成为个人的唯一关注对象。如果注意是大量神经回路的调用，那就不需要将某一活动作为个人的关注对象，除非是一个偶然事件。如果一台计算机足够强大，它就可以一次执行多个操作。计算机之所以不能与人类注意做类比，与我们做事的方式有关，而与我们做事的数量无关。对我们来说，说我们正在对某些事全神贯注，就是说我们非常认真地对待它或者只关注它而无暇顾及其他。

利用计算机的电子处理过程来描述人类思考颇具诱惑。因为，在让心理学家感到困惑的概念上，它似乎提供了一种“科学”解释。人们可能一开始就说，行动包含信息处理。但是，如果要认真对待计算机
131 模型，我们很难看出同一个行动为什么要求不同级别的处理。根据这个解释，在注意的情况下采取行动，将比未加注意的行动要求更多的处理。由于所有动作都涉及信息处理，而信息处理会导致行动或者就是行动本身，因此活动与对活动的注意既是两种不同的活动，也是同一个行动的不同侧面。但正如我们所看到的那样，信息处理解释无法

理解注意的体态特征。这一点要通过某人关心某事或者认真对待某事来解释，不存在独立于背景或者活动的一般解释。计算机案例的唯一价值在于表明，投入更多资源会做得更好。

如果注意是活动之外的独立行动，那么它就再次忽略了注意的体态性特征，使其成为事件性的了。而如果它是事件性的，我们就可以假设注意行为即使没有任何关注的对象也会继续下去。我们可以说某人在注意驾车，然后就一直在注意。在停好车以后，即使没有注意任何具体的事也仍旧在注意。这个说法是荒谬的。注意总是有关于某种东西，这个事实与别的事实共同表明，注意不是一个单独活动，而是活动的某个方面。有人可能会回应说，有些活动要想发生就总要依赖其他活动。比如，除非在销售场所进行交易，否则债券交易商在办公室里不能进行后台结算。这并不是关于注意的一个有价值的模型，因为这个观念实际上是说注意某事并不是伴随某事出现的**结果**，而是它的前身或者伴随物。

认知主义解释的另一个破坏性特征是，它无法解释笛卡尔与经验论者的注意概念的基本特征，亦即意识的集中。在有的情况下(比如关注自己的思维)，就意味着能意识到自己注意的是什么。然而，没有人会因为内存的大小或处理器的速度就认为计算机具备意识。由于认知主义者甚至不能解释笛卡尔与其他人眼中的注意的核心特征，因此他们的注意解释更加不充分。

行为与注意

有没有可能以纯粹行为主义的方式，给注意一个满意的解释呢?毕竟我们已经看到，上述两个解释的共同问题是忽略了这样一个事实，即正是实体化的人在注意、在专心工作，如此等等。我们注意自己的想法，但这只是注意的一部分。大多数时候，我们都在注意心灵以外

132 的东西，而笛卡尔派的解释不足以描述这一点。认知处理解释甚至更不充分，它既不能解释觉察，也不能解释注意的外部指向。

一旦人们开始研究"什么是注意某事"这样的问题，那么任何单一的解释就都不可信了。甚至于指引某人注意一种颜色，对这种现象的解释也是五花八门的。维特根斯坦给出了一些范例:

> "这种蓝色与那边的蓝色一样吗? 你看到什么不同?"
>
> 你正在调油漆，说:"这种天蓝色很难得。"
>
> "它越来越棒了，你已经可以看到蓝天了。"
>
> "看看这两种蓝的效果有什么不同。"
>
> "你看到那本蓝色书了吗? 把它拿过来。"
>
> "这种蓝色信号灯的意思是……"
>
> "这种蓝色叫什么? 这是'靛蓝'吗?"
>
> 有时，为了注意这种颜色，你会举起手来遮挡住轮廓，或者不去看东西的轮廓；有时你会盯着物体，试图记起你之前在哪里看到过这种颜色。

> 你怎么注意形状？有时会去摸一摸、有时会闭紧双眼，以免看清它的颜色，你也可能用许多别的办法。我想说的是，这是当一个人想要“引导”注意到这里或那里时才会发生的事。但是，这些做法本身还不能让我们说某人正在注意形状、颜色等等。正如在国际象棋中走一步棋，并不仅仅存在于下这步棋的棋手的思考与感受当中，而是在我们称之为“玩象棋游戏”的情境当中、是在解决一个象棋上的问题，等等。①

维特根斯坦认为，正因为注意现象如此多样，我们才认为伴随这种现象的心灵活动才是“真正”的注意。这并不是否认某些特殊经历可能伴有不同形式的注意，但这些已经不再是注意了。在许多情况下，注意只不过是某人表现出对做的事情的严肃关注方式，这体现在他们说的话、他们的身体动作、他们使用材料的方式以及他们的活动背景当中。

在个人层面上，**兴趣**与**动机**对于在一项活动当中引发注意能起到重要作用。我们经常使用这些术语，来说注意力被放在了相关的活动上。当我们观察到他在特定场合专注地捕鱼时，我们就说某人对捕鱼表现出了兴趣。兴趣和动机既是倾向性的也是事件性的，把它们与注 133
意过于紧密地联系在一起并不明智。它们一方面与注意有关，另一方面也与兴趣和动机这些概念有关。因为，后者常常是我们所说某人正

① L. Wittgenstein, *Philosophical Investigations*, Oxford, Blackwell, 1953, para. 33.

在注意的标准。兴趣与动机帮助我们确定他的行动的某些方面。我们使用某人的过往、性格与偏好的某些方面，来判断他们当前的行为。在这种情况下，我们不仅根据现在能够观察到的内容来判断他的活动特征，同时也基于我们对于这个人的了解。事实上，即使我们判断某人正在注意这项活动，通常也是基于我们对他如何行事的了解。因为我认识詹姆士，所以我倾向于认为他盯着窗外的习惯，是他正专注于手头事情的标志。这个动作是有效学习的征兆。如果有别人也这样做，我会倾向于说他们只是在做白日梦。一个人从事某些活动时采用的一系列姿势，我们会认为都是注意的"自然"表现。

物理环境很重要。即使我们对某项活动感兴趣并专注于这项活动，噪音、过热、过冷以及不舒服的家具都会让我们分心。尽管有违我们的意愿，但是我们直接关注范围以外的事，也仍旧会引起我们的注意。不舒服可能让我们倾向于或迫使我们注意这种不舒服的来源，而不是去注意手头的事。在出现这种情况时，我们发现自己被迫转移了注意，对于正在做的事情没有头绪。这其实只反映了此前提到过的一个观点，即人们很难(如果并非不可能的话)同时关注一个以上的事物。关注某些事，并不一定意味着思考手头活动，它可能也包含检查、测量、再次尝试、比较，更不用说其他具有清晰行为维度的活动了。换句话说，注意转移并不意味着意识不到自己正在做的事，个人对于被打断的活动仍旧有所思考。

因此，说分心是把意识的唯一焦点转向另外一个活动，这是一个误导。这似乎是说，在全部情况下，注意都在于集中自己的思考。还有另外一种替代解释，即我们只能“处理”这么多外部“输入”。当输入达到一定强度时，我们不得不将处理能力转向新的输入。[1] 然而，这并不构成一种解释，只不过是以“科学”的术语，重新描述了人类自然史的一个众所周知的特征。我们已经看到了注意的处理器模型的混乱，它没有进一步阐明分心这个概念。这并不是说分心不重要，只是近年来对于分心的来源以及分心如何影响注意与学习的关注的确太少了。 *134*

注意与学习

当学习者能够注意并且确实在注意自己正在学习的东西时，学习往往才最为有效。这只不过是说，当学习任务得到全心全意的关注时，学习往往才最为有效，无论所学的是事实还是技能。这个陈述几乎(但不完全)是一种无谓的重复，只是把我们的目光投向人类自然史的一个重要方面。然而，如果认真对待这一陈述，将意味着许多机构的工作要出现巨大变化，其中最明显的便是小学。

一个人必须学会有效注意。它不仅仅是一种发展出来的能力，尽管看起来确实如此。随着儿童年龄的增长，注意能力也会增强。通过认真追求那些需要加以注意的活动，专注与注意的学习可以得到培养。换句话说，一个人不会为学习注意而学会注意，而总是通过认真学习来学会注意。在幼年时，儿童的注意力可能很有限，并且可能无法像成人那样长时间保持注意。但是，这并不意味着他们这方面的能力无法培养。这不是利用通常的“注意力发展”活动，而是通过各种学习来

---

① Stainthorp，op. cit.，Chapter 5.

实现的，事实学习、实践学习、情感学习都可以。① 正如安东尼·葛兰西(Antonio Gramsci)所说：

> 在教育上，人们面对的是儿童，必须向他们灌输勤奋、精准、平衡(甚至身体方面的平衡)等特定的习惯，以及专注于具体科目的能力。如果没有对纪律的机械重复，没有有条理的行动，就无法获得这些习惯。②

许多小学采用的做法更加匹配卢梭的学习模式，这在第 3 章已经考察与批评过了。在卢梭的方案当中，儿童的自主与自我导向都至关重要。无论他的家庭教师的方法在理论上有什么缺点，卢梭的爱弥儿至少有时间、空间与机会去集中注意。这就否定了在三十来个五岁儿童身上使用爱弥儿式的自主学习方案的可能性。在这种情况下，注意与专注的发展成了与不断对抗这种可能性的环境之间的斗争。一刻不停地说话，分散了对手头任务的注意。动来动去，一方面是孩子们分
135 心的机会，另一方面许多孩子同时动来动去也会成为直接的干扰。最后，在同一个教学区域内发生了许多分散注意的课程活动，这再次打乱了孩子们的注意力，使其无法集中在同一个问题上。许多活动同时

① 要取得平衡，还必须认可专注和注意在幼儿生活中的角色。尤其是：B. Tizard and M. Hughes，*Young Children Learning*，London，Fontana，1984，Chapter 5.

② A. Gramsci，*Selections from the Prison Notebooks*（edited by Quinin Hoare and Geoffrey Nowell Smith），London，Lawrence & Wishart，1971，p. 37.

被认为是值得追求的，这个事实也意味着目前所追求的活动并不比任何其他活动更有价值。这将贬低孩子们当前从事的活动的重要性，而且会因为教师必须同时关注许多活动而让情况变得更加糟糕。这实际上意味着，教师一次只能在极其短促的时间内注意一个活动。现在，我们有足够的证据表明，与那些相对安静、平和与专注于手头单一事务的课堂相比，这样忙忙碌碌的课堂更加低效。①

适度注意对于学习的重要性，以及注意一个人所做的事情的重要性不容小觑。当很少分心或不分心时，训练与记忆培养的效果最好。同一时间只关注单个活动中的学习，这表明教师正在认真对待这项活动，并要求学习者也同样认真对待。认真对待一个人目前正在做的事情，是我们说某人正在思考某事、正在反思某事或者正在注意某事时的重要内容。这些都不是什么了不起的洞察，它们是关于人类学习的民间心理学当中的观点，只是因为浪漫主义与伪科学理论的掺杂才开始变得模糊不清。

从另一个角度来看，注意也同样很重要。如果人们热爱自己正在学的东西，那么他们就需要注意它；也就是说，他们需要认真对待它，至少在一段时间内完全投身于它，努力做到最好，并在逆境中坚持下去。② 注意是热爱的一个先决条件。此外，要热爱某人或某事，就要

---

① 比如，可参见：P. Mortimore et al. *School Matters*：*The Junior Years*，Wells，Open Books，1988；R. Alexander，Policy and Practice in the Primary School，London，Routledge，1992.

② 试比较：L. Wittgenstein，*Zettel*，Oxford，Blackwell，1967，para. 504. “爱不是一种感受。爱要接受考验，而痛苦则不会。”

给予特别的注意。那些不能恰当注意的人，也不能认真对待某个主题或者活动，不能全情投入、努力追求卓越，在处境不利的情况下也难以做到坚持不懈。如果教育是为了发展对学科或活动的热爱，那么注意就必定位于学习的核心。① 让注意成为学习的核心，就包括认真对待所学的东西，认为这些东西值得为之做奉献。

---

① 参见：I. Murdoch，*The Sovereignty of the Good*，London，Routledge，1970；关于“注意是爱的一个方面”的观念，参见：I. Murdoch，*Metaphysics as a Guide to Morals*，London，Penguin，1992.

/ 12. 后期学习/ 136

导言

到目前为止，我一直非常关注早期学习，现在是时候看一看婴儿期以后的学习了。我特别关注的是，一个人在成熟以后成为一个更独立的学习者，这在很大程度上是有意义的。许多人说人可以“学会学习”，或者可以教会人们适用于各种环境的通用“思维技能”。这些观点可以认为有两个来源：首先是卢梭的那种对权威的厌恶；其次是在认知主义与某些形式的发展主义当中发现的人类心灵的表象模型。

本书的主题之一是**训练**的重要性，这种训练发生在包含情感、反应与社会行为的人的背景当中，必然与某种权威概念有关。训练在早期学习当中至关重要，在整个童年期乃至成年期也仍然很重要。随着人们逐渐长大，理解、技能与知识逐渐成熟，他们开始变得更加独立。结果，随着儿童开始利用自己已知的东西，独立学习变得更有可能。在这个意义上，作为学习者的儿童变得越来越独立，这并不是一个特别有争议的观念。

进而，学到的东西又是基于以前的知识。在学会其他东西之前，这些东西中有许多是无法学会的。这在诸如数学这样的学科当中尤其明显。在学会进行个别运算之前，不可能学会包含一种以上运算的计算。以前获得的知识，通常具有某种**启发的**功能。比如，当通过隐喻或类比来完成教学时，隐喻或类比的要点本身就必须能够理解。对原子结构的了解，在逻辑上并不依赖于对太阳系结构的了解，但前者可以通过与后者的类比来加以阐释。然而，逻辑上的要求是，如果我通过这个
137 比方来解释原子结构，那么我的学生必须先行理解太阳系的结构。

这个例子说明了学习的另一个重要特征，它通常被作为教学的结果。教师以不同的方式发挥作用。我们已经注意到教师与学生之间的情感纽带至关重要，但是教师的知识以及用启发学生的方式来运用这些知识的技能也至关重要。这些技能包括对类比、隐喻与例子的使用。由于教师对自身知识的透彻了解，并且知道哪些例子、类比与隐喻可能对学生有帮助，结果让这些类比、隐喻与例子的有效运用成为可能。因此，教师的能力对于有效学习的实现至关重要。① 这不仅仅是使学习得以发生的能力，也是训练、指导与阐释所需要的能力。比如，如果要通过一个富有启发性的类比来学习，那么教师就必须以适当的方式来运用这种类比。

知识与能力是有意识的概念，意味着一个人知道某事或者一个人能够完成某事。既然如此，就其本质来说，知识和能力在某种程度上

① 从这个意义上说，“教师”不仅指专业的教育者，也指所有可能参与知识传授的人。

是具体的。有人可能很有能力，这么说是指他们在一项或多项具体活动当中有能力。简单说某人有能力，甚至说他存在这种意义上的能力，是没有意义的。除了与许多具体事物相关的知识以外，没有通用知识这样的东西。知识的不同方面之间存在各种关系，其中一些是启发性的，另一些则具有逻辑性。但是，这些关系的存在，并不会改变知识与能力的具体性这个事实。

识别这些关系的一个重要方式，是把这些知识划分为学科或者不同的能力组。在很长一段时间内，人们一直在抱怨学科边界的人为性，但是它们确实会时不时地发生改变。学科结构以及不同学科之间的关系，反映了不同学科内容在社会优先度、认识方式、核心概念、确定真理的标准以及在探究方法方面的真实差异。一些作者声称，不同学科领域的基本逻辑结构存在差异。[①] 然而，无论一个人在这个观念上走得有多远，与别的学科相比某些学科的确存在明显差异，尽管来自一个学科的知识与技能的确可以用到另外一个学科当中去。为理解这一点，人们只需要指出历史与数学之间的差异就足够了。

一般而言，学科内容差异越大，在学科领域内的知识结构就越不同，一种技能或一组狭隘技能跨越学科知识的范围、得到充分有效学习的可能性就越小。适用这一点的学科内容，不仅包括技能，也包括 *138*

① 有关这一观点最著名的辩护者是：Paul Hirst，*Knowledge and the Curriculum*，London，Routledge，1975. 类似的立场，参见：J. McPeck，*Critical Thinking and Education*，Oxford，Martin Robertson，1981. Stephen Toulmin，*The Uses of Argument*，Cambridge，Cambridge University Press，1957. 这是一个重要的文本，概述了对于逻辑和论证的多学科理解。

知识。如果所有金工都需要车床操作技能，那么这种技能就可以认为是各种不同金工的基本条件，但是它不是诸如烹饪等其他实践活动的基本条件。说人们可以获得某种单一的学习实践活动的潜能，和说人们可以获得单一的获取命题性知识的潜能同样不可信。

像吉尔伯特·赖尔这样关注实践性知识的作者，已经因为忽略实践活动中的命题性知识受到了批评。[①] 批评的要点在于，为了学习技能人们往往需要了解一些关于所学内容的结构与属性的知识。这种知识可能有许多不同的形式，包括汽修工人的系统技术知识乃至在乡村手艺人当中流传的民间知识。[②] 如果没有长时间参与相关的活动，后一类知识将尤其难以获得。而且，即使有参与，这类知识仍然是弥散性的、不是任何个人的财富。

知识与能力的差异与等级结构，是多少世纪以来人类努力积累的产物。在这个过程当中，先前学到的东西构成了后来学到的东西的基础。学科的逻辑结构不一定与其时间发展顺序相对应，比如物理学。但是，随着核心概念的变化，逻辑结构也可能会随着时间推移而得到发展。对于学习来说，重点在于知识是结构化的，而结构被用来组织学科内容，并在某种程度上被证明是学习该学科最有效的方式。学术型学科与技术型学科完全是结构化的，乡间手工艺这样的民间知识的

---

① "如果这一切都包含知如何，那就不会有这样的问题。既然已经出现了这样的问题(除了那些琐碎和次要的方面以外)，就不可能有这样的知如何。"R. F. Holland，*Against Empiricism*，Oxford，Blackwell，1980，p. 23.

② 在下面这部作品中得到了很好的讨论，尤其是其中的第 3 章：C. A. MacMillan，*Women*，*Reason and Nature*，Oxford，Blackwell，1982.

结构化程度要弱一些，而我们自己与他人的民间心理学知识则完全不是结构化的。[1] 但是，即使是最后一类知识，所需要的也不仅仅是纯粹的个人发现。他们需要尊重权威与智慧，并愿意以自己的方式来参与活动。

这些考虑表明，我们的大部分知识都依赖于我们自己与他人此前的学习。如果是这样，那么某些学习程序就可能会比其他的要更为有效，特别是对于结构化的知识与能力来说。这些程序是最能反映学科结构的那些，它们允许优先教授一般原理，然后才是更具体的材料。同样的原理也适用于实践学习。没有理由认为儿童懂得有效的路径是什么。如果他们已经知道了，那么他们就已经掌握学科的逻辑结构了。照假设来看，他们并没有掌握。既然他们没有掌握，那么他们就需要在学习顺序方面接受指导，那些指导者确实了解学科的逻辑结构应当如何展现才能使学习最有效。在某种意义上，认可权威是能够以这种 139
方式继续下去的一个条件。由于被告知什么是学习某事的正确顺序，一个人就可能学得最为有效。毫不奇怪，“学会学习”能够吸引卢梭式的教育家，因为这似乎规避了这一要求。

这一讨论表明了教学在学习中的重要性，进而表明教学会涉及一定程度的训练、指导与阐释。毫无疑问，在理解与验证的方式方面，不同学科之间存在根本差异：一方是数学与逻辑学，另一方是物理学、生物学之类经验科学。这得到了主流的哲学家与教育哲学家们的广泛

---

① 对民间心理学的辩护，参见：M. E. Malone，‘On Assuming Other Folks Have Mental States’，*Philosophical Investigations*，17，1，1994，pp. 37-52.

关注。同样，道德、宗教与上述学科之间的差异，也得到了大量讨论。此外，关于社会研究的认识论是否与各种自然科学的认识论截然不同，也存在很多争论。

这些讨论似乎暗示，在逻辑与认识论两个方面，不同学科与不同学科群之间可能存在根本差异。保罗·赫斯特(Paul Hirst)提出了一种理论，认为人类知识在原理与实务方面可以区分为不同的形式，每种形式都有自己的验证模式、核心概念与推理结构。[①] 最后这一点可能最具争议，包括它所声称的内容，以及它对于“人可以学习某种学习潜能”的观点的影响。因为，如果真有这样的潜能，那将允许某人从已知的东西推断出尚且未知的东西。不同学科的核心概念、验证模式难免存在差异，但推理模式一定会保持不变吗？

如果不同学科的推理模式相同，很自然就可以假设一旦获得这些推理模式，学习就可以很容易通过它们在一系列学科中的应用得以实现。在下一节我将试图表明，虽然无法证明推理是针对特定学科的，但也不能证明“学会学习”这种推理技能适用于大多数需要一定命题性知识作为基础的学科领域。

图尔敏对各种推理形式的解释

图尔敏(Stepen Toulmin)首先解释说，他希望将推理与论证作为人

① 参见：C. Hamm，*Philosophical Issues in Education：An Introduction*，Lewes，Falmer，1989。第五章进行了很好的阐释。

类自然史的一部分来研究。他认为这种方法可以得到一种关于逻辑的新认识，与逻辑教科书中经常表达的观点截然不同。然而，作为对我们推理过程的描述，这将比形式逻辑学家提供的图像要更加合理。图 140
尔敏描绘的日常论证结构如下。在表达一条意见时，我们总会为其提供理由。我们通常会求助于某个信息，作为我们能够表达的意见的来源。我们的结论 C 得到了信息 D(指“数据”①)的支持。用图示的方式，这种情况可以表示如下：

D ——→所以 C

图 1

我们自然可以追问，为什么 D 可以支撑 C。图尔敏认为，这个问题不存在一般答案，而是可以有许多答案。这取决于论证所在的领域或学科内容是什么。图尔敏将从 D 到 C 的理由，称之为场依存原理。

---

① 译者注：“图尔敏论证模型”是图尔敏(1922—2009)在 1958 年出版的《论证的使用》一书当中提出的模型。与形式逻辑不同，“图尔敏论证模型”研究自然语言当中的论证。该模型一经提出，即得到广泛讨论和批评。按照图尔敏在 2002 年完成的“修订版序言”中的回顾，他的名字在未婚妻的学生时代就出现在教科书当中了。要知道，社会科学的通常状况是，教科书中人物都早已作古。由此可见，图尔敏论证模型的传播力道之大。《论证的使用》目前已有中译本。我对模型中相关概念的译法，即沿袭该译本的处理：结论(Claim，C)、数据(Data，D)、理据(Warrant，W)、限定词(Qualifier，Q)、反驳条件(Rebuttal，R)、支撑(Backing，B)。(图尔敏：《论证的使用》，谢小庆、王丽译，北京，北京语言大学出版社，2016。)简要地说，“图尔敏论证模型”的研究对象，是各种生活场景中的复杂论证，比形式逻辑的研究对象要复杂得多；不同于形式逻辑对于确定性的强调，论证的可靠性程度是一个连续变量；论证是一个具体的、历史的过程，并不提供必然有效的结论；评估一个结论的可靠性，要参考发生论证的背景，而不只是关注去背景化的逻辑常项。《论证理论手册》第四章，即专门讨论了“图尔敏论证模型”。(范爱默伦、赫尔森、克罗贝、汉克曼斯、瓦格曼斯：《论证理论手册》，熊明辉等译，237-302 页，北京，中国社会科学出版社，2020。)

理据是从前提到结论的一项许可。这是一个类规则命题，而不是一个事实命题。比如，如果“彼得森不是天主教徒”是某论证中的结论 C，“彼得森是瑞典人”是该论证的前提 D，那些不熟悉瑞典人与天主教之间关系的人们，自然会问为什么“彼得森是瑞典人”与“彼得森不是天主教徒”之间有联系。对于那些不了解瑞典人宗教信仰的人来说，这个推论很可能看起来是不合逻辑的。但是，对于一个了解相关知识的人来说，接受这个论点就可能没有任何难度。如果被问及从 D 到 C 的可靠性，他就可以回答说推论的理据是另一个进一步的陈述(这是假设的)，大意是：

任何瑞典人都不是天主教徒

论证的结构现在看起来是这样的：

D ⟶ 所以 C

∧

因为 W

图 2

这构成了论证的“理据”W，并且不需要诉诸任何熟悉该论证领域的人。一个推理的“理据”不只是一个假言陈述，它具有规则的实际特
141 征，允许人们从前提得到结论。然而，一个人使用这种“理据”的权利，可能遭到质疑。在某种情况下，这个人可能会被要求做出回应。这时，言说者通常会被要求为这项“理据”提供支撑，而这将采取经验陈述的

形式，比如在我们的例子中是这样的：

未观察到哪个瑞典人是天主教徒

论证的结构，现在看起来是这样的：

D ⟶ 所以 C

∧

因为 W

由于 B 的缘故(支撑)

图 3

但是，“支撑”B 可以用来替代“理据”W。

D ⟶ 所以 C

∧

由于 B 的缘故

图 4

所以，有两种可能的推论模式。“支撑”不必是与“理据”同类的陈述，它也可以是定言陈述而不是假言陈述。另外，它被作为一个命题而不是许可，来成为论证的另一个前提。由于服务于“理据”的“支撑”是场依存的，因此图尔敏认为“理据”本身也是场依存的。因为，只有当服务于“理据”的场依存的“支撑”为真并且可以用来证明“理据”时，“理据”才为真。他不认为图 2 代表的那种论证通常是分析的，尽管逻辑学家们常会这样归类。因此，随之而来的结论是，许多在逻辑学家看来是分析的、场独立的论证，根据图尔敏对论证性质的解释来看，情况都并非如此。进一步说，基于场独立分析逻辑的通用学习能力并不存在，也不可能存在。

这里没有更多篇幅来详细批评图尔敏的主张，我在别的地方已经进行过了。[①] 它有四个主要的问题，这些问题使它无法对场依存推理
142 进行强有力的辩护，同时也否定了相应的场依存学习。

第一，他对分析性的解释过于严格，仅适用于这样的推论，在其中"支撑"陈述所担保的仅仅是结论本身业已包含的信息，无论这些信息是内隐的还是外显的。对图尔敏来说，重言式陈述就是结论已经包含在假设当中的那些陈述。[②]

第二，由于他所谓的"准三段论"，对于重言式的证成论解释崩溃了。[③]

第三，论证的可靠性，要基于"支撑"陈述为真。图尔敏似乎混淆了经验证据与可靠性，并且似乎错误地把证成作为可靠性的标准，而实际上可靠性需要的是经验证据。

第四，图尔敏没有考虑许多场独立演绎推理的例子，尽管在他看

---

① C. Winch, 'The Curriculum and the Study of Reason', *Westminster Studies in Education*, 1987.

② Toulmin, op. cit., p. 120. 之所以错误，是因为在许多重言式陈述当中，结论并没有在前提当中给出（见下一节）。对比斯特劳森，他虽然不支持去背景推理的观念，但他用真值函数术语定义了分析性，并将其与重言式等同起来。参见：P. F. Strawson, *Introduction to Logical Theory*, London, Methuen, 1952, p. 74.

③ Toulmin, op. cit., p. 132.

来这些命题既不是分析的也不是重言式的。①

最后，图尔敏对场依存推理的解释，依靠的是肯定前件式推理中的场独立逻辑。如果陈述 D 为真，并且“理据”W 成立，则结论 S 如下：鉴于 D 为真，且 W 成立，则 C 为真。对于包含“支撑”陈述的论证，也可以做类似的说明。所以，图尔敏并没有取代逻辑学家们在非常抽象的水平上描述的推理，但他的确使我们看待论证的方式变得复杂而混乱。正如我要表明的那样，这种推理可以用与更传统的对于场独立推理的解释相兼容的术语来解释，因此不是为场依存推理做辩护时值得付出的代价。下面我将展示，图尔敏关于日常推理场依存性的见解可以保留，因此对通用思维技能观念的批评仍然非常有效。

对场依存推理的解释

即使我们决心坚持形式逻辑学家的场独立逻辑，我们的大多数学科推理也仍然是场依存的。这是为什么呢？从“你会下地狱”，到“所以无论好坏，你都会下地狱”，这个论证似乎只是基于一个前提。结论似 143
乎比前提包含更多的信息，但它仍然可以被归类为(依赖于逻辑词含义的)重言式论证。可以证明，至少在严格的逻辑术语当中，这个论证的

① 参见：D. Cooper，‘Labov，Larry and Charles’，*Oxford Review of Education*，1984；C. Winch，‘Cooper，Labov，Larry and Charles’，*Oxford Review of Education*，1985.

基础是在日常推理中没有人愿意采用的那些步骤。[1]

即使是一个简单的场独立推理，也可以说明我们的推理是缺省的。也就是说，我们没有明确说明完成论证所必需的所有前提与步骤。如果有这样的要求，我们就要能准确表明自己依靠的论证，或者表明当作隐含前提的事实陈述。然而，当对话的所有参与者都很好地理解了这些共同前提时，这样做就没有必要了。

这有助于解释，为什么对领域内推理的恰当描述，不需要对逻辑进行彻底修订。大多数日常推理都是缺省的，否则就会变得非常烦琐。因为，在任何论证中采取的大多数步骤都是多余的，它们是在重复双方已知的那些步骤而已。在面对面交流的情况下，可以澄清谈话期间的任何模糊之处。如果从前提到结论的推理隶属于特定学科、有自己接受的核心命题，这时的推理是把这些陈述当作论证中未予以说明的前提(既是归纳的，也是演绎的)。之所以如此，是因为那些熟悉某一领域的人不需要表达常识与假设，他们发现这样做非常麻烦。当然，他们有时也会对这些未予说明的前提进行审查。在这种情况下，“支撑”陈述会被作为论证的前提，其结论是从中得到的理由。

这就表明，图尔敏对“理据”的解释需要修正。可以说他描述的各类论证，通常都依赖于不需要明确表达的、未经说明的假设。在没有明确表达的情况下，如果没有将这种观察结果作为一种系统修正的逻辑基础，那么将它们称为类法则就没有什么坏处。在需要调用时，它

① Winch，1985，op. cit.

们的断言状态就非常明确。在这种情况下，推理模式必须用更加接近去背景逻辑的术语来表达。在其他情况下，对于那些不熟悉学科内容的人来说，它们可能只被视为类法则陈述。这意味着最初接受它们作为事实的人，现在已经受到训练，可以用类法则的方式去使用它们了。

这难道不是以图尔敏建议的方式来对逻辑进行的一种修正吗？除非一个人拒绝承认经验陈述与类法则陈述的区分在所有背景当中都是清楚明白的。 144

> 但如果有人说“因此逻辑也是一门经验科学”，那他就错了。不过，下面这个陈述仍旧正确：同一个命题有时被认为要接受经验的检验，在别的时候则被当作一条检验规则。①

类似地，同一个命题既可以作为一个前提，也可以作为一种推理规则，一切视具体情况而定。② 图尔敏对于“支撑”陈述的解释，掩盖了这一简单观点。当它被视为论证的主要前提，而不是局部推理规则时，“支撑”陈述主要是对于“理据”的支持，而不是对原初论证的进一步支持。它的确可能取代特定场合的“理据”、让论证变得不同，而不是以不同的方式来支持原初的论证。③ 这并不是说“支撑”陈述不重要，

---

① 试比较：L. Wittgenstein, *On Certainty*, Oxford, Blackwell, 1969, para. 98. See also paras. 94-99.

② 赫斯特声称不同形式的知识，包含不同的推理形式。这与说不同形式的知识有不同的确证形式是相匹配的。在下一章当中，我将展示不同学科对不同类型推理的侧重，为什么仍然适用于归纳推理和演绎推理的传统解释。

③ 根据支持陈述的性质，这可能是一个归纳或演绎的论点。

而是说图尔敏对它们的介绍，掩盖了它们的真实角色。通过“支撑”陈述的证成作用，使其成为场依存论证的基础，而不是当这些论证依赖于非局部推理规则时，对主要前提提供事实方面的支持。

如果希望参与特定领域或学科的论证，任何人都需要知道并且理解作为默认前提或本地“理据”的那些陈述的重要性。任何对学科或实践的认真接触，都会让学生熟悉该学科的核心命题。因此，在某个学科内进行有效思考的首要条件之一，就是认真对待它的核心主张。这是在学科内进行更详细论证的基础，有时候也可以作为局部的推理规则。此外，对于希望在某个领域内进行辩论的人来说，也有必要妥善了解作为隐蔽前提或“理据”的那些陈述如何彼此关联，以及与论证中表达得不太明显的那些陈述的关联。因此，如果没有必要的背景知识，具体领域内的辩论实际上就不可能。并且，如果没有事先了解这些背景知识，那么辩论就无法进行。这一切都与图尔敏的观点一致。然而，他对于逻辑提出的激进修订，并不是维持这些主张所必需的。我不想说，逻辑学家们描述的逻辑本身，足以解释任何严肃的学科或活动当中要求的评价性推理与正当性推理。它无法解释在某些情况下把命题
145 作为“理据”的局部应用。形式逻辑本质上是一种去背景逻辑，它对我们的推理做了有限刻画，而不是一种完全错误的解释。

逻辑也不足以描述推理的全部特征。这些推理包含在这样的活动当中，其中的评价词包含盖塔(Raimond Gaita)所谓的那种“仅仅”是情感性的观念，诸如**常识**、**伤感**、**浅薄**或**深刻**。这些恰恰是重要的方面，

可以帮助我们理解在一个学科或活动当中什么是值得关注的。[1] 只是这些考虑要求深度参与和尊重学习内容，这是在学科内追求卓越时的可能要求。盖塔的观点可以表达如下：学习一门学科的“局部逻辑”还不足以掌握这门学科，人们还需要对它做出反应。这种反应只能来自于积极参与以及随之而来的对于学科的尊重。正是通过参与，一个人才学会局部推理结构、学会尊重这个学科或者活动。因此，按各自的要求去参与实践，是学习学科的内在逻辑并开始尊重它的前提。

结论

从背景化到去背景化，有时会成为后期学习的特点。从某种意义上看，这是正确的。在儿童习得语言的某个时刻，使用量词与时态让他可以谈论在空间与时间上不会立即出现在眼前的事物。这一点发生在生命的早期阶段。在当时，时空尺度的所有含义暂时都还不会被理解，因为它们需要大量的历史、地理与测量系统方面的知识。但是，去背景化思考不是智力发展的顶点，在某种意义上它只是开端。

后期学习的主要特征之一，是密切接触学科与活动的特殊性。其中一些学科可能涉及远远超出直接背景的主题，掌握它们需要熟悉具体知识与专门技术。在某种程度上，早期学习比后期学习要更为通用，但是人们要注意如何去描述这一点。习得识字、运算与某些相对通用的实务技能，对取得进一步的进展非常重要。同样地，训练自己去注

① R. Gaita，*Good and Evil*，London，Macmillan，1991，p. 236.

意、去回忆，也非常重要。[①] 这些通用的知识与能力，都不足以构成任何“学会学习”的“通用思维技能”。相反，它们是有用的知识与技能，146 可以在一系列学科当中应用，前提是该学科的特定价值观与生活方式，得到了应有的尊重。这种尊重，最终有可能发展为热爱。

在许多方面，后期学习都是高度背景化的：一个人学习非常专门的、详细的事实性知识，一个人学习自己工作对象的特殊属性，一个人熟悉与自己参与的活动相关的社会实践等。但是，成为一名优秀数学家的人获得的习惯，未必能很好地转化为对优秀哲学家的要求。同样，工程师的技能也不一定能转化为园丁或装订工人的技能。有时，某个特定学科的工作方式，以及它所需要的那种尊重，并不能为某人做好准备去从事不同类型的活动。需要非常谦逊才能意识到，一个人在某个学科上的卓越，实际上在另一个学科上可能恰恰是障碍。需要更加谦逊才能意识到，这在某种程度上可能是个人问题，而不仅仅是两个不同学科之间的不和谐。

这可能是“知识形式”方面的一个问题，可以通过斯蒂芬·杰伊·古尔德(Stephen Jay Gould)对物理学家路易·阿尔瓦雷斯(Luie Alvarez)的评论来说明。“我不喜欢说古生物学家的坏话，但他们真的不是很好的科学家。他们更像是集邮者。”[②]古尔德继续评论道：

---

① 人们可能会认为，对于实用学科来说这可能没有必要。但是，有充分的理由表明这是必要的。参见：S. Prais，‘Vocational Qualifications in Britain and Europe：Theory and Practice’，*National Institute Economic Review*，136，May 1991，pp. 86-89.

② 引自：S. J. Gould，*Wonderful Life*：*The Burgess Shale and the Nature of History*，New York，Norton，1989，p. 281.

> 把历史解释嘲讽为集邮，这代表了某个领域的典型傲慢，说明他们完全不了解历史学家对于具体细节比较的关注。这种分类活动，不等于轻手轻脚地打开合页、将彩色纸片放在本子的预定位置。历史学家专注于具体细节——从一件趣事到另一件趣事——因为他们的协调与比较让我们（通过归纳的一致性）可以极其自信地解释过去（如果证据充分的话），与阿尔瓦雷斯可能会通过化学测量来发现小行星一样。①

赫斯特最初的论点在几个方面是错误的：它关注的是传统自由教育钟爱的那些知识，排斥其他类型的知识；它是实证主义的，把验证作为知识的标准；并且，他草率地认为，不同学科有不同的逻辑形式。正如赫斯特现在认可的那样，知识与实践并不容易分开。所有实践都包含知识，同时大多数学习领域（如果这些领域仍在被人们学习的话）都是实践的，有自己的价值观、习惯与研究方式。在某种意义上，不同形式的知识就是不同形式的实践。此外，对实践的理解与其中的知 147
识一样，也可能是智慧的起点。

智慧不是可以被动获取的东西，它必须通过某种方式的生活来实现，带着接受、谦逊与持久的潜能来热爱这个学科。所有这些品质都需要关注细节，而不是假设人们可以学会学习，然后或多或少仅仅只是基于已经获得的技能来掌握一门学科。这也是对学习所需道德品质的一个观察。

---

① 引自：S. J. Gould，*Wonderful Life*：*The Burgess Shale and the Nature of History*，New York，Norton，1989，p. 281.

148 / **13. 宗教学习** /

导言

本章将应用前几章提出的学习方法，来讨论世俗社会中的宗教教育。有人认为，学习是通过参与并认同特定的生活方式来实现的。这似乎是说，儿童参与宗教生活是宗教学习的最佳方案。然而，多数人反对的理由是，他们不希望自己的孩子成为宗教信徒，或者至少不希望自己的孩子被**灌输**宗教信仰。人们普遍声称，儿童可以在不接受任何特定宗教的情况下去了解宗教是什么，我认为这是不可能的。世俗的宗教教育者面临两难选择：他们要么会让儿童成为宗教信徒，从而违背自己或者父母的原则；要么冒险让儿童无视宗教对许多人的重要性，甚至对于宗教的明显不合理之处报以某种轻蔑。

这不只是教育者的抽象难题，它也会以不同的方式影响公共教育系统的行为。这个问题在英国尤其严重。英国的公共教育系统最初多由教会建立，当时的社会氛围主要是基督教的。在 20 世纪后期，社会风气发生了翻天覆地的变化。政策制定者面临的问题涉及当前关于宗教经验特征的争议。关于宗教信仰，一些人觉得存在争议，另外一些人则认为无可置疑。另外，在一个世俗化占据主流的世界当中，相对来说只有很少一部分成年人会认真对待传统宗教，儿童要想认可宗教经验在总体上存在困难。当然，这种概括的一个巨大而明显的反例，是存在着对其宗教信仰有强烈依恋的群体。他们的存在，增加了我要 149
描述的情况的复杂性，并可以支撑我在本章结尾处提出的那种选择。

如果教师把宗教信仰当成事实来教，那么他们就有成为灌输者的危险；如果教师把宗教信仰当作别人的信仰，那么他们就有被当作肤浅的价值观导览的危险。此外，教师还必须满足父母对子女宗教教育的相互冲突的期望。在英国，1944 年《教育法案》强制要求在公立学校进行一种无教派的、忏悔式的基督教教育。这一要求隐含在该法案当中，因为它要求每所郡学都应该给予宗教指导，每一天都应该从礼拜活动开始。[1] 1988 年《教育改革法案》让这一要求变得更为隐晦，要求宗教教育应该反映英国基督教的主导状况，但是采用的是一种非忏悔的方式。这可以从术语的变化(从宗教指导到宗教教育)，以及法定课程机构发布的教学大纲看出来——它规定了各种主要宗教在所有年龄段的教育。[2] 在课程文件中被称为宗教教育的目标包括，宗教教育应

---

① D. Bastide (ed.), *Good Practice in Primary Religious Education* 4-11, London, Falmer, 1992, p. 11.

② Schools Curriculum and Assessment Authority, *Model Syllabuses for Religious Education*, *Consultation Document Model* 1, London, HMSO, January 1994.

该帮助学生“获得与发展对基督教以及英国其他主要宗教的知识与理解”。[①] 1944 年法案的含糊不清可以谅解，因为当时人们普遍认为宗教教育应当是忏悔式的。但是，1988 年法案是在世俗化水平更高的时期起草的，可以被认为是一种故意的含糊不清，以避免在教师一定会感到困惑的问题上表明立场。结果，教师们得到了一种“睁一只眼、闭一只眼”式的授权，可以在非教会学校采用一种非忏悔的方式来教宗教。这种授权对于这一可能出现的难题没有提供任何指导。[②]

向非信徒提供非忏悔式的、初步的宗教教育，这个任务存在根本性的难题。通过考虑宗教活动的性质，以及为了让儿童理解宗教活动所必需的教育努力，这些难题可以得到揭示。无论宗教是不是被解释为一种断言性实践(关注真理声明)，还是一种不关注真理问题的表现性实践，都会产生难题。这两种有关宗教经验的解释之间的联系将得到呈现，每种解释对于教育实践的影响也将得到考虑。

宗教与真理

尽管未被普遍接受，宗教的确声称能提供对于超现实的洞察、认识与理解。超现实往往涉及神的领域，或者神在日常生活当中始

---

① Schools Curriculum and Assessment Authority, *Model Syllabuses for Religious Education*, *Consultation Document Model* 1, London, HMSO, January 1994, p. 3.

② 关于教师一方在这方面的不确定性，参见：Bastide, op. cit. , pp. 5-6.

终同在。① 由于知识这个范畴并不涉及超越或始终同在的神圣存在，哲学家们往往对于如何解释宗教知识感到困扰。通常被接受的一种对知识的解释认为，知识由证成的真信念组成。这个解释在几个世纪以来一直存在争议，但我认为类似的解释适用于足够宽泛的案例，可以让这一解释得到支持。② 要说“甲知道 p”就是说： 150

(1)甲相信 p；

(2)p 为真；

(3)甲有理由相信 p 为真。

在大多数情况下，说“甲有理由相信 p 为真”就意味着“p 可以**证成**”。也就是说，p 属于某个检查与评估系统，可以**独立**于是否有人断言 p 为真来决定 p 的真实性。

这个解释本身并不认为，声明“甲知道 p”需要“p 始终为真”。但是，当“p 为真”意味着 p 与某种半永恒的或超现实的真实有某种联系时，这种认同就得到了兑现。在《逻辑哲学论》中给出的解释，将命题与(不受时间影响的)半永恒状态联系起来。一种弱符应理论，可以从

---

① 最近关于宗教信仰的一种新现实主义解释，为最小符应理论做了辩护。参见：David Carr，‘Knowledge and Truth in Religious Education’，*Journal of Philosophy of Education*，28，2，1994，pp. 221-238，esp. p. 225.

② 有两个例子，一个是古代的，一个是现代的，参见：Plato，*Theaetetus*，Part 3 in F. M. Cornford，*Plato's Theory of Knowledge*，London，Routledge，1935；Ernest Gettier，‘Is Justified True Belief Knowledge?’，in A. Phillips Griffiths (ed.) *Knowledge and Belief*，Oxford，Oxford University Press，1967.

亚里士多德的主张当中找得到，即一个命题若为真，就必定意味着某事为真。[①] 因为在许多宗教观点当中，这个“某事”是一个永恒、超越的现实。许多宗教信仰的关键命题(至少在伊斯兰教与犹太—基督教传统当中)是关于永恒或半永恒的实体，它的核心属性不会改变。如果宗教命题是对于真理的主张，那么它们至少部分涉及超验存在的属性、相互关系以及与世界其他方面的联系。由于这类命题无法通过其他实践中的手段来验证，因此任何以非宗教背景的程序为基础的真理解释，都将无法处理宗教背景下的真理主张现象。对此，一种回应方式是否认宗教命题与真理有关，无视其表面的相关性。本章采用的是另一种回应，认为在不同的实践或生活方式当中，不存在唯一可以定义真理概念的方法。它需要在相应的背景下进行具体研究，并且未必会导向统一的、超背景式的解释。似乎很清楚，许多宗教都预先假定了某种宗教现实的存在，认为对这些现实可以提出真理主张。这种解释与科
151 学背景中对真理的解释大不相同。比如，在科学当中，通过多数人认可的完善程序去独立检查真理主张，是多数人认可的科学命题真假属性的基本特征。在科学领域，只有一位科学家能够证明他对于某个将被接受的命题的主张为真还不够，科学家共同体还将验证该证明是否足以确保该命题为真。

任何信念系统都包含某种程度的认同。如果我声称自己知道上述

---

① 试比较：Carr，op. cit.《逻辑哲学论》中的真理解释，并不是符应论的，因为它认为“p 为真”等同于“p”。从理论上讲，任何试图用符应论来解释“p 为真”的尝试都是无稽之谈。

理论 p，那么我就有理由相信 p。如果有人提出要求，那我就可以引用适当的证据与论证，来解释为什么会相信 p。在我准备这样做的范围内，我认可 p 为真理。也就是说，我不知道有任何合理的反证存在。同时，我也认可评估与检查系统，在其中对 p 为真的主张得到了评价。这种认同是理解任何 p 这一类命题的必要条件，因为只有通过与他人一起使用评价程序才能使我相信、知道、怀疑或拒绝 p 以及其他类似的命题，唯有如此我才能做出此类声明或否认此类声明。因此，我认可允许此种实践的生活方式。在科学当中，这就意味着遵守程序，允许对命题进行评估，而不论权威是否认可其为真(至少在有些情况下是如此)。在日常生活当中，权威在信念方面发挥了重要作用，但通过对证据与论证的评估来获得信念的方式也有很大空间。随着一个人越来越渊博、熟练与独立，以这种方式获取信念的空间也越来越大。

从某个方面来说，宗教也不例外。宗教信仰的入门，是通过灌输特定的生活方式来实现的，其中包含宗教断言以及确认与否认的实践。然而，一项重要的特征使它们不同于科学：它们非常好地利用了公认的权威来断言真理、验证某些命题、拒绝其他命题。这些权威可能是诸如《古兰经》或者《圣经》这样的经典文本，诸如牧师之类的神职人员，或者诸如先知这样的魅力型人物。与其他生活方式不同的是，宗教权威有两个重要特征。首先，无论是传统型还是魅力型，宗教权威在很大程度上都取决于所在的环境：使用仪式、典礼与个人情感体验，如参与礼拜、祈祷或忏悔等形式，来唤起敬畏、惊奇、喜悦与谦卑的情绪。这是宗教经验的特点，是承认与接受宗教权威的重要心理基础。

在某种意义上，对宗教经验的主要反应，是参加宗教活动并以适当方式对其做出反应的训练的结果。其次，由于宗教真理有赖于权威(最终
152 会有一到两个权威被认为是无懈可击的)，所以在不否认作者权威地位的前提下，即使不是不可能，也很难拒绝任何特定的命题。对作者权威地位的否认，很快会导致对以他为作者的那些命题的怀疑。为某个宗教命题作独立辩护，几乎没有或完全没有作用：这些命题往往结合在一起，构成一种观察世界的独特方式。宗教推理的结构，取决于单个权威主张的真理性。当这种权威被破坏时，依赖它的命题也同样会崩塌。这有助于解释宗教与其他生活方式在认同方面的差异。宗教认同近乎全称命题，并通过强烈的情感元素得到保证。在其他生活方式当中，情感联系通常不会达到相同的程度。这种情感因素往往也是认可宗教权威的必要心理条件。

对于把宗教命题当作真理主张感到不安的人，可能更容易接受宗教经验的表现性特征，这通过仪式、典礼与祈祷表现出来。但是，其中的口头表达，不被作为断言或准断言(这些口头表达从表层语法看是这样的)，而是作为非断言性表达，比如表达希望、劝诫敬拜或要求行善。在这种解释当中，宗教生活是表现性而非断言性的。只是，宗教生活不同于其他形式的表现性行为，比如音乐与舞蹈(尽管它们在宗教当中也有广泛应用)。因为涉及道德、人的有死性以及人类生活永恒的一面(即戴维·卡尔所谓的灵性的[1])，宗教生活会更为深刻。举一个

---

① D. Carr, 'Towards a Distinctive Concept of Spiritual Education', *Oxford Review of Education*, 21, 1, 1995, pp. 83-98.

菲利普斯(D. Z. Phillips)的例子：在恰当的宗教背景下，“基督复活”不能被视为对某人从一个地方移动到另一个地方的断言。这是一种邀请，去赞扬某个特定的宗教人物。[1] 无论人们认为这种对宗教经验的解释是否正确，菲利普斯关于表现力在宗教体验当中首要地位的洞见都极其重要。一种对宗教的解释如果忽略了这一点，就不能正确反映宗教在人类生活中的重要性。但是，接受表现力在理解宗教经验时的重要性，在逻辑上并不一定会导致(有时可以归功于菲利普斯)对于宗教的“信仰主义”解释。[2]

宗教与教育

学科教育活动的目的是培养知识、技能与理解，以便掌握核心概念、独特的真理检验方法(如果适用)与研究方法(如果适用)。[3] 此外， 153
在适当的时候，还要掌握一定的核心能力、发展情感反应，并理解这一主题在人类生活当中的重要性。这些都是雄心勃勃的目标，但是从长远来看低于这些要求的教育总会有肤浅的风险。对于大多数教育者而言，首选的方式是通过与学科内容的实际接触来开展学习。因此，一个学习科学的学生，将学习关于这个学科的核心事实，但他也将在

---

① 菲利普斯对于相关问题的讨论，参见：‘Wittgenstein，Religion and Anglo－American Philosophical Culture’，in *Wittgenstein and Culture*，Wittgenstein Vienna Society，1997，forthcoming，esp. Section 2.

② “信仰主义”解释是否准确描述了菲利普斯目前的观点还值得怀疑。更精致的相关观点，参见：D. Z. Phillips，*Wittgenstein on Religion*，London，Macmillan，1993.

③ 试比较：C. Hamm，op. cit.，pp. 68-69.

某个阶段通过参与适当的科学研究等实际的方式来掌握概念、检验与方法。即使是从事相对肤浅的科学研究，也应该以实际的方式向学生介绍对预测进行独立检验的观念。即使在小学阶段，这也有可能取得进展，因为在日常生活当中包含足够多并不神秘的机会，比如触手可及的材料、各种液体、植物、动物以及周边的空气。在面对道德这样的非常不同的学科内容时，在家庭与学校生活的紧急情况下难免需要实际参与。虽然文学讨论与通过文学作品获得的替代经验是道德教育的重要方面，但很少有人会怀疑，只要脱离实际参与这些东西就几乎都没有什么价值。正是通过对道德情境的实际参与，辅以对这些经验的讨论与反思，人们才开始珍视德性与道德真理。

这对宗教教育有什么影响？存在两种宽泛的可能性：第一，正如前一节论述的那样，宗教是一种断言性实践，同时又有强烈表现力的一面。第二，宗教是一种表现性实践，没有显著的断言性元素。在前一种情况下，理解核心概念的认知目标、方法论与真理检验显然是重要的。在迄今为止提出的一般教育主张当中，通过参与某种形式的宗教活动进行实际接触，在某个阶段看来是有必要的。但是，这是承认宗教教育的主要形式是忏悔式的。因为，根据上一节的论点，参与这种实践是为了获得那些有情感负载的经验，从而认可宗教权威的权威性并将其作为宗教真理的来源。科学教育与宗教教育的一个重要区别是，受过科学教育的学生认识到许多科学命题可以独立证成，而受过宗教教育的学生则认识到很少有什么宗教信仰可以独立证成。但是，对这些差异的领会，只是科学教育或宗教教育的一部分。通过参与宗教活动，学生们开始了解核心的宗教概念、在宗教范围内的独特真理检验方法与研究方法。此外，某些特定的能力、情感反应，以及对宗 154
教本身及其与其他学科相关的重要性的理解也会由此产生。①

虽然一对希望在自家孩子身上建立宗教信仰的父母，可能会欢迎这种宗教教育，但是那些不信教的父母与教育者就不会如此。他们会认为宗教内容本身存在争议，而且培养宗教信仰的做法本身也是灌输式的。持这种观点的人会面临两难境地。除非是最肤浅的那种，否则一个人怎么可能在没有灌输的情况下，完成任何宗教教育呢？人们可以采纳保罗·赫斯特(Paul Hirst)曾经提倡的观点，即尽管宗教可以用非忏悔的方式作为一种关于信仰的解释来教授，但是平心而论宗教不是一种知识形式，所以也不应该被当作一种知识来教。② 在赫斯特后期的观点当中，教育包括很可能产生批判理性的实践活动。在案例活动当中，这个观点就意味着以一种促进对宗教进行批判反思的方式来接触宗教。③ 这种观点的问题，现在看来应该是很明显的了。宗教活动涉及对宗教权威的服从，这是一种本质上无条件地服从，几乎不可能产生任何对于活动本身的批判反思，反而是会认同这种活动并接受其真理主张。

菲利普斯试图回应赫斯特早期的否定式建议，认为宗教教育可以

① D. Carr，1995，op. cit. 在灵性教育方面提出了类似的观点。

② P. H. Hirst. ‘Morals，Religion and the Maintained School’，*British Journal of Educational Studies*，November 1965.

③ Paul Hirst，‘Education，Knowledge and Practices’，in R. Barrow and P. White (eds) *Beyond Liberal Education*，London，Routledge，1993，pp. 184-199.

通过展示宗教对于信徒的作用来阐明宗教信仰的本质。① 这包括对故事与《圣经》文本的解读、展示仪式如何与信仰相关、什么是中心原则，以及这些原则如何与信徒的道德与文化相联系。然而，菲利普斯的解释并没有解决刚才提到的问题。这个问题也同样存在于他选择的对宗教经验本质的解释上，即如何在不产生宗教信仰的情况下理解宗教信仰？菲利普斯在反驳赫斯特时，不太赞同本章捍卫的某些宗教实践的断言性本质。然而，就他自己而言，宗教经验可以通过讲故事、仪式与典礼来得到发展。②

基于上一节提出的断言性解释，学生实际参与典型的宗教活动，就很有可能出于上面提及的理由接受宗教真理。对此，一种可能的答复是，阐释并不需要包含参与，因此也不会出现灌输的可能性。(非初步的宗教教育不受该论证的影响，我认为有问题的只是初步的宗教教育。)然而，这会使宗教教育有别于其他教育形式，因为宗教教育要刻意避免与学科内容的实际接触。既然参与被认为是实现深度教育的必
155 要条件，那么禁止在其他学科上不可或缺的这项技术以后，怎么能在宗教教育中实现深度教育，就会是让人费解的。宗教具有情感性与表现性，看起来就像运动、舞蹈与音乐一样，可以从实际参与中受益，

---

① D. Z. Phillips，'Philosophy and Religious Education'，*British Journal of Educational Studies*，XVIII，1，February 1970，pp. 5-17.

② 'Searle on Language Games and Religion'，esp. pp. 23-25 in Phillips，*Wittgenstein on Religion*，London，Macmillan，1993，pp. 22-32. 'Primitive Reactions and the Reactions of Primitives' and 'From Coffee to Carmelites'，in Phillips，1993，op. cit.，pp. 103-122，131-152.

因而进一步增加了我们的困惑。

如果情况确实如此，那么除非涉及某种程度的参与，否则将不会，也不足以向某人阐释宗教的性质与意义。因为，脱离参与的阐释不足以让儿童领会为什么有人可能会通过理解与接受宗教权威的本质而相信宗教命题是真的。对于已经具有某种原始宗教经验的人来说，阐释可能很有用，但它本身不足以作为一种宗教入门。除非方式有问题，否则参与礼拜、典礼与祈祷以及在宗教知识方面的指导，就可以达到阐释的力有不逮之处，也就是理解宗教权威为什么对人们是重要的。儿童熟悉的其他形式的权威，以不同的方式在发挥作用。在理解宗教权威时，一个儿童可能会开始理解与自己熟悉的其他形式的权威之间的关系。但是，如果不熟悉宗教实践，那么他就没有现成的参照系来理解宗教权威。参与的结果可能是接受该权威也可能是不接受。鉴于引领儿童涉足宗教经验的主要目的之一是让他们发展坚定的宗教信仰，因此接受权威的可能性始终存在。有人可能认为，灵性教育可以摆脱宗教灌输，单靠参与来进行。卡尔已经论证过，灵性可以通过独特的灵性美德来发展，其灵性实践给灵性内容赋予了意义。[①] 参与式的教育在这里似乎很有用。但是，尽管在灵性与宗教信仰之间存在密切联系，二者毕竟不是一回事，灵性教育也不能代替宗教教育。

如果宗教实践(如菲利普斯一度相信的那样)不是断言的而是表现的，那么阐释法能否比参与法更加有效呢？从表面上看，如果宗教是非断言性的，那就没有灌输的危险了，因为没有等待灌输的命题。然

---

① Carr，1995，op. cit.

而，一些父母即使认为宗教是非断言性的，也仍有可能因为审美或精神的原因，认为让自家孩子参与宗教活动的想法是让人不满的，从而更加偏爱阐释法。

为了进一步研究阐释法，有必要研究其他表现性主题(比如音乐与舞蹈)，并问一问阐释是不是最适合它们的方法。与舞蹈与音乐的类
156 比，并不支持阐释的方法。因为，如果某种音乐教育是要领会对音乐来说困难且重要的东西，比如满足与挫折以及通过与难题做斗争而产生的热爱与尊重，那么尽可能多地实际参与似乎就是不言而喻的了。这是一种正当音乐教育的必要特征。人们可能会认为，可以通过聆听来鉴赏音乐、学习不同的音乐形式、作曲技术、演奏能力等。但是，和亲自演唱、演奏、作曲相比，人们很难说这是一种更加令人满意的教育形式。然而，世俗化的宗教教育者却决定不参与宗教背景下富有表现力的音乐、诗歌与典礼活动。这样，即使是音乐、诗歌或舞蹈式的宗教活动也是以比较不令人满意的方式来学习的，或者它们也可以作为音乐或舞蹈，以参与的方式来教。但是，这将错过一个事实，即它们不仅仅是舞蹈或音乐，而且是“宗教”舞蹈或“宗教”音乐。通过这种“世俗化参与”，它们可能被认为具有某种精神意义。但大多数宗教教育者认为，阐释法不仅不是一种权宜之计，而且要比参与法**更为可取**。如果上述类比确实有价值，那么情况就并非如此。以非参与方式教授宗教的唯一理由是，如果不这样做就会有人起来反对。这要么因为他们认为宗教教义是虚假的、有争议的，要么因为他们认为在美学或精神上这种教育令人反感。

我们可以得出结论，阐释的、非忏悔式的宗教教育是一种二流的教育形式。但无论如何，我们还是要务实地认为，这是在世俗化氛围当中可以实现的最佳宗教教育，无论如何总比什么也没有要强。然而，如果一个孩子没有意识到宗教在许多人生活当中的重要性，那我们就必须要问一问他从宗教的相关教育经验中到底得到什么了？如果宗教被认为是不重要的(尽管有些人认为宗教很重要)，孩子们就可能认为那些人不仅被错误的信念所束缚，而且他们简直就是在放纵自己(因为他们没有明显的理由这样做)。最糟糕的是，这些孩子被系统地误导了，以为这些宗教信仰是对明显错误的东西的坚定信念。简言之，危险在于，在一个世俗社会中给予儿童的阐释性的宗教教育，可能会使儿童认为宗教不是一种具有深远意义的人类现象(无论是否赞同其中心原则)，而只是某种非理性的、欺骗性行为。[1]

结论 157

如果上述论证合理，那么试图从世俗立场出发来促进宗教学习就是让人费解的。目前在英国提供的非忏悔式宗教教育，不但毫无用处而且更加糟糕。它不能告诉不信教者，对于宗教信徒来说宗教的重要性与独特性是什么。并且，它有可能使宗教信徒的实践被误解，要么

① 类似休谟那种自然史的解释就接近这一立场，他试图阐明宗教在人类生活当中的原因和意义。参见他的《宗教的自然史》。D. Hume，Natural History of Religion，(first published in present form 1777)，Oxford，Oxford University Press，1993.

被武断地认为是妄想，要么被非武断地认为那不过是审美的或精神的。无论哪种方式，它都有在所教学科内容上系统误导学生的风险，这不应是任何令人满意的教育实践该有的结果。有两个自洽的选择。一是放弃在非教会学校提供宗教教育。这些学生的父母不希望自家孩子接受宗教教育。二是为那些有意愿的父母提供适当的忏悔式宗教教育。通过这种方式，那些希望自己孩子了解宗教的人能够得偿所愿，而那些不希望自己孩子接受宗教教育的人也可以得到满足。那些认为自己孩子可以通过忏悔式宗教教育来学习一些重要宗教信仰的不信教父母，应该选择后一种方案。他们希望自己的孩子最终能摆脱这些，同时又仍旧了解宗教是什么以及为什么宗教对很多人来说那么重要。

/ 14. 道德学习/ 158

导言

为了理解道德教育，需要先行回顾一下与学习有关的重要元素：

(1)人类是**社会性动物**，在社会当中生活，是保持自身安康的一种需要。然而，仅仅如此还不够，因为人们需要以有利于蓬勃发展的方式来共同生活。可以说，他们需要追求人类生活的善的观念。在后启蒙时期的社会当中，人们普遍认为实现自主对于个人的安康与自尊是必要的。一些支持自主的人，并不认为它会与任何特定的共同善的概念相联系，这些人是强自主论者。弱自主论者则认为，自主至少与最小共同善的概念相一致。如果共同善被视为一系列有限的、可以分析的目标与价值观，社会认为它们是可以促进人蓬勃发展的可行概念[1]，那么本章将认为，在弱意义上实现个人自主是道德教育的主要目标之一。[2]

(2)人的生活服从规则，有一般原则、法律、准则以及规范人类行为的建议性行动准则。

(3)人与世界的接触，在很大程度上是实践性的，与一定社会架构内的目的有关。我们对社会的看法以及我们与他人的交往，是形成道德判断的一个条件。它涉及在情境中识别与道德相关的属性，以及确定适用于它们的道德原则。

(4)人们在社会架构内追求(也被期望追求)自己的善，因此道德教育不仅关系人们对于规则的认知与理解，而且关系人的自主行动的发展。在发展自主[3]、独立行动的意义上，道德教育也与
159 良好品格的发展有关。这些特点使人能够独立、负责任地行事，有利于自身以及他人的安康。这包括对原则、规则与准则的认同，同时也包括态度、倾向的发展以及对感知、意志的训练。认同、态度、倾向与意志，都是通常所谓美德(比如勇气、耐心、可信、同情等)的基本特征。

---

① 有关这一区分的讨论，参见：J. P. White，*Education and the Good Life*，London，Kogan Page，1990；R. Norman，'I Did it My Way'：Some Reflections on Autonomy，*Journal of Philosophy of Education*，28，1，1994，pp. 25-34.

② 把高度自治作为公共教育系统的一个可能目标，对这一主张的反驳，参见：C. Winch，'Autonomy as an Educational Aim'，in R. Marples (ed.) *Aims in Education*，London，Routledge，forthcoming.

③ 关于现代社会中的强自主的有力辩护，参见：White，op. cit.；Norman，op. cit. 我将在本章稍后部分说明，采用强自主作为道德教育目标会给道德教育带来难题。

(5)每种与道德相关的情况都有其具体特征，在许多情况下（即使不是大多数情况下）也意味着粗粗看一眼，就能马上发现正确的行动是什么。

(6)道德包含反思、判断与行动。这里的行动，不仅指他人的行动，也包含自己的行为，二者的重要性不相伯仲。

道德教育是复杂的，可以或多或少取得成功。在大多数已知的社会当中，道德教育披着宗教的外衣来进行，宗教为道德教育提供了认知与情感框架。与常见的认识不同，宗教不仅提供了一系列戒律与制裁，而且引导人们以各种社会认可的方式来行动、不考虑社会生活的复杂特殊性。某种宗教式道德教育，可能导致一个人完全服从戒律、制裁、渴望奖赏，但这可能不会被认为是一种非常成功的道德教育形式。某种宗教式道德教育，如果导致人们服从规则而不是实践美德，那么这种教育至少在犹太—基督教传统当中会被认为是一种失败。然而，本章的论证并不预设道德的某种宗教背景的必要性，也不预设摆脱宗教背景的道德教育的优越性。

条件作用、训练与教学

人类生来并不理解何谓正确与错误，也没有关于自己所生活社会的道德信念的知识。有人认为，道德训练是道德学习的基础，如果不理解训练的重要性，就会导致对道德学习本质的误解。有人指出，早期学习是基于人类的动物性反应以及婴幼儿识别这些反应并对其采取行动的能力。在生活当中，儿童很早就认识到，自己的一些行为会带来欢乐，而另外一些行为会引起怨恨。儿童通过引发反应来学习，同
160 时也通过这些反应，识别自己做的事情对社会与自然界能产生什么影响。由于要依赖他人的救助，这些反应对儿童来说就很重要。通过了解自己引起的反应的性质并试图预测这些反应的性质，儿童学会了对自己的行动负责。他们认识到，通过行使自己的意志，采取不同的行动方案是可能的。这是一个渐进的过程，毕竟我们都知道，儿童在很长一段时间内都不对自己的行为负完全责任。与此同时，虽然他们正在了解他人的反应性行为、他们自己的行为以及如何控制行为，但我们还是可以说他们处在对行为负责与不对行为负责的中间状态。因此，斯特劳森(P. F. Strawson)写道，父母与其他关心幼儿成长的人，“面对的是这样的生物：他们有能力并且越来越有能力把握(同时也成为其对象)人性的与道德的态度的范围，同时现在又并不真有能力做到这两点”①。在他们真正被认可为对自己的行动负全责、能够辨别善恶之前，让儿童以某种方式行事的**条件作用**过程，逐渐成为一个**训练**他们认识自己与他人的反应性态度并据以行动的过程。对于亚里士多德及其追随者们来说，在早期阶段灌输习惯，是道德学习的一个基本特征。

① P. F. Strawson, *Freedom and Resentment and Other Essays*, London, Methuen, 1974, p. 19. T. Kazepides, 'On the Prerequisites of Moral Education: a Wittgensteinian Perspective', *Journal of Philosophy of Education*, 25, 2, 79.

> 但是，美德要通过应用来获取，艺术也是如此。对于那些在做之前必须学习的东西，我们在做当中学习，比如：人们因建造而成为建造者、因演奏七弦琴来成为演奏者；同样地，我们因公正行事而变得公正，因节制行事而变得节制，因勇于任事而变得勇敢……因此，我们是否从年幼时就形成了这样那样的习惯，这并不只是会造成一点点不同。这会带来很大不同，甚至可以说是根本的不同。①

儿童对他人的反应性态度以及自己对他人反应性态度的感知，导致了对他人与自己的伤害与利益概念的发展。通过这些概念以及相关概念的发展，他们开始理解善恶概念在人类生活当中的运作。他们开始把善与促进人的蓬勃发展联系起来，同样把相反的概念与伤害联系在一起。

关于早期道德学习的这种解释，包含许多要点。首先，它是不完整的。但正如我们在前一章看到的那样，宗教经验的早期发展来自于对行为反应的训练，因此在某种意义上说，宗教式与非宗教式道德学 161
习之间存在重要的相似之处。

其次，虽然道德成长已经被描述为训练之后的条件作用，但两者之间的差异仍十分重要。虽然条件作用只试图引起某些特定的反应，但训练涉及幼儿判断的发展。道德训练包括儿童学习识别并试图影响他人的反应性态度，同时学会识别与控制自己的反应性态度。在这样

① Aristotle, *Nichomachean Ethics*, Book 2. Translated by Sir David Ross, Oxford, Oxford University Press, 1925, pp. 28-29.

做时，他发展出道德评价主体的倾向与态度。因此，我们为品格发展赋予了道德重要性。这些倾向与态度具有文化、社会的维度，同时也具有纯粹道德的维度，其发展在很大程度上取决于这些特征在文化当中的声望与重要性。

再次，重要的是要认识到，前一段描述的过程，在某种程度上可以被视为对早期人类道德培养的理想化。虽然幼儿终会遇到他人的反应性态度，但是他们怎么应对这些反应、他们有没有受到训练来做出应对，却绝对不是确定的。很可能出现的状况是，某个社会提供的训练，不足以促进对人类福祉与伤害的充分认知，而在我们看来这正是人的蓬勃发展所必需的东西。实际上，这样的训练可能根本就不会发生，或者在最好的状态下也并不充分。儿童因此有可能会获得一些价值观、性格特征、行为模式与态度，使他有异于社会中的其他大多数人。奥登(W. H. Auden)写道：

> 一个衣衫不整的顽童，漫无目的，独自一人，
> 消磨空虚的时光，一只鸟
> 轻巧地避开了他瞄准的石头：
> 那些女孩被强奸过，两个男孩捅了第三个人，
> 对他来说，这才是至理名言。他从未听过
> 一个信守诺言的世界，
> 或一个因为别人的哭泣而哭泣的世界。[①]

① W. H. Auden, 'The Shield of Achilles', in *Collected Shorter Poems*, London, Faber, 1966, p. 294.

道德训练的一个重要方面，涉及以一种让美德得到认可与应用的方式来发展品格。但是，不同社会的美德，在某种程度上有所不同。如果牢记这一点，那么基于美德概念的道德学习解释就必须做到三点：第一，阐明年轻人如何从依赖过渡到某种形式的负责任；第二，解释道德理解成长的长期性与多样性；第三，表明个人道德成长如何在道 162
德价值观与道德秩序的社会背景下得到设定。

当儿童能理解言语时，他们就可以理解体现在口头表达当中的行为准则式的反应性态度，比如伤害他人或者不顾及他人感受是错误的。这些行为准则，通过批准与拒绝，为行为提供了指南。孩子们也可以通过熟悉《摩西法典》或者别的类似的东西，了解自己在社会当中更为基本的道德原则。最后，孩子们通过熟悉用于规范行为的原则，比如绝对命令、金律或者亚里士多德的中庸法则，为他们提供了行为准则和道德原则都无法提供的那一类指导。人们过去一直认为，这些原则是自然律，仅仅凭借理性就可以发现。但是，即使是霍布斯这样的人，也不认为对这些原则的认可是理所当然的，而是建议去教自然律以及从中推导出来的原则。

> 对于摩西在重申圣约时交给以色列人的法，他吩咐他们要教给自己的孩子，街头巷尾、晨昏定省，还要把它写下来贴在门楣上。又要把人民聚集起来，无论男女老幼，悉数听其教诲。[1]

---

① Thomas Hobbes, *Leviathan* (first published 1651), London, Penguin, 1968, p. 319.

训练与指导可以识别情境的道德特征，即对所在社会的安康是否有贡献的那些特征。[1] 这包括两个方面：第一，有助于发展对情境与人的态度、发展行为与行动的习惯或倾向；第二，有助于控制难以驾驭的激情、引导欲望与感情以及抵触与厌恶，以形成特有的行为模式。这对于个人及其社会的安康都有贡献。

我们现在有条件去考虑卢梭的教育解释有什么不足了。在上面概述的解释当中，作为一种复杂且巧妙的事务，道德教育或多或少都可能取得成功，当然也可能失败。它的成功需要在条件作用、训练、指导、练习、行动与反思之间保持平衡。许多因素都会参与其中，因此才会有那句名言："养育一个孩子需要整个村庄。"卢梭希望在童年期排除规范性元素，并将童年期视为由理性成人组成的政体的形成与实践过程。结果，在一个基本是非社会化的世界当中，在很大程度上让条
163 件作用成为养育孩子的唯一手段。卢梭排除了训练与指导。行动主要由家庭教师来控制，而反思只限于爱弥儿接触的有限道德经验。如果上面的解释是准确的，那么在大多数情况下，卢梭式的道德教育都有可能会失败。

---

① 这可能被解释为对"道德现实主义"的认同。如果确实如此，那也不意味着人们会认为这些情境中有什么本体论意义上的神秘特征。

超越道德训练

道德训练至关重要，使儿童可以对他人的反应性行为做出预测，给出适当的反应，以及识别自身行动造成的伤害并做出应对。但是，到目前为止，训练只适合于儿童。他们很快就会反思，自己的道德理解是否有所进步。如果他们有深入的道德理解，原则上来说他们就需要反思并讨论道德行动并且对道德价值做出正确的解释。

道德服从规则，这意味着学习践行美德至少部分涉及行为准则，同时涉及解释道德相关情况的规范性原则。随着儿童越来越有能力进行道德行动与道德反思，他们将从学习以正确方式行动转向为自己应用的规则做辩护、评估与解释。这种反思不完全是认知性的。早期道德行动，从被动反应的角度看往往是情感性的，从积极的角度看则包含训练有素的回应。① 但是，为了处理多样性、细微差别与复杂性，道德行动需要尽早转向反思。

“我为什么这样做?”这个问题，可能会采取一种与受过训练的反应有关的回答，比如：“因为我是在那种环境下长大的”或者“这是在那种环境下你应该做的事”。但训练有素的反应，并不总是足以应付道德相关情况的复杂性与模糊性。在许多情况下，可能需要进一步解释或调查。比如，有人可能想问：“是这种情况还是另外一种情况?”这并不是

---

① 道德情境中的替代经验，对于判断的发展至关重要。这种替代经验的适宜材料是什么，并不容易确定。

要否认道德感知的重要性，而是要指出直接的感知并不总能提供与情况有关的所有内容，或者有时候会有关于分类的真正难题需要更进一步地思考。人们可能需要寻求进一步的信息或其他观点，或者可能需要将当前事件与自己过去的经历联系起来。人们也可能想问，这个人的反应对于当前环境来说是不是正确或者是不是最恰当(反应需要加以评估)。每一条规则都会有些许让步(甚至一个路标也需要解释)，道德规则就是如此，特别是在不同道德要求有可能相互冲突的时候。最后，
164 人们可能被要求去为行动或判断作辩护。有人可能会被问："你为什么这样做?"或者"你的反应为什么如此强烈?"这些问题不能总是以本段开头所述的那种方式得到满意的解答。

因此，训练需要辅以教育的形式，以便对各种形式的道德经验做出恰当反应；需要通过反思与讨论，来补充反应性判断与行为；还需要与对道德行动在整个社会的文化与价值观念当中的地位的考虑相结合。在这种持续的道德教育当中，越来越重要的是对道德情境中的特殊情况的欣赏。这并不意味着原则无关紧要，或者它们必然被道德相关情况的错综复杂的特殊性所压制，而是必须根据道德情况的特殊要求来解释行为准则的适用性，这是道德主体面临的状况。这通常不是甚至几乎不可能是功利主义者所说的那种计算，但是这通常也要求注意个人行动可能带来的善恶后果。[①] 或者，这也可能要求一个人对自己以及自己的行为动机保持诚实，并要求人们在必要时尝试从受影响

---

① 这并不意味着后果是唯一重要的考虑。但是，如果道德与伤害或安康有关，那么对行为后果的考虑有时就是不可避免和正确的。

或可能受影响的各方立场(根据其品格与兴趣)出发来看待当前的状况。在最后这一点上，它涉及一项规范性原则的应用。该原则就是“道德金律”(即己所不欲勿施于人)，它应该作为伴随训练而来的道德指导的一部分来学习。①

我们可以观察道德与学徒制之间的类比。② 学习一门技艺，涉及训练与指导，但不能完全使用这些术语来加以描述。它包括储备的扩展，以涵盖新的、令人费解的以及更加复杂的情况与任务。它还包括把行动放在比车间更广泛的社会背景当中，并利用这门技艺运用者体现出来的个人智慧与社会智慧。在技艺的发展过程当中，也存在自我实现的因素。然而，这个类比不应该走得太远。道德更应关注的，既包括我们与同胞的关系，也包括我们的自我实现而不只是技艺。技艺中的美学元素，比道德中的美学元素更强。道德不应该被视为**技术**或**专长**。道德不仅是任何技艺的实践，还关注个人品格的发展。然而，就像一门技艺一样，品格应该在那些关注儿童发展的成人的指导下，从一开始就基于美德实践来得到发展。

共同体的成员资格，是道德学习无法回避的要求。父母与家庭在识别与塑造反应性行为方面的重要性，我们已经提到过了。伴随成长，儿童成为更广大社区的积极成员，这时该社区的其他成员也在他的道 165

---

① “道德金律”作为一种高阶道德原则，在不同道德哲学中出现过，比如霍布斯(T. Hobbes, *Leviathan*, p. 190)、康德(*Groundwork of the Metaphysic of Morals*, first published 1785; available in H. J. Paton, *The Moral Law*, London, Hutchinson, 1948)。然而，要指出的是，不同人在应用它时可能会得到不同的答案。

② 这并非暗示道德和美德实践是某种审美感受力。与人类需求的联系，确保情况不会如此。试比较：R. Gaita, *Good and Evil*, London, Macmillan, 1991, pp. 85-86.

德教育方面被赋予了重要性。特别重要的是在求学期间的老师，以及在就业与家庭生活早期阶段的工作伙伴与同伴。学校、工作场所以及家庭构成了道德学习的实际环境，在其中道德学习有机会在各种日益复杂、道德深度日益增加的状况下发生。因此，教师既是道德榜样，又具有推动儿童道德学习的实际道德智慧，这一点非常重要。[①] 然而，重要的是，在一定年龄以后，这种教育角色并不意味着教师需要成为(即使有可能)某种道德专家，因为个人必须自行决定在某些情况下应该做什么。他们可以得到建议。可如果总是被告知要做什么，那他们就失去了成熟道德行动的自主性。

这一点也适用于对道德行动的评价与辩护，这不仅仅针对自己，也针对其他人。这不可避免地涉及通过具有不同生活经历的不同人的观点来考虑一些具体案例。人们对具有道德维度的事件的反应，不可避免地带有情感维度。但我们也必须做出判断，在这种情感背景下去进行辩护与评估。这意味着我们对自身与他人都卷入其中的道德情境的情绪反应，也具有认知的方面。我们需要对自己对道德情境的情感反应保持足够信心，从而能够在此基础上形成观点与论证。我们学会运用道德思考所必需的评价词汇(尽管如盖塔暗示的那样，这绝对不是排他性的)，涉及诸如多愁善感、冷漠、浅薄与深刻等观念。[②]

---

① 这是卡尔强调的要点：D. Carr，*Educating the Virtues*，London，Routledge，1991，Chapter 12.

② 比如：Gaita，op. cit.，p. 326.

辛普森(Evan Simpson)提出过类似的观点。① 他强调要关注具体细节的重要性，强调情感反应的认知维度，以及对话在发展道德敏感性方面的重要性。然而，他忽视了在发展更深层次的道德敏感性之前，要有一个道德训练期。道德训练涉及根据道德禁令行事，然后道德禁令就成了一个人采纳的原则。只有它才能使年轻人接受在更成熟的道德思考中经常需要的解释、评价与辩护。但如果未曾勤勉地参与其中，那么其余的那些就都没有任何价值了。只有那些践行美德的人，那些懂得尊重生命、忠诚与诚实等道德原则的重要性的人，可以在日常生活中遇到的复杂情况下思考这些原则的意义。通过培养情感以及认知反应来感知道德情境的特殊性，进而在有针对性的文明对话的基础上开展道德教育，这是弄错了重点。这不是关于道德发展阶段的心理学 166
观点，而是在谈论道德教育先后次序时的语法要点。对原则的解释与对品格的审视，都要事先习得、欣赏与理解原则，都要求性格的形成(至少在一定程度上是如此)。辛普森批评道德发展主义者，认为他们倾向于把道德发展看作更加抽象的道德理性原则(主要是在认知层面)的实现。这种批评非常正确。② 至于发达的道德行动与反省的逻辑要求并不受影响，即如果他们要从事任何实际的活动，就需要训练有素的行动与知觉来作为基础。

---

① Evan Simpson, *Good Lives and Moral Education*, New York, Peter Lang, 1989.

② 同上书，第 5 章。

道德发展主义

关于道德教育的许多现代思想，都隶属于第7章描述与批评过的发展传统。本章提供的解释，把道德教育表述为按照一系列阶段来进行的过程。下一个阶段要想发生，此前的每一个阶段就都有必要。尽管如此，这种解释并不是第7章介绍的那种发展理论。这种顺序主要是语法性的，其进展也不是自动的，而是取决于社会及个人的努力。

最著名的道德发展主义者皮亚杰与科尔伯格(Lawrence Kohlberg)认为，道德发展是从自我中心到对社会认同的尊重、从规则约束的概念到契约式概念，最后是普遍理性的、自主的道德观念。[①] 他们受到批评，认为他们没有把这些阶段视为真正的道德选项，而是作为道德成熟道路上的一些阶段。尤其是辛普森指出，如果认为某些政治组织只是道德上相对不成熟的结果，那么针对社会替代方案进行的理性政治辩论就会面临威胁。[②] 这种发展模式的灵感，在很大程度上来自于康德。以至于他们声称的经验数据基础，可以说已经经过康德视角的折射，才得到这些作者此前坚持的进步阶梯。浮于表面去看待儿童对道德问题的反应是有问题的。事实上，在得出任何结论之前，都需要非常仔细地考虑成人询问的那些儿童的看法与动机。更具破坏性的地

---

① L. Kohlberg，*The Philosophy of Moral Development*，Volumes Ⅰ－Ⅲ，San Francisco，Harper & Row，1981.

② Simpson，op. cit.，Chapter 5.

方在于，凭空给不同类型的反应添加一个规范性等级。除了相信自主相对于其他两者更具价值之外，还有什么可以让人给自我中心、他律与自主道德反应进行递进式的排序呢？整个过程始终存在不同的道德选择，这个事实被忽略了。①

更严重的是，假设道德成长与脱离情感与动机的道德行动相关， 167
这种观点把道德行动当成理性意志可普遍化的行动。道德成长被描述为向康德理想的发展。但在这个图景当中，品格发展与对美德的尊重被忽略了。事实上，康德的图像强调责任而不是倾向，存在着将道德与所在社会分离开来、将动机与情感分离开来的危险，可能对年轻人对待道德的方式产生可怕的影响。

对于那些强调美德在道德教育中的重要性的人，科尔伯格对此不屑一顾，将这种呼吁视为对道德的“美德袋”式的解释。儿童在其中得到的教育不是别的，只不过是一些非反思性的行为，包括一系列禁止偷窃、撒谎或欺骗的禁令。② 根据本章前面部分的讨论，这种批评可以说有几分夸大。对于那些关注品格成长与关注美德的人来说，不加置疑地服从封闭环境的一系列道德原则是一个必要步骤(但也仅仅是一个步骤)，沿着这条道路可以领会日益复杂的道德经验。与此同时，人们对一系列道德状况的反应与反思也使人的性格变得更加复杂，人们越来越期望年轻人表现出独立的判断能力。在道德学习的本质当中，

① 试比较：Simpson，op. cit.，pp. 150-161.

② 比如，可参见：L. Kohlberg，‘Stages of Moral Development as a Basis for Moral Education’，in C. Beck，B. S. Crittenden and E. V. Sullivan (eds) *Moral Education：Interdisciplinary Approaches*，New York，Newman Press，1971，p. 75.

经验增长与品格发展是相互关联的。已经描述的这种道德训练，只是尊重美德、践行美德的开端而不是结束。

道德教育与人的蓬勃发展

为了进一步修正对品格发展与德性实践的辩护，以作为理解道德学习的基础，我想讨论盖塔对麦金太尔(Alasdair MacIntyre)作品的一些批评。[①] 一种关于美德的**还原论**解释认为，美德的存在是为了促进人类的安康、幸福或蓬勃发展。麦金太尔着手提供一种关于美德的非还原论解释。但盖塔认为，麦金太尔试图解释我们**为什么**需要美德，所以他最终还是给出了一个还原论的解释。盖塔极力说明，如果道德是严肃的，那么人类需求与道德之间必然存在联系。[②] 但是，这并不是说对于道德信仰与道德实践的解释，完全可以从人类一般需求的角度得到解释。为了理解为什么美德实践很重要，我们要看到在美德行为与满
168 足人类需求之间存在不可避免的联系。这并不是说，通过展示它们如何有助于满足这些需求，就可以详尽解释美德实践的重要性了。

在承认这些批评意见的力量的同时，道德教育作为一种品格发展的形式也可以得到捍卫。这并不意味着(从盖塔所写的内容来看)美德仅仅只是为了自身之故、以斯多葛派的方式来实践。应该教育儿童成为好人，不仅仅只是因为这会帮助他们得到尊重并在生活当中取得成

---

① 比如，可参见：A. MacIntyre，*After Virtue*，London，Duckworth，1981.

② Gaita，op. cit.，p. 86.

功，也不仅仅只因为人应该如此。美德实践与人类的伤害和安康有关。但是，无论是对自己还是对他人，安康都只是美德的副产品，而且不是在每种情况下都会出现的必要副产品。我们都希望儿童有意愿正直地行动，即使不符合他们当前的兴趣。不过，儿童也需要认识与理解，如果不做正确的事情可能会造成什么伤害。比如，对于自己的伤害，主要是由于忽略了勇气和勤奋等与自己有关的美德；对于他人的伤害，主要是由于忽略了可靠和慈善等关于他人的美德。即使已经习惯于勇敢而富有同情心的行动，并且开始重视他人的这些特质，他们也仍然要明白，以这种方式行事并非徒劳。如果大家都如此行事，从长远来看会有利于社会与个人的安康。

这需要他们认识到，人类是社会性存在，其幸福取决于所在社会的安康。反过来，社会的安康也取决于其价值本质以及它们在过去、现在与未来几代人中的保存程度。因此，说某个慢性病患者或者身患绝症的人有蓬勃发展的可能性，这可能说不通或者完全没有意义。重要的是，我们关于自身价值观的重要性以及它们在生活中的位置的意识，取决于无条件地关注同胞的需要，而且之所以这样做不是因为自己希望提升这些价值。也就是说，我们可以理解这样的性格特征本身就值得重视，尽管我们也很清楚它们可能有什么广泛影响。

这些评论清楚表明，道德教育自身是一个复杂且困难的问题，没有显而易见的终点。这就是为什么一个孩子在认识他的行动在所生活社区与文化背景下的重要性之前，根基必须打好的原因。如果没有正确的训练与指导，儿童对道德的鉴赏甚至都可能不会有一个正确的开始。还有一种危险是，它可能仍然停留在一个特定的、具体的概念之中，也许只是出于审慎才遵守谨慎行动的准则。人们在这种情况下可能会说，某人已经学到了一些与道德有关的事，但是他的道德教育缺
169 乏深度，并没有为他在包含道德复杂性的情境下做出明智与审慎的行动做好准备。

结论

最早的道德体验形式，在于儿童对自己能够引起周围人欢乐或怨恨的能力的感知以及他对于这些感知的反应。然而，道德条件作用会逐渐让位于道德训练，其目的是鼓励自信的行动与反应，这些行动与反应越来越表现出判断与反思的元素。在此期间，一个儿童正在获得个人品格，其中不可避免地会具有道德维度。从这个意义上来说，他开始通过态度、习惯、行动与反思的发展来培养品格，如果事情进展顺利将有利于他的长远利益以及他所在社会的长远利益。要强调的是，这是一个社会过程。虽然儿童必须以个人身份来反思自己的行动后果，但是他的这种反思能力，取决于周围人的反应与支持，尤其是那些比他更聪明、更有经验的人。

最重要的是，这种训练有一个情感维度。我们希望孩子能够努力变得善良，不仅仅是出于义务甚至完全违背自己的倾向，而且是因为他想要这样。康德式的完全依据义务规定的道德行动概念，对于道德学习来说有一定的危险，因为它以一种相当激进的方式割裂了道德行

动与道德倾向之间的联系，将道德从本应归属于其中的广泛的人类行动与关注当中分离出来。[①] 此外，道德学习还有一个认知的维度。重要的是，儿童要认识到情境与道德的关联。随着他们逐渐长大，儿童学会从自身以外的观点出发，对某个情境与道德相关的特征建立不同的看法。在这方面，他们既需要理解诸如道德金律这类法则的重要性，也要意识到从另外的角度来看它的应用可能并不总是那么简单。这再次导向道德判断的复杂性与细微差别，但是在一个服从规则的架构内。对于这种复杂性的增长，一个重要的助力是通过研究文学、传记、历史以及反思自己和他人的行动的重要性来获得替代经验的可能性。最后，道德智慧的习得只能通过丰富的生活经验、通过品格发展以及道德反思的习惯来实现。

所有社会都会认真对待自己的道德，就算有也很少会有哪个社会在道德问题上完全忽视对年轻人的训练与教育。他们在多大程度上关心对行为准则的服从，他们就在多大程度上通过态度、倾向和行动的 170
实践来发展个人品格。无论是对本人，还是对于所在社会的安康，这些实践都有贡献。在这种意义上，在德性培养意义上的道德解释可以说部分是元伦理学的。这是一种说明，说明了我们对于认真对待道德问题的社会可以有什么期望。这并不是说哲学家对道德本质的认识存在分歧，从而导致社会对自身道德信仰特征的认识也出现困惑。

不同的社会倾向于强调不同的美德，比如有些社会要比其他社会

① 这些评论尤其适用于批判哲学。目前还不清楚，康德为什么会在前批判与后批判时期都对责任和倾向做出如此严格的区分。可参照：Keith Ward，*The Development of Kant's Views of Ethics*，Oxford，Blackwell，1972.

更重视道德行动准则，另外一些社会则更强调自主的重要性等。面对任何特定的社会，元伦理理论都很难捕捉这种多样性与复杂性，因此很容易得出结论认为这种混淆也是“本就如此”。然而，这只是一个误解。社会可能会对如何教育年轻人感到困惑，特别是在社会转换期：比如，从基督教社会转向一个在很大程度上是世俗化的社会，或者转向一个不同道德与宗教体系共存的社会。正如本章所述，这种混乱可能导致严重的损害。但是，这个重要观察并不能就此得出结论，认为我们生活在这样一个社会与时代，似乎我们对于道德的本质感到困惑，或者我们缺乏讨论这个主题的共同语言。在产生混淆的地方，恰恰可以通过最宽泛意义上的政治来找到出路。这包括在某些价值问题上达成一致，在所有人都认同的共同价值上达成一致，以及构建能够达成道德共识的协商与妥协。①

然而，任何关于共同善的概念在道德教育者看来都是有问题的，即使是在追求弱自主(与强自主相对立)的意义上(在本章开头介绍这些概念时的意义上)。因此，本章提出的道德教育架构将受到攻击，因为为了促进强自主，基于共识的道德规则将会遇到问题或者至少会是有条件的。尤其是在认为儿童不可协商的前提下，将会更加难以实现。有充分的理由认为，强自主与弱自主即使不矛盾，也会是不相容的教育目的。此外，采用强自主也威胁到了本章提出的道德教育架构。②

---

① C. Winch, *Quality and Education*, Oxford, Blackwell, 1996, esp. Chapters 3 and 7.

② 更全面的讨论，参见：C. Winch, ‘Authority in Education’ in *the Encyclopedia of Applied Ethics*, edited by R. Chadwick, California, Academic Press, forthcoming; C. Winch, ‘Autonomy as an Educational Aim’ in R. Marples (ed.) *Aims in Education*, London, Routledge, forthcoming.

为了澄清这个问题，至少需要就哪些价值观是道德选择的可能对象达成政治共识。拒绝任何达成共识的企图，使得一致共识的可能性变得极其渺茫。因此，把追求强自主作为一种教育目标，对于任何试图(在哪些道德价值值得选择、值得教育系统去发展的问题上)达成共识的任务来说，都存在巨大难题。但是，这个问题的答案很简单：在一个认真对待道德问题的社会当中，强自主不是一个可以接受的教育目标或道德目标。当然，这并不意味着任何社会都不应重新审视值得公民追求的价值与目标。 *171*

可能产生混淆的另一种相关方式采用了卢梭的规范性概念，这个概念拒绝对尚未完全理性与自由的人公开强加规范，并在养育子女的实务当中取消规范性与公开的道德塑造。第 3 章研究了这种观念中存在的混淆。然而，这些混淆是那些鼓吹自由的团体的局部现象，这些问题的解决必定发生在政治领域。它们本身并不会破坏道德教育的可能性，只有当它们在日常信念中占据重要地位，以至于威胁到当前道德架构的存在时才会出现这种情况。如果出现这种情况，麦金太尔的道德话语崩溃的噩梦，就会成为一种严峻的可能①。

① 译者注：这里提到了麦金太尔在讨论德性伦理学时的一个著名的思想实验："我们所处的现实世界的道德语言，同我所描绘的想象世界的自然科学语言一样，处于一种严重的无序状态。如果这个论点是正确的，那么我们所拥有的也只是一个概念体系的残片，只是一些现在已丧失了那些赋予其意义的背景条件的片断。而我们确实所拥有的是道德的假象。我们仍在继续使用许多关键性词汇。但在很大程度上(如果不是全部的话)，我们在理论和实践(或道德)两方面都丧失了我们的理解力。"麦金太尔：《德性之后》，龚群、戴扬毅译，4-5 页，北京，中国社会科学出版社，1995。

172 / **15. 艺术创作与艺术鉴赏的学习/**

艺术与生活的其他方面

本章的目的包括：强调艺术活动与审美活动在本质上也服从规则；承认艺术高度关注人类生活；主张把审美教育与艺术教育重新融入职业教育与道德教育当中去；强调创作与鉴赏的重要性，认为它们都是审美(艺术)学习(教育)的核心特征。

现在，生活的艺术与审美的方面，在很大程度上被视为经济、科学与技术、宗教与道德之外的一个独特活动领域。[①] 把生活的不同方面剥离开，是现代性的一个状况，并非人类存在的固有特征。艺术并不总被认为是一个截然不同的独特领域。在艺术与宗教、艺术与道德、

---

① 尽管我了解大卫·贝斯特(David Best)对于艺术经验和审美经验的区分，但是仍旧把艺术和审美视为一体。在实践当中，不可能把对美的关注和对生活问题的关注区分开。尽管这种区分在某些方面可能很有用，但作为一种面向所有情况的一般区分并没有什么帮助。参见：D. Best，*The Rationality of Feeling*，Brighton，Falmer，1992，p. 173.

艺术与工艺和技术之间，尤其存在紧密且良好的关系。认为艺术与审美是生活中的一个截然不同的独特方面，这反而是一个相对较新的观念。

许多因素导致了艺术与其他人类事务的隔离。这包括宗教的衰落、主观主义在艺术与道德中的抬头，以及包含大工业生产技术在内的日益增长的经济性的劳动分工。(这虽然没有消除但的确削弱了工匠的重要性。)由于艺术倾向于脱离其他活动领域，结果主观主义对艺术的影响开始提升。当艺术从外部规范中解放出来以后，它们就开始受到那些多少是内在于艺术活动的规范的支配了。此外，反权威主义的兴起(我们知道这是教育思想中的一股强大力量)，导致对于艺术生产的内部规范本身也开始有了某种程度的拒绝。

这并不是说艺术生产不受任何限制。经济需求与一些艺术家回归 *173*
旧时规范结构的渴望，都能阻止艺术完全堕入主观主义。但是，整体的流行趋势仍给一般的艺术教育与艺术学习造成了巨大的障碍，许多人不再能理解艺术教育的目的到底是什么。本章旨在找出，在传统方式当中艺术学习涉及哪些内容？在现代条件下，如果要认真对待艺术教育、把它当作儿童与青少年经验的一部分，艺术教育可能会是怎样的？

创作与鉴赏

艺术学习包含创作与鉴赏两个方面。在多数情况下，一个人会同时涉及这两个方面。如果一个人不能在某种程度上鉴赏他人的作品，那就很难想象这个人怎么能成为一个技艺高超的画家或作家。认为艺术学习取决于能否向他人的作品学习，这是一个很自然的想法。反过来，情况就似乎不是那么明显了。一个人可以鉴赏，但是却不见得能够创作。考虑到所涉及的专业性与技能，创作的确可能有助于鉴赏。但是，如果有哪个社会在创作有价值的艺术鉴赏对象时没有任何劳动分工，那才可以说是咄咄怪事。这并不是说儿童不能在小学阶段尝试艺术创作，但也不能说每个人都应该学会创作足以与技艺娴熟的成人作品相媲美的有价值的艺术审查与鉴赏对象。[①] 学习创作与学习鉴赏是彼此独立而又密切相关的活动，在某种程度上需要分别予以考察。

每种艺术活动需要哪些学习形式？如果艺术领域不只是高雅文化，而是能够鉴赏在工作、家庭或者是作为宗教与政治仪式的一部分而可能出现的文化产品，那么人们自然认为艺术包括人生的几乎所有方面。因此，从最早的阶段开始，就应该包含艺术鉴赏学习。在语言方面，这个情况尤其明显。很小的孩子就开始接触故事与童谣、开始歌唱与背诵(还不会创作)，将其作为学习母语的参与性活动的一部分。[②]

我们考察的范围远不止于语言。通过模仿与参与，儿童开始接触音乐、故事与诗歌。语言与音乐有紧密联系，尤其是借助童谣、诗歌与歌曲的形式。学说话包括获得使用音高、语调、节奏与韵律的能力，唱歌则需要在这类技能上变得更加发达并且能够更加自觉地加以注意。

---

① 在这方面的一项影响深远的思考来自于杜威，他认为孩子们应该通过对材料的实验来学习艺术品。参见：*Democracy and Education*，New York，Macmilian，1916. 主观主义方法否认我们可以对儿童艺术品的品质做客观判断，这一点与成人艺术品正好相反。

② 这些活动往往有强烈的道德元素，比如在格林兄弟收集的民间故事当中就可以看得到。

在多数社会当中，这类联系以多少算是明确的方式，在教育的早期阶段就开始了。

歌唱与童谣创作，也与舞蹈等富有表现力的活动有关。同样地，174
儿童可能学会跳舞，但不是通过一种完全不同于童谣与歌唱的活动，而是在同一个(或同一组)活动中把所有这些都联系了起来。在许多社会当中，这些活动很可能是具有特定文化意义的某种大型活动的一部分，比如宗教庆典。可以看到，学习鉴赏与参与艺术活动，可能会在最早期的阶段就自然而然地出现了。儿童通过参与、训练与指导来学习，而不是基于任何自主发现的过程。

但这些只是艺术活动中很小的一部分。为了给日常生活制作人工制品，每一个社会都要有一些必需的技术与技能。因为这些人工制品是日常生活的一部分，因此兼具装饰性与实用性。它们可能取悦我们，也可能服务我们。因为，在生活琐事上的快乐，会被许多甚至大多数社会认为是美好生活的重要组成部分。在这类社会当中，两种角色的界限几乎很少会有人提及。一件有用但是不让人喜爱的东西，它的用途也会削弱。对于当代西方人来说，两者之间的区别可能要比其他时代、其他地方的人更为清楚。或许可以这么说，对于大多数社会来说，我们所谓的艺术只是物品的一个无法分离的维度，就像桌子的表面不能与桌子分离一样。有许多团体假设实用与美观可以分离，就是犯了类似的错误。①

---

① 关于这一观念的有价值的历史讨论，参见：B. Tilghman，*Wittgenstein*，*Ethics and Aesthetics*，London，Macmilian，1991，Chapter 2.

童年时期学习了解艺术，往往包括学习参与一些只是部分与艺术有关的活动。早期对于艺术品的鉴赏，来自于习得性的反应性行为。儿童根据他人对艺术品与人工制品的反应来学习，这些事物在他们自己的文化当中得到了鉴赏与重视。通过从成人角度来展示与教授艺术品的不同方面，儿童就得到了鉴赏方面的训练。因此，早期艺术鉴赏不是基于主观性(一种不基于任何公认社会规范来做的判断)。尽管儿童可能会得到成人的鼓励，去发展自己对于艺术品的个人反应、去表达喜欢与不喜欢、去评论艺术品的特征，并把艺术品的意义与自己的生活联系起来，但是儿童实际上得在熟悉具有艺术与文化价值的物品之后才能真正做到这一点。无论他们以个人品位的方式发展出了什么，总归都是基于所在社会的艺术传统。

175 学习与艺术类型

到目前为止，我们的讨论强调了艺术鉴赏的社会属性。在这种强调背后，是意识到社会生活服从规则。鉴于其重要性，我们自然也会假设一般的艺术活动(包括艺术创作活动)，同样也服从规则。如果是这样，公众就只有在了解构成艺术品的规则或惯例以及对艺术品品质进行判断的规范以后，才能成功地创作与鉴赏艺术品。

这不是艺术教育的流行看法。主观主义在艺术界与教育界都非常强大，其支持者想要抵制任何认为存在判断艺术品优劣的客观标准的看法。这种观点的成因有很多。首先，经验论者认为，判断是私人的、顽固的。这一定是其中的一种影响。另一种观点认为，艺术表达的是感觉或情感，而非理性。因此，说人们可以对艺术品进行判断，这几乎是一种范畴错误。[①] 不难发现，主观主义是不自洽的。但是，因为主观主义的信徒本身就是主观主义者，所以各种反驳总显得很无力。如果主观主义是正确的，那么所有艺术鉴赏的表达就会同样有效，并且艺术的话语实践也就没有空间了。因为，我们能够听到的只会是各种相互竞争的声音，而不是任何形式的相互理解。主观主义甚至无法区分艺术与任何其他活动，因为对于艺术构成的判断既主观又顽固。结果，艺术学习或艺术教育观念也就变得没有意义了。如果主观判断是顽固的，那么判断的改进也就变得不可思议了。

艺术教育遇到的难题与宗教教育相似。艺术真理与科学真理、宗教真理都不同，尽管这三者之间存在重要联系。并且，艺术真理与道德真理之间也存在强烈且几乎未被探索过的联系。与道德和宗教一样，艺术陈述与艺术判断的真假要从使用者的角度来理解。正是这个使用者的共同体，让这些陈述与判断开始具有实际意义。它们不能与科学或者(哲学中的)逻辑教科书中的典型真理概念相比，并因此就说它们也需要类似的标准。需要强调的是，我并不是说艺术品本身存在科学意义上的真假，尽管在说某件艺术品真实而不造作(或者虚伪、艳俗、
完全不写实)的时候，的确有点“真”或“假”的意味。[②] 这个问题将在下 *176*

---

① 贝斯特对这两种观点提出了尖锐的批评，此处不再赘述。Best，op. cit.

② 对此及相关主题更充分的论述，参见：I. Murdoch，*Metaphysics as a Guide to Morals*，London，Penguin，1992.

面进行讨论。

我们一般相信，人们可以对艺术创作、艺术鉴赏的各种方式的价值做出判断，从而对我们的艺术学习做出规范性陈述。可是，如果主观主义声明不自洽，那么这些陈述的实质是什么呢？一种回答是，存在某些支配艺术创作的规则，同时还存在进一步的规则让我们可以去判断艺术品的质量。这样的解释，可能适用于某些高度风格化的艺术形式与传统艺术，但面对另外一些非常明显的例子时就行不通了。我们之所以重视艺术品，往往不是因为它们的个别性，而是因为它们打破了某种材料或艺术类型的规则，或者至少是彻底地重新解读了这些规则。现代主义的经典作品当中有大量这样的例子，从乔伊斯(James Joyce)的《尤利西斯》(*Ulysses*)到瓦格纳(Richard Wagner)的《特里斯坦》(*Tristan*)、毕加索(Pablo Picasso)的《格尔尼卡》(*Guernica*)都是如此。

事实上，一种坦率的、传统的艺术解释，给服从规则提供了一种简化的解释。正如之前提到过的那样，不仅规则要可以教、鉴赏者要可以被纠正，而且规则要能够解释、规则的结果要能够评估。在许多情况下，这些规则本身也是评估的对象。[①] 这些操作也内在地服从规则，它们在艺术创作与艺术鉴赏当中具有特殊重要性。艺术家本人对于某种艺术类型的阐释，以及观众对于他的这种阐述的评价，在艺术创作与艺术鉴赏实践当中起到关键作用。艺术的这一特征，虽然在某种程度上只解释了艺术品的个别特征以及我们对它们的评价性反应，

---

① 在那种由规范性原则来支配行为准则的创建和使用的情况当中，可以找到这样的例子，比如道德和政治。

但却让我们远离了主观主义。在主观主义看来，解释与评价一旦出现就无法改动。在这里提供的这种解释当中，解释与评估是一种话语式社会实践，是艺术家以及艺术品受众结成的共同体当中的一部分。这并不是说这种共同体意识有可能丧失，可是正如我讨论过的那样，在宗教与道德当中确实会如此。在那种情况下，我们面对的就会是某个领域的败坏与瓦解，并未根据新规则来重建宗教与道德实践。

正如我们在第 9 章看到的，维特根斯坦区分了语法规则与烹饪规则。[①] 这通常被认为是在本质上非常随意的规则(比如语法规则)与服从自然规律的目的论原理之间的区分。[②] 虽然创作与判断艺术品的原则，在某种程度上服从于传统，远远超过烹饪规则(尽管人们不应低估烹饪的艺术或审美维度)，但是许多艺术形式也都必须考虑材料的自然属性，比如颜料、金属、石料与木材。从这个意义上来讲，学习如何创作艺术品，至少要部分与自然的既定特性达成妥协，这些特性在某 177
种程度上决定了艺术品的属性。在这方面，学习创作艺术品就像学习制作任何其他有更明显功用的东西一样，比如各种建筑、桥梁与工具。如果一个人不能通过经验或指导，理解自己使用材料的可能性与限度，那么他就不可能生产出有价值的东西，甚至根本不可能造出任何东西。

这意味着艺术生产是一种服从规则的活动。这种活动一方面强调对创作的**解释**，另一方面也**承认**所用材料本身的天然限度。每一种艺

① 试比较：L. Wittgenstein，*Zettel*，Oxford，Blackwell，1967，para. 320.

② 参见：G. Robinson，'Language and the Society of Others'，*Philosophy*，67，1992，pp. 329-341.

术创作活动，在联系这二者方面，都具有一定的独特性。因此，通过素描、色彩或雕刻来学习艺术的儿童，需要同时遵循支配这些活动的传统规则与目的论规则。特别是在出错的时候，就需要接受一定的技术训练以做出修正。只有到了晚些时候，他们才能带着某种程度的自信来解释与评估这些规则，尽管他们需要一早就知道自己应该尝试在作品中体现出自己的声音。

儿童艺术作品，无论是绘画、雕塑、音乐还是文学都不可能是创新性的。它可能是原创的、有趣的，也可能是对某种艺术类型的一次非常合格的尝试。但是，在成功掌握某种艺术类型之前，这类艺术品都不可能是真正的创新。这不仅仅是经验之谈，同时也构成一个初步的观点：鉴于人类正常的认知潜能，除非我们首先能够在其中工作并基于此去解读它，否则我们就不能真正重新解读这种艺术类型。对于莫扎特那种最伟大的创作天才来说，情况也同样如此。在创作伟大作品之前，他需要花费数千小时做低级工作或者练习。在获得“大师”地位之前，他需要扮演多年的学徒与熟练工。[①] 因此，如果一个孩子能够在某个阶段成为创作型艺术家，他就需要先有机会认识那些类型并且学会进行那些类型的创作。这是培养这类儿童的一个教育目标。[②] 比如，他们需要了解诗歌的不同形式，了解故事会包含背景、情节与人物，了解不同种类的绘画有自己的传统与构图方式等。他们需要在

① 对于有非凡才能的人的生活提供的一种非神秘化的解释，参见：M. J. A. Howe, *The Origins of Exceptional Abilities*, Oxford, Blackwell, 1990.

② 试比较：I. Reid (ed.), *The Place of Genre in Learning*, Geelong, Typereader Press, Deakin University, 1987.

这些传统实践当中接受训练与指导，然后才能自由探索这种艺术类型的全部可能性与局限性。

有人可能会反对，认为这是对艺术教育的规范性解释，忽视与诋毁了个人的内在创作过程，而这对于艺术创作是不可或缺的。对于这样的质疑，可以这么回答：认为创作过程是私人的、不受任何传统的约束，这个观念没有意义。根据这个说法，任何无法观察的精神活动，
似乎都可以说是一个创作过程了。这很难说是一个有价值的主张。如 178
果我们说一个创作过程已经发生了(因为从中产生了创造性的艺术作品)，那么我们就是在说无论这个过程多么让人难以理解(这时候谈论“过程”有点奇怪)，都考虑到了艺术类型本身的传统。如果创作过程确实考虑到了这些传统，那么通常就会借助某种训练来让艺术家熟悉和应用它们。

毫无疑问，艺术创作有一些神秘而又无法解释的东西。① 但这并不意味着艺术创作可以是完全主观的，可以不受以往经验以及教育或训练的约束。艺术创作除了取决于直觉之外，它还依靠先前的学习以发展感知力量，依靠对艺术类型的掌握以及让好的艺术成为可能的训练有素的想象力。戴维·贝斯特(David Best)引用本·沙恩(Ben Shahn)的话说：“直觉实际上是长期教导的结果。”②如果真是如此，那么艺术教育中的主观主义传统，就需要以与其他类型的学习观念相类

---

① 在柏拉图看来，这个谜团是因为艺术家受到神的启示，参见：*Ion*，in Plato；*The Collected Dialogues*，edited by E. Hamilton and H. Cairns，Princeton，New Jersey，Princeton University Press，1963，219-221.

② 转引自：Best，op. cit.，p. 81.

似的方式来重新思考。这需要少强调一点内在过程，多强调一点自发的反应、指导与训练。

这一点既适用于艺术鉴赏，也适用于艺术创作。正如贝斯特所说，在对艺术品进行审美鉴赏的同时，又没有把它**当作一件艺术品**，这是完全有可能的。我们可以像看风景一样，鉴赏一幅画或赏析一段音乐当中的美丽、庄严或神秘，尽管我们可能无法将它们视为艺术品，因为我们并不熟悉它的文化传统以及这种艺术类型本身的传统。这既适用于我们自身文化当中的艺术品，也适用于其他文化的艺术品。儿童通过生活在同一文化中的人，来熟悉自身文化的各个方面。不仅如此，他们还需要接受教育与训练，以便去发现与欣赏自身文化的其他方面。要知道，如果没有教师或者家长的指导，他们可能永远也不会注意到这些方面，或者永远也不会对这些方面发生兴趣。通过在这些艺术类型上的演练，通过在特定素材与传统的复杂性方面的经验，这种熟悉可以变成**现实**。这时，把艺术品**看作艺术**的鉴赏能力就增强了。因此，正确的艺术鉴赏教育不仅仅是理论活动，同样也是实践活动。

艺术、审美与职业教育

前面已经说过，艺术与其他活动的明确分离在某种程度上是人为的，是现代社会各个活动领域过分割裂的结果。而且，这种划分并不是不可避免的，只是现代生活强大思潮的产物。有一个领域倾向于在心理与教育思想方面扮演灰姑娘的角色，那就是职业教育。职业教育

179

往往与训练有关，而训练又与受行为主义理论影响的条件作用有关。[①]

这些联系强化了一种对于职业导向学习形式的文化偏见，从而导致对职业教育与职业训练的性质与价值的忽视。这与艺术教育和审美教育尤其相关，因为它们与职业教育之间存在密切联系，只是这种联系并不总能够得到认可。艺术与生活的其他方面的分离，在某种程度上是人为的，也是我们自身特定文化的产物。诸如工具、陶具与餐具这类实用的东西，难免具有审美维度，更不用说桥梁与建筑了。无论它们的制造者是否刻意，一只花瓶、一把刀子或者一座桥梁，都会激起欣赏或者厌恶的反应。有用的人工制品，总是值得欣赏的对象。职业教育可能专注于效用，而完全忽略审美或艺术的考虑。可是，这并不意味着为实用目的制造的物品，将不再成为某种审美判断的对象。事情总是如此，人们总会对它是否美丽做出反应，就像对它的用途做出反应一样。大多数人都会同意，如果某些东西成为审美判断的对象，那么它就更有可能被认为是美的而不是丑的。这意味着，审美维度应该成为职业教育的一个核心部分。作为实用物品消费者的公众，如果对于审美价值保持敏感，那事情就更应该如此了。

在生产实用物品时相对忽视艺术或审美的维度，这既令人遗憾又并非必要。人们倾向于将职业学习视为一种低级的、服从规则的活动，将艺术创作的学习视为主观表达，结果两者之间的紧密联系往往被忽视了。问题在于，我们在观看职业学习与艺术学习时，都戴上了某种

---

① 参见第4章的讨论，也可以参见：C. Winch，'Vocational Education：A Liberal Interpretation'，*Studies in Philosophy and Education*，14，4，1995，pp. 401-415.

有色眼镜。把实用物品的生产当成一种低端、常规的制造活动是不准确的，把艺术创作当成毫无约束的主观表达也同样如此。

一名工匠或者技术人员出于对自身事业的热爱而追求卓越，就要能够判断并调整自己的计划、了解自己的目标，并了解它是否匹配实际应用的需求。如果他真的在投入自己的工作，那么他将渴望制造出一些可以得到使用者欣赏的东西。他要做到这一点，并且以此作为自
180 己的目标，生产出匹配他设计的首要目标的实用物品。艺术家或工匠应该能利用材料的优势，同时又能理解材料的局限性。此外，他也应该能理解并利用这个职业中的一些惯例。他还需要了解，自己制造的人工制品在哪些方面适合实际需要，以及从人的角度来说在哪些方面是重要的。换句话说，他应该制造出既美观又实用的东西。

这些对技术人员、工匠或艺术家工作的描述，是规范性而不是描述性的。尽管如此，它们仍有助于表明职业教育与审美教育或艺术教育之间的紧密联系，在双方内部都没有得到充分应用。这对双方都不利。

戴维·贝斯特不关心职业教育的艺术维度，他只希望把审美价值(而非艺术价值)赋予实用物品，这往往会加强职业教育与其他教育形式之间的截然分离，而这正是本章一直在质疑的东西。① 由于人工制

① 根据戴维·贝斯特的说法，艺术涉及人的问题，而美学则涉及与生活问题相脱节的艺术鉴赏。他把这两者区分开来的倾向，在建筑教育当中显得尤其不幸。因为，很难在建筑教育当中保持贝斯特所说的这种美学与艺术的区分(同上书，178-179 页)。虽然这里没有足够的篇幅，但是仍有可能说，这恰恰是在以一种不关注人的方式来强调审美，包括对于维系人与人之间联系的道德空间的漠视。这让许多现代建筑变得如此不受欢迎。

品以及自然现象也可能偶然具备审美价值，因此这种审美价值很容易被归因于偶然因素，而不是归因于人的设计。如果职业教育不鼓励人们关注人工制品的审美维度，从而忽略人工制品也可能具有艺术维度，那就更容易形成这样的误判了。

艺术与知识

有多大可能借助艺术来学习？一种回答是，学习了解艺术完全可能，但是借助艺术来学习的确很难，虽然不是完全不可能。我认为，艺术在两种意义上可以产生知识。只是基于非常狭隘的理解，人们才可能否认艺术可以产生第二种意义上的知识。

人们了解艺术，有三种主要的方式。首先，人们可以了解艺术史、了解过去时代的艺术品、了解创作中运用的技术以及这些艺术品的文化背景等。其次，人们可以学习如何创作艺术品，并同时学习艺术创作的规则。最后，人们可以学习欣赏艺术品，把它作为一种个人享受或者话语享受。这些都是艺术教育中非常恰当和必要的部分，但它们就是可以借助艺术来学习的全部吗？抑或是通过艺术体验还可以得到更进一步的洞察？

主观主义传统表明，人们通过艺术获得的唯一学习与自己的感受有关，无论这些感受是来自于艺术创作还是艺术鉴赏。然而，一个人即使不是主观主义者，也可能会怀疑从艺术中是否真的可以获得关于世界真相的知识。赫斯特把艺术描述为一种独特的知识形式。这种做 181

法颇为奇怪，因为他所谓的知识形式，指的是关于世界真相的命题性知识。[①] 就这种意义上的知识来说，艺术的确很少有什么贡献。相反，如果认为艺术是用来生产这种知识，那么艺术的本质就将面临极大误解。从某种意义上来说，柏拉图对于艺术的怀疑，是因为他误把艺术品作为对事件可能性的一种表象。于是，他就根据一种准确的描绘可能会是怎样的，来衡量艺术品的价值。这是尝试把艺术设定为本非如此而且不会如此的那种东西。[②] 当然，这并不是说艺术不能以别种方式来表达虚假与真实，这恰恰是下面这个部分的重点。

如果艺术的表现方式，不能给我们提供一些真正的经验性命题，那么在何种意义上可以说艺术给我们提供了知识？准确地说，为什么它们能够在可理解的水平上产生知识？它们能够改变我们对生活的看法，以便我们可以用不同的方式来看待生活的各个方面，反过来又改变我们对于他人的行动与反应方式。艺术表现不应该被认为是真的，而是要表现出事实中的那些难以用任何其他方式引起人们注意的方面。它们不是一种伪装，而是一种表现形式，试图真实(带着关切与真诚)、不失真地表现人类生活的重要特征。[③]

---

① 试比较：C. Hamm，*Philosophical Issues in Education*，London，Falmer，1989. 对于赫斯特观点的批评，参见：J. Gingell，'Art and Knowledge'，*Educational Philosophy and Theory*，17，1985，pp. 10-21.

② 然而，某些艺术形式(特别是电影)栩栩如生的自然主义特征可能会误导人，误以为其中或多或少是对现实的直接描述。黑暗和闪烁的屏幕，可以被认为是柏拉图洞穴的重现。看看柏拉图会利用这种特殊的艺术形式做点什么，颇为有趣。

③ 只是在作为表象而不是真实事物的意义上，艺术品才必定是一种伪装。在表现不真实的东西时，艺术品只能算偶然的伪装。参见：H. O. Mounce，'Art and Real Life'，*Philosophy*，55，April，pp. 183ff. Cited in Best，op. cit.

艺术能够传达的真理，是我们在谈论真相、忠诚或诚实时所说的那种真理。艺术可以让我们看到已知情况的某个方面，此前我们并不能充分认识到它的意义或者重要性。这不仅仅意味着艺术可以给我们某些感受(虽然它们可能会做到)，同时也可以给予我们新的理解。这意味着，我们不仅获得了主观经验(这可能对我们的生活没有什么进一步的影响)，而且我们看待世界的方式，甚至是我们的行为方式也可能发生改变。

比如，我可能知道私通对于当事人以及受此影响的人都是破坏性的。然而，通过阅读《安娜·卡列尼娜》(*Anna Karenina*)，我就能欣赏私通是如何影响人类灵魂的，以及私通之所以具有破坏性的原因。这种信息的即时性与强度，难以通过任何别的方式来传达，即使是私通的激情体验本身也不行。尽管艺术可以表达真相、洞察与忠诚，但也可能表达相反的东西，比如虚伪、造作、肤浅与不诚实。

正是在艺术的这个方面，以及在希腊背景下艺术对于道德准则的 182
表达(柏拉图不赞成这一点)，令柏拉图对艺术的价值产生怀疑，尽管柏拉图似乎认为这是艺术的表象特征的必然结果。好艺术与坏艺术的区分，不仅在于技术与技术应用，而且还包括它的道德与人的方面。因此，艺术教育是道德教育的一种类型或者一个部分，因为与艺术接触可以通过提供替代性的道德经验，来提高我们对于人类经验的认识。当然，它也可能没有做到这一点，这正是为什么艺术教育的内容相当重要，而又经常引起强烈质疑的原因。因此，艺术课程内容的选择，可以说就是一种道德选择。因为，教师必须形成一种观点，能够分辨什么是真、什么是假，并有潜能与意愿去引导自己的学生发现艺术品中的真实或虚伪。这可能会让学生卷入让人不舒服的选择与争论当中去，但正是这些选择与争论能够隐晦地告诉我们艺术教育(包括文学)的真谛是什么。

现代西方世界倾向于用技术或主观经验来思考艺术，因此很难理解在对音乐、绘画或文学有相当了解的人们之间怎么能够发生艺术对话。这种对话被化约为对个人感受的描述，或者在有资质的情况下去评论艺术品中运用的技术。但是，存在这种情况的事实表明，艺术教育概念在创作与消费这两个方面都已经枯竭了，并且它已经与职业、宗教与道德等生活的其他重要方面脱节了。

/ 16. 结论：主题而非宏大理论/ 183

从关于学习的这些研究当中，可以得到什么结论呢？类似于“学习是如何发生的”这样的理论并没有出现。因为，这些研究并未表明，我们已经获得或者有可能获得这样一种理论。正如认知主义与发展主义所尝试的那样，统一的、实证的理论建构基础是脆弱的。我们在第6章、第7章看到，这样的基础不具有任何理论或者经验的价值。因此，我们得到的一个主题是，关于学习的宏大理论毫无意义。如果这些理论是建立在错误的认识论假设之上(实际上往往是这样)，那情况就更是如此了。这并不是要否认有关具体某方面学习的各种局部理论。这些东西的确有可能出现，它们既有充分的证据，又能积极响应所在的文化背景。

上述有关理论不适用性的表达，是结论的消极的一面。同时，也有一些积极的主题，可以指导那些对学习问题有实证兴趣的人们。更重要的是，其中的一些主题可以贯穿多个学习领域。

(1)首先，学习必定具有**社会性**。这是人类生活社会属性的结果。第 4 章对于私人语言的讨论，是确立这一论断的重要步骤，同时也可以打击认知主义、行为主义以及某些版本的发展主义主张。

(2)学习具有**情感**性。这种情感性与规则服从行为的社会属性，以及反应性行为的重要性和我们对它的反应密切相关，体现在我们从事规则服从行为的能力之中。我们在第 5、第 8、第 10、第 13、第 14 章以及第 15 章看到，为什么这一点在训练、语言学习与获得记忆技能以及学习参与道德、宗教与艺术方面是重要的。

(3)学习**动机**很重要。卢梭以后的发展主义者，都不能理解这一点。作为一种纯粹内在的力量，学习动机既是个人化的，也与社会不断互动，从而继承了它的价值、倾向以及需求。所有这些
184 都会对人的自尊与渴望学习的内容产生影响。

(4)最重要的是**热爱**所学的内容。唯有对所学内容的热爱，才能解释那些伟大的天才为什么能够在某个领域内取得成功。柏拉图谈到过“神启”，但与这里的观点并不矛盾。通过对赋予他灵感的神祇的爱，诗人的能力得以显现。用世俗化的语言来说，这种爱来自于对个人兴趣的激发，而这种兴趣又部分受制于社会或社会的一部分对某项活动或知识门类的重视。出于热爱，我们能够做到别人无法想象的事情。正是以这样的方式，我们的某些方面实现了卓越。但是，这种出于热爱的要求，至少部分取决于社会的要求与期待。

(5)如果热爱是实现卓越的条件，那么**尊重**就是让学习行之有

效的条件。如果一个人不尊重自己要学习的东西，或者不认可人们为它的创造与发展付出的努力，那成功就是不可能的。但是认知主义与大部分发展理论都认为，学习是通过对某人已经(在某种意义上)获得的知识的检讨来实现的，唯一需要的不过就是做一点微调。这种想法，几乎不可能在学习者或教师身上培养出什么谦逊出来。当它与对社会的怀疑结合起来以后(这种怀疑并不是基于对自由与平等的严格界定，比如我们在卢梭那里所看到的)，结果就会非常令人失望。

人类多样性的价值

学习发生在不同的文化当中，而这些文化的一般属性差异巨大，包括它们对不同活动与知识赋予的重要性，也包括它们对待学习的态度。此外，人的个性是生物禀赋与社会交往的产物，二者并不能做有意义的区分。除此之外，活动的多样性本身，在任何社会当中都可以说是有价值的，尤其是我们这样一个复杂的社会。同时，在社会背景下发展个性的可能性也是巨大的。个性的发展与**个人主义**的发展不是一回事。个人主义看起来与放弃限制或者放弃自我约束有关。个性则包括一系列独特能力、兴趣与热情的发展，这个东西既反映社会影响，也会投射到社会本身当中去。

一个不重视个性的社会，会让自身陷入创造性的贫乏。各种不重 185

视个性的学习理论，助长了这种创造性的贫乏。它们中的大多数，都不能对个性提供让人信服的解释。事实上，通过采用各种机械论的心灵模型，它们几乎无法识别个性可能达到何种程度。卢梭对于个性的解释，可能是最接近成功的一个。但是，他对于现有社会的蔑视，不允许爱弥儿发展为真正社会化的个人，并在这个世界上获得有意义的位置。

学习与教育

这样，人类多样性将受到欢迎与认可，而不是受到怀疑。如果是这样，给年轻人提供的教育就需要认可这一点。其中一个明显的应用是，教育需要满足不同的能力与兴趣，比如应用不同形式的课程、不同的学校或者使用学徒制之类的不同制度。这并不意味着一开始就需要将多样性纳入教育系统。所有文化都必须基于一系列共有的理解、共有的技能才能够存在。个人主义的持续发展，几乎要摧毁西方发达社会中的这种共有的文化资本了(尤其是盎格鲁-撒克逊社会)。个性从某种必要的独立性中发展出来，并非人的一种天赋。

通常的反应、技能、文化知识以及理解，最好通过早期阶段的训练和指导来培养，同时辅以审慎选择的机会，来发展长大之后所需的社会性与独立性。这意味着，教育要有一个共同的核心来培养这种文化纽带，同时又允许多样性的发展。这种多样性的发展，一方面可以让社会得以巩固而不是分崩离析，另一方面又能够让个人感到满意。如果本书能够推动这种可能性的实现，那就可以说是功德圆满了。

参考文献

Abbs, P., 'Training Spells the Death of Education', *The Guardian*, 5 January 1987.

Alexander, R., *Policy and Practice in the Primary School*, London, Routledge, 1992.

Aristotle, *Nichomachean Ethics*. Translated by Sir David Ross, Oxford, Oxford University Press, 1925.

Auden, W. H., 'The Shield of Achilles', in *Collected Shorter Poems*, London, Faber, 1966, p. 294.

Augustine, *Confessions*, London, Dent, 1907.

Baker, G. P., and P. M. S. Hacker, *Language, Sense and Nonsense*, Oxford, Blackwell, 1984.

——, *Wittgenstein: Rules, Grammar and Necessity; Volume Two of an Analytical Commentary on the 'Philosophical Investigations'*, Oxford, Blackwell, 1985.

Baker, G. P., and K. J. Morris, *Descartes' Dualism*, London, Routledge, 1996.

Barrow, Robin, and Ronald Woods, *An Introduction to Philosophy of Education*, London, Methuen, 1975.

Bastide, D. (ed.), *Good Practice in Primary Religious Education* 4-11, London, Falmer, 1992.

Beardsmore, R. W., 'The Theory of Family Resemblances', *Philosophical Investigations*, 15, 2, 1992, pp. 111-130.

Beckett, K., 'Growth Theory Reconsidered', *Journal of Philosophy of Education*, 19, 1, 1985, pp. 49-54.

Berkeley, B., The Principles of Human Knowledge, in Berkeley, *Selections*, edited by Mary W. Calkins, New York, Scribner, 1929.

Best, D., *The Rationality of Feeling. Understanding the Arts in Education*, Brighton, Falmer, 1993.

Brown, G., and C. Desforges, *Piaget's Theory: A Psychological Critique*, London, Routledge, 1979.

Bryant, P., and L. Bradley, *Children's Reading Problems*, Oxford, Blackwell, 1985.

Carr, David, 'Knowledge and Curriculum: Four Dogmas of Child—Centred Education', *Journal of Philosophy of Education*, 22, 1, 1988.

——, *Educating the Virtues*, London, Routledge, 1991.

——, 'Knowledge and Truth in Religious Education', *Journal of Philosophy of Education*, 28, 2, 1994, pp. 221-238.

——, 'Towards a Distinctive Concept of Spiritual Education', *Oxford Review of Education*, 21, 1, 1995, pp. 83-98.

Carruthers, Peter, *Human Knowledge and Human Nature*, Oxford, Oxford University Press, 1992.

Champlin, T. S., 'Solitary Rule — Following', *Philosophy*, 67, 1992, pp. 285-306, 298.

Chomsky, Noam, *Aspects of the Theory of Syntax*, Cambridge, Cambridge University Press, 1965.

——, *Language and Problems of Knowledge*, Cambridge, Mass., MIT Press, 1988.

Cooper, D., *Knowledge of Language*, London, Prism Press, 1975.

——, 'Labov, Larry and Charles', *Oxford Review of Education*, 1984.

Cottingham, John, *Descartes*, Oxford, Blackwell, 1986.

D'Agostino, Fred, *Chomsky's System of Ideas*, Oxford, Clarendon, 1986.

Darling, J., 'Understanding and Religion in Rousseau's Émile', *British Journal of Educational Studies*, 33, 1, 1985, pp. 20-34.

——, 'Rousseau as Progressive Instrumentalist', *Journal of Philosophy of Education*, 27, 1, 1993, pp. 27-38.

——, *Child—Centred Education and Its Critics*, London, Chapman, 1994.

Dearden, R., *The Philosophy of Primary Education*, London, Routledge & Kegan Paul, 1968, Chapter 3.

——, 'Education and Training', *Westminster Studies in Education*, 7, 1984, pp. 57-66.

Dent, N., 'The Basic Principle of Émile's Education', *Journal of Philosophy of Education*, 22, 2, 1988a, pp. 139-150.

——, *Rousseau*, Oxford, Blackwell, 1988b.

Descartes, René, *Oeuvres de Descartes*. Edited by Charles Adam and Paul Tannery, Paris, Cerf [1897] 1913.

——, *Philosophical Writings*. Selected, translated and edited by E. Anscombe and P. T. Geach, London, Nelson, 1966.

Dewey, John, *Democracy and Education*, New York, Macmillan, 1916.

Donaldson, M., *Children's Minds*, London, Fontana, 1978.

——, *Human Minds*, London, Penguin, 1992.

Egan, K., *Individual Development and the Curriculum*, London, Hutchinson, 1986.

Evers, C., and G. Lakomski, 'Reflections on Barlosky: Methodological Reflections on Postmodernism', *Curriculum Inquiry*, 25, 4, 1995, pp. 457-465.

Fetzer, J. E., 'What Makes Connectionism Different?', *Pragmatics and Cognition*, 2, 2, 1994, pp. 327-347.

Fodor, J., *The Language of Thought*, Cambridge, Mass., MIT Press, 1975.

Gaita, R., *Good and Evil*, London, Macmillan, 1991.

Galton, M., B. Simon and P. Croll, *Inside the Primary Classroom*, London, Routledge, 1980.

Garson, J. W., 'No Representations without Rules: the Prospects for a Compromise between Paradigms in Cognitive Science', *Mind and Language*, 9, 1, 1994, pp. 25-37.

Geach, P. T., *Mental Acts*, London, Routledge, 1957.

Gettier, Ernest, 'Is Justified True Belief Knowledge?', in A. Phillips Griffiths (ed.) *Knowledge and Belief*, Oxford, Oxford University Press, 1967.

Gingell, J., 'Art and Knowledge', *Educational Philosophy and Theory*, 17, 1985, pp. 10-21.

Ginsberg, H., *The Myth of the Deprived Child*, New York, Doubleday, 1972.

Glasersfeld, E. von, 'Cognition, Construction of Knowledge and Teaching', *Synthese*, 80, 1989, pp. 121-140.

Gould, S. J., *The Mismeasure of Man*, London, Penguin, 1981.

——, *Wonderful Life: The Burgess Shale and the Nature of History*, New York, Norton & Co., 1989.

Gramsci, A., *Selections from the Prison Notebooks. Edited by Quinin Hoare and Geoffrey Nowell Smith*, London, Lawrence & Wishart, 1971,

p. 37.

Green, J. A. (ed.), *Pestalozzi's Educational Writings*, London, Edward Arnold, 1912.

Hacker, P. M. S., *Wittgenstein's Place in Twentieth—Century Analytic Philosophy*, Oxford, Blackwell, 1996.

Haften, W. van, 'The Justification of Conceptual Development Claims', *Journal of Philosophy of Education*, 24, 1, 1990, pp. 51-70.

Halliday, M. A. K., *Learning How to Mean*, London, Arnold, 1978.

Hamlyn, D., *Experience and the Growth of Understanding*, London, Routledge, 1978.

Hamm, C., *Philosophical Issues in Education: An Introduction*, Lewes, Falmer, 1989.

Hanfling, O., '"Thinking", a Widely Ramified Concept', *Philosophical Investigations*, 16, 2, 1993, pp. 101-115.

Hirst, Paul, 'Morals, Religion and the Maintained School', *British Journal of Educational Studies*, November 1965.

——, *Knowledge and the Curriculum*, London, Routledge, 1974.

——, 'Education, Knowledge and Practices', in R. Barrow and P. White (eds) *Beyond Liberal Education*, London, Routledge, 1993, pp. 184-199.

Hobbes, Thomas, *Leviathan* [1651], London, Penguin, 1968, p. 319.

Holland, R. F., *Against Empiricism*, Oxford, Blackwell, 1980.

Hollis, M., *The Philosophy of Social Science*, Cambridge, Cambridge University Press, 1994.

Horgan, T., and J. Tienson, 'Representations Don't Need Rules: Reply to James Garson', *Mind and Language*, 9, 1, 1994, pp. 38-55, 56-87.

Howe, M. J. A., *The Origins of Exceptional Abilities*, Oxford, Blackwell,

1990.

Hume, David, *A Treatise of Human Nature* [1739—40], Oxford, Oxford University Press, 1978.

——, *Natural History of Religion* [1777], Oxford, Oxford University Press, 1993.

Jessup, G., 'Implications for Individuals: The Autonomous Learner', in G. Jessup (ed.) *Outcomes: NVQs and the Emerging Model of Education and Training*, Brighton, Falmer, 1991.

Kant, I., *Groundwork of the Metaphysic of Morals* [1785], cited in H. J. Paton, The Moral Law, London, Hutchinson, 1948.

——, *Critique of Practical Reason* [1788], translated by L. W. Beck, Indianapolis, Bobbs— Merrill, 1956.

Kazepides, T., 'On the Prerequisites of Moral Education: a Wittgensteinian Perspective', *Journal of Philosophy of Education*, 25, 2, 1991, pp. 259-272.

Kenny, A., *Descartes*, New York, Random House, 1969.

——, *The Legacy of Wittgenstein*, Oxford, Blackwell, 1989.

Kirk, R., 'Rationality without Language', *Mind*, V, 76, 1967, pp. 369-386.

Kohlberg, L., 'Stages of Moral Development as a Basis for Moral Education,' in C. Beck, B. S. Crittenden and E. V. Sullivan (eds) *Moral Education: Interdisciplinary Approaches*, New York, Newman Press, 1971.

——, *The Philosophy of Moral Development*, *Volumes* Ⅰ—Ⅲ, San Francisco, Harper & Row, 1981.

Lenneberg, E., 'Natural History of Language', in F. Smith and G. Miller (eds) *Genesis of Language*, Cambridge, Mass., MIT Press, 1966.

Levi, D., 'Why Do Illiterates Do So Badly in Logic?', *Philosophical Investi-*

gations, 19, 1, 1995, pp. 34-54.

Lieberman, D., *Learning*, *California*, Wadsworth, 1990.

List, F., The *National System of Political Economy* [1841], New Jersey, Augustus Kelley, 1991, Chapter XVII.

Locke, D., *Memory*, London, Macmillan, 1971.

Locke, J., *An Essay Concerning Human Understanding* [1690], London, Dent, 1961.

MacIntyre, A., *After Virtue*, London, Duckworth, 1981.

Mckeon, R. (ed.), *The Basic Works of Aristotle*, New York, Random House, 1941.

Macmillan, C. A., *Women*, *Reason and Nature*, London, Macmillan, 1982.

McPeck, J., *Critical Thinking and Education*, Oxford, Martin Robertson, 1981.

Malcolm, N., Memory and Mind, Ithaca, NY, Cornell, 1977.

——, 'Thoughtless Brutes', in N. Malcolm, *Thought and Knowledge*, Ithaca and London, Cornell University Press, 1977.

——, 'Wittgenstein on Language and Rules', *Philosophy*, 64, 1990, pp. 5-28.

Malone, M. E., 'On Assuming Other Folks Have Mental States', *Philosophical Investigations*, 17, 1, 1994, pp. 37-52.

Matson, William I., and Adam Leite, '"Socrates" Critique of Cognitivism', *Philosophy*, 66, 256, 1991, pp. 145-168.

Matthews, P. H., *Generative Grammar and Linguistic Competence*, London, Allen & Unwin, 1979.

Menyuk, P., *Language Development*: *Knowledge and Use*, London, Scott Foresman, 1988, Chapter 8.

Mills, Stephen, 'Wittgenstein and Connectionism: A Significant Complementarity?', in C. Hookway and D. Peterson (eds) *Philosophy and Cognitive Science*, Royal Institute of Philosophy Supplement 34, Cambridge, Cambridge University Press, 1993, pp. 137-158.

Mortimore, P., P. Sammons, L. Stoll, D. Lewis and R. Ecob, *School Matters*, Wells, Open Books, 1987.

Mounce, H. O., 'Art and Real Life', *Philosophy*, 55, April 1980, pp. 183ff.

Murdoch, I., *The Sovereignty of the Good*, London, Routledge, 1970.

——, *Metaphysics as a Guide to Morals*, London, Penguin, 1992.

Nolan, R., *Cognitive Practices: Human Language and Human Knowledge*, Oxford, Blackwell, 1994.

Norman, R., '"I Did It My Way". Some Reflections on Autonomy', *Journal of Philosophy of Education*, 28, 1, 1994, pp. 25-34.

Papineau, D., *For Science in the Social Sciences*, London, Macmillan, 1988.

Peacocke, C., *A Study of Concepts*, Cambridge, Mass., MIT Press, 1992.

Perera, K., *Children's Writing and Reading*, Oxford, Blackwell, 1984.

Peters, R. S., 'Authority', in A. Quinton (ed.) *Political Philosophy*, Oxford, Oxford University Press, 1967.

——, *Essays on Educators*, London, Allen & Unwin, 1981.

Phillips, D. Z., 'Philosophy and Religious Education', *British Journal of Educational Studies*, XVIII, 1, February 1970, pp. 5-17.

——, *Wittgenstein on Religion*, London, Macmillan, 1993.

——, 'Wittgenstein, Religion and Anglo—American Philosophical Culture', in *Wittgenstein and Culture*, Wittgenstein Vienna Society, forthcoming.

Piaget, J., *Le Langage et la pensée chez l'enfant*, Neuchâtel—Paris, Delachaux et Niestle, 1923.

——, *Logic and Psychology*, Manchester, The University Press, 1953.

——, *Biology and Knowledge*, Edinburgh, Edinburgh University Press, 1971 (first published in French, 1967).

——, *The Principles of Genetic Epistemology*, London, Routledge, 1972.

Piaget, J., and B. Inhelder, *The Psychology of the Child*, London, Routledge, 1969 (first published in French in 1966).

Plato, Theaetetus, pt 3, in F. M. Cornford, *Plato's Theory of Knowledge*, London, Routledge, 1935.

——, *Ion*, in *Plato*; *The Collected Dialogues*, edited by E. Hamilton and H. Cairns, Princeton New Jersey, Princeton University Press, 1963.

——, *Meno*, in B. Jowett, *The Dialogues of Plato*, London, Sphere Books, 1970.

Prais, S., 'Mathematical Attainments: Comparisons of Japanese and English Schooling', in B. Moon, J. Isaac and J. Powney (eds) *Judging Standards and Effectiveness in Education*, London, Hodder & Stoughton, 1990.

——, 'Vocational Qualifications in Britain and Europe: Theory and Practice', *National Institute Economic Review*, 136, May 1991, pp. 86-89.

Reid, I. (ed.), *The Place of Genre in Learning*, Geelong, Typereader Press, Deakin University, 1987.

Rescorla, R. A., and A. R. Wagner, 'A Theory of Pavlovian Conditioning: Variations in the Effectiveness of Reinforcement and Non—reinforcement', in A. H. Black and W. F. Prokasy (eds) *Classical Conditioning* Ⅱ: *Current Research and Theory*, New York, Appleton Century—Crofts, 1972.

Rhees, R., 'Language as Emerging from Instinctive Behaviour', *Philosophical Investigations*, 20, 1, 1997, pp. 1-14.

Robinson, Guy, 'Language and the Society of Others', *Philosophy*, 67, 1992, pp. 329-341.

Rogers, Carl, *The Carl Rogers Reader*, edited by H. Kirschenbaum and V. Land Henderson, London, Constable, 1990.

Rosenow, E., 'Rousseau's "Émile": an Anti—utopia', *British Journal of Educational Studies*, XXVIII, 3, 1980, pp. 212-224.

Rousseau, J. J., *Émile ou l'éducation* [1762]. English edition translated by Barbara Foxley, published London, Dent, 1911. (French edition, Paris, Garnier—Flammarion, 1966.)

——, *Discourse on Inequality*, London, Dent, 1913.

Ryle, G., *The Concept of Mind*, London, Hutchinson, 1949.

Sainsbury, M., *Meaning, Communication and Understanding in the Classroom*, Aldershot, Avebury, 1992.

Searle, J. R., 'Minds, Brains and Programs', *Behavioural and Brain Sciences*, 3, 1980, pp. 417-457.

——, *Minds, Brains and Science*, Cambridge, Mass., Harvard University Press, 1984.

——, *The Rediscovery of the Mind*, London, MIT Press, 1992.

Scheer, R. K., 'Thinking and Working', *Philosophical Investigations*, 14, 4, 1991, pp. 293-310.

Schools Curriculum and Assessment Authority, *Model Syllabuses for Religious Education, Consultation Document Model* 1, London, HMSO, January 1994.

Simpson, Evan, *Good Lives and Moral Education*, New York, Peter Lang, 1989.

Smith, Frank, *Reading*, Cambridge, Cambridge University Press, 1985.

Stainthorp, Rhona, *Practical Psychology for Teachers*, London, Falmer, 1989.

Sterelny, K., *The Representational Theory of Mind*, Oxford, Blackwell,

1990.

Strawson, P. F. , *Introduction to Logical Theory*, London, Methuen, 1952.

——, *Individuals*, London, Hutchinson, 1961.

——, *Freedom and Resentment and Other Essays*, London, Methuen, 1974.

Stretton, H. , and L. Orchard, *Public Goods*, *Public Enterprise and Public Choice*, London, Macmillan, 1993.

Sutherland, N. S. , 'Outlines of a Theory of Visual Pattern Recognition in Animals and Man'. Proceedings of the Royal Society, B. 171, 1968, 301.

Sylva, K. , and I. Lunt, *Child Development*, Oxford, Blackwell, 1982.

Taylor, C. , *The Explanation of Behaviour*, London, Routledge, 1964.

Tilghman, B. , Wittgenstein, *Ethics and Aesthetics*, London, Macmillan, 1991.

Tizard, B. , and M. Hughes, *Young Children Learning*, London, Fontana, 1984.

Tizard, B. , P. Blatchford, J. Burke, C. Farquhar and I. Plewis, *Young Children at School in the Inner City*, Hove, Lawrence Erlbaum, 1988.

Toulmin, Stephen, *The Uses of Argument*, London, Cambridge University Press, 1957.

Verheggen, C. , 'Wittgenstein and "Solitary" Languages', *Philosophical Investigations*, 18, 4, 1995, pp. 329-347.

Vico, G. , *The New Science* [1725], Ithaca, New York, Cornell University Press, 1968.

Vygotsky, L. S. , *Thought and Language*, Cambridge, Mass. , MIT Press, 1962.

——, *Mind in Society*, Cambridge, Mass. , Harvard University Press, 1978.

Ward, Keith, *The Development of Kant's Views of Ethics*, Oxford, Blackwell, 1972.

Warnock, M. , *Memory*, London, Faber & Faber, 1987.

White, J. P. , *Education and the Good Life*, London, Kogan Page, 1990.

Whitehead, A. N. , *The Aims of Education*, New York, The Free Press, 1967.

Winch, C. , 'Cooper, Labov, Larry and Charles', *Oxford Review of Education*, 1985.

——, 'The Curriculum and the Study of Reason', *Westminster Studies in Education*, 1987.

——, 'Education Needs Training', *Oxford Review of Education*, 21, 3, 1995, pp. 315-326.

——, 'Vocational Education: A Liberal Interpretation', *Studies in Philosophy and Education*, 1995.

——, *Quality and Education*, Oxford, Blackwell, 1996.

——, 'Authority (Education)', in the *Encyclopedia of Applied Ethics*, edited by R. Chadwick, California, Academic Press, forthcoming.

——, 'Autonomy as an Educational Aim', in R. Marples (ed.) *Aims in Education*, London, Routledge, forthcoming.

Winch, P. , 'Authority', in A. Quinton (ed.) *Political Philosophy*, Oxford, Oxford University Press, 1967.

——, 'Understanding a Primitive Society', in *Ethics and Action*, London, Routledge, 1972.

——, *The Just Balance*, Cambridge, Cambridge University Press, 1989.

Wittgenstein, L. , *Tractatus Logico — Philosophicus*, London, Routledge, 1922.

——, *Philosophical Investigations*, Oxford, Blackwell, 1953.

——, *Blue and Brown Books*, Oxford, Blackwell, 1958.

——, *Zettel*, Oxford, Blackwell, 1967.

——, *On Certainty*, Oxford, Blackwell, 1969.

——, *Philosophical Grammar*, Oxford, Blackwell, 1974.

——, *Remarks on Philosophical Psychology*, Volume 1, Oxford, Blackwell, 1980.

——, *Culture and Value*, translated by Peter Winch, Oxford, Blackwell, 1980.

Wollheim, Richard, *The Thread of Life*, Cambridge, Cambridge University Press, 1984.

Wood, David, *How Children Think and Learn*, Oxford, Blackwell, 1990.

Yates, Frances, *The Art of Memory*, London, Ark, 1984.

索引*

* 所用页码为英文原书页码，对应于本书边码。

B

C

D

N

O

P

R

S

T

U

V

/ 代译者后记　教育哲学中的论证：《学习的哲学》赏析/

《学习的哲学》主要包含三层内容：(1)比较一些哲学家的学习解释，比如笛卡尔、洛克、维特根斯坦等；(2)批评一些重要的学习理论，比如浪漫主义、行为主义、认知主义、发展主义等；(3)讨论一些具体的学习领域，比如语言学习、宗教学习、道德学习、艺术学习等。其中，笛卡尔、洛克的学习解释都把人理解为孤立的个体，后维特根斯坦的学习解释则把语言当作一个规范性系统，这时的学习者不再被理解为自始孤立的个体。通观全书，可以清晰感受到温奇对于学习的社会维度的重视。尽管如此，本书的目标并不是建立一种新的宏大学习理论，而是要清理在学习问题上的已有认识。温奇给我的第一封电子邮件，和他最近写的"中译本序言"当中，都肯定了20年前的这个立场。总之，本书的主要贡献是批判而非建构。本书的精彩之处，就在于作者对各种学习理论的认识论基础的讨论。

我大概在2010年左右读到这本书，不久以后在研究生课程上向同学们推荐了其中的前四章。此后亦曾以"学习的哲学"为名，在课堂上和同学们逐章读过，并辅以对书中提及的相应作者的阅读和讨论。在我看来，这本书至少有两个突出优点。(1)集中对学习问题进行哲学讨论，这本书至今仍是中英文文献中绝无仅有的一本。谈到学习，人们更常想到的还是各种心理学理论，或者援引生活常识。这本书为讨论学习问题，示范了一种理论的方式。(2)本书包含的论证示范了教育哲学中的一种写作手法。本书代表了教育哲学作品的一种典范①。出于这两项理由，我向出版社推荐并单独翻译了此书。本文接下来要赏析的部分，就是温奇对四种主要学习理论展开的一系列论证。

一、针对学习理论展开的论证

(一)浪漫主义

浪漫主义学习理论倡导自觉自愿的学习，认为在儿童有兴趣的情况下学习效果最好；反之，在强迫的环境下学习，会伤害儿童的内部

---

① 金岳霖曾质疑"中国哲学"这个说法。他的问题是，给"哲学"加一个地域限制是否可能、是否必要？[王路：《论加字哲学：从金岳霖先生的一个区分谈起》，载《清华大学学报(哲学社会科学版)》，2016(1)。]法国比较哲学家朱利安(也被译作于连)，明确把中国思想和欧洲思想当作两种世界观。(朱利安：《从存有到生活：欧洲思想与中国思想的间距》，卓立译，上海，东方出版中心，2018。)实际上，朱利安的大量作品的主题就是对比中西思想的根本分歧。我倾向于认为，把中国传统思想(比如《易经》《庄子》《论语》及禅宗思想)用"哲学"来指称是不妥当的。"哲学"最好专指西方哲学。因此，这里说的"教育哲学作品的一种典范"，是专指在西方哲学传统下的教育哲学写作而言。针对中国思想的讨论，完全有可能采取别的方案，其中未必会把"论证"看得多么重要。不过，即使是在英语世界，教育哲学的写作也未必都关注"论证"，比如玛克辛·格林。[丁道勇：《选择成为学习者：玛克辛·格林的教育哲学》，载《北京大学教育评论》，2021(3)。]

学习动机。这派理论在20世纪前半叶的进步教育运动、新教育运动当中吸引了大量支持者，被作为反对传统学校教育的一个理论武器。围绕儿童兴趣来组织课程，以替换教师中心和学科中心，这让浪漫主义学习理论对教育实际产生了重大影响。对于权威抱有警惕态度，或者对于儿童教育抱有热情但缺乏科学训练的教师和家长，往往会采取这种浪漫主义的学习理论。但是，科学研究者和教育政策制定者往往认为浪漫主义学习理论不足采信。

卢梭的学习解释是浪漫主义学习理论的源头。《一个萨瓦省的神甫述》完整记载了卢梭的论证过程，简要来说大致是①：(1)运动的物体要么出于自发，要么在自发运动物体的推动下运动。自发的运动只有智慧体才能拥有，无智慧的物体会选择静止或者被迫运动。自然物在上帝这个智慧体的驱使下运动，自然界是非自动在自动的驱使下运动所形成的壮观场面。(2)人的肉体和自然物一样，都要受到上帝的驱使，所以肉体的欲念是被动的。人的灵魂不同于肉体，分享了上帝的非实体性。灵魂本性自由，但在受肉身羁绊的情况下就会不自由。(3)人面临选择，既可能自发运动，也可能被迫运动。如果服从肉体的欲念，人就会和所有自然物一样是被推动的。按灵魂的声音亦即良心去行事，则是自发的、自由的。卢梭在教育问题上对于自由的强调、

① 卢梭：《卢梭全集·第7卷：爱弥儿(下)》，李平沤译，3-54页，北京，商务印书馆，2012。

对于意志强加的警惕，都可以从这个论证中发展出来。[①]

20 世纪中叶，浪漫主义学习理论曾经因为公立学校学术标准的降低而受到打击。但是，温奇在书中对浪漫主义的批评，没有援引这一类经验证据，而是采取如下的论证[②]：(1)卢梭区分了自爱和自恋[③]。二者都指向人的康乐，但是自爱不参照他人，自恋指向他人。比如，饥餐渴饮是一种出于自爱的需求，满足这种需求不必参照他人。与此不同，一定要先于别人吃饭才能感到有面子，这就把满足建立在对别人的控制之上。这是过度自恋的表现。凡参照他人才能得到满足的需求，极其容易过度，表现为把自己的意志强加给别人。(2)参照上文对卢梭论证过程的概述，一切意志强加都被认为是坏的。(3)反驳一：意志强加包含有利和有害两种形式。卢梭混淆了二者，把服从规则当作坏的意志强加给否定掉了。实际上，爱弥儿的教育中包含大量隐形的

---

① 罗素对于卢梭在《信仰自由》中提供的论证颇不以为然："《爱弥儿》第四卷里有一段插话《一个萨瓦牧师的信仰自由》，是卢梭的宗教信条最明白而正式的声明。虽然这段自白自称是自然之声向一个为了引诱未婚女子这种完全'自然的'过错而蒙污名的善良牧师所宣明的话，可是读者很诧异，他发觉自然之声一开始讲话，满口是出自亚里士多德、圣奥古斯丁、笛卡尔等人的议论的大杂烩。"[罗素：《罗素文集·第 8 卷：西方哲学史(下)》，马元德译，275 页，北京，商务印书馆，2012。]

② 参见本书第 3 章"有关学习的浪漫观点：卢梭的《爱弥儿》"。

③ 英译本《爱弥儿》常保留"*amour de soi*"("自爱")和"*amour propre*"("自恋")这两个法文词不译。这体现出译者对于这两个概念的特殊关注。目前流通的中译本《爱弥儿》对这两个词的译法未做统一。关于这两个概念更详细的说明，参见本书第 3 章译者注(本书第 45 页)。另外，"Émile"在书中是男性人名，这个词的法文读音不似"爱弥儿"，更接近"埃米勒"。之所以把"爱弥儿"这个奇怪的表达当作男主人公的名字，可能和第一个中译本有关(魏肇基译，商务印书馆 1923 年版)。据传该书转译自英译本，英语中这个词的发音接近"爱弥儿"。"Émile"在民国时期也曾被译做"爱美儿""爱弥尔""爱弥耳""哀米尔""爱弥肋"等。

意志强加。正是善意的家庭教师的控制，才确保了对爱弥儿的教育得以实现。(4)反驳二：基于维特根斯坦对私人语言不可能性的论证，学习必定涉及对规则的服从，不涉及规范性的学习是不可理解的。服从规则是有利的规则强加，在学习当中意志强加必不可免。

(二)行为主义

行为主义学习理论强调对学习者外部环境的操控，认为通过强化物的恰当安排就可以实现人们想要的学习。在是否行使人的自由意志方面，这派学习理论与浪漫主义恰好相反。行为主义学习理论不关心人的内部思维过程，把人当成某种自动装置，甚至把人与动物作比①——实际上，经典条件作用理论和操作性条件作用理论，都有动物实验或幼儿实验做基础。行为主义在心理学上可以归入联结主义(联想式学习)，把刺激和反应的联结的建立视作学习。本书主要谈到了巴甫洛夫的经典条件作用理论和斯金纳的操作性条件作用理论。这二者的主要区别在于重要事件的位置不同。比如，在巴甫洛夫的实验(狗的实验)当中，条件刺激(声音)和无条件刺激(食物)反复成对出现以后，生物体就可

① “行为主义认为，所谓‘意识’既不是一个确切的概念，也并非一个可用的概念。……行为主义者深深地感受到，相信意识存在的观点几乎类似于古代相信迷信和魔法。”(华生：《行为主义》，潘威、郭本禹译，6页，北京，商务印书馆，2019。)在《行为主义》一书中，华生直接说心理学不需要本能概念。华生的下面这段话非常著名，从中可以看到行为主义的教育万能论：“‘给我一打健康的婴儿，在我自己所设定的特定环境中教养他们，那么我愿意担保，任意挑选其中一个婴儿，不论其才能、爱好、倾向、能力、天资或种族如何，我都可以将他培养成为我所选定的任一领域的专家——医生、律师、艺术家、商人，甚至是乞丐和小偷。’我承认我的这种说法已经超过了我所掌握的全部事实。”(同上，109-110页。)

以在条件刺激(声音)作用时出现和无条件刺激同样的反应(分泌唾液)。在斯金纳的实验(白鼠实验)当中，生物体的行为(按压杠杆)紧跟着结果(获得食物)出现，于是这个行为(按压杠杆)就因为这个结果(获得食物)得到了强化。通过操纵行为结果，就可以达到塑造行为的目的。

在哲学上，行为主义与洛克的经验主义有关。洛克拒绝天赋观念的学说，“假定人心如白纸似的，没有一切标记，没有一切观念，……我们底一切知识都是建立在经验上的”[①]。进而，在孩子还很小的时候，洛克“只把他看成是一张白纸或一块蜡，是可以随心所欲地做成什么式样的”[②]。洛克相信人生而像一张白纸，一切观念都由感官或反省得来，进而又相互联结起来，在简单观念的基础上形成复杂观念。洛克相信一切行为、倾向、思维方式都可以通过学习获得，这是一种教育万能论。洛克之所以谈教育，就是因为作为“白纸”的儿童还不具备理性能力、还需要服从父母，所以父母格外需要慎用手中的教育权力。这与洛克在《政府论》中有关自然法和合法政府起源的论述相一致。[③]可以看到，行为主义不但同样放弃了心灵论的假说，而且继承了教育

---

① 洛克：《人类理解论》，关文运译，68页，北京，商务印书馆，1959。

② 洛克：《教育漫话》，傅任敢译，191页，北京，人民教育出版社，1957。

③ 虽然与教育并不直接相关，但是《政府论》中关于自然法、自由、父权的讨论，与《人类理解论》和《教育漫话》前后一贯，这也是关于“论证”的一个很好的例子。洛克在《政府论》中讨论“父权”，这本身就可以支持我关于三本书前后连贯的判断。洛克写道：“人类天生都是自由、平等和独立的，如不得本人的同意，不能把任何人置于这种状态之外，使受制于另一个人的政治权力。”[洛克：《政府论(下篇)》，叶启芳、瞿菊农译，59页，北京，商务印书馆，1996]可是，在儿童教育的问题上，儿童尚且不具备做出这种“同意”的理性基础。基于“人的自由和依照他自己的意志来行动的自由，是以他具有理性为基础的”(同上书，39页)，“父权”概念在得到确认的同时也建立了边界。

万能论，更在具体方法上采纳了联结这个概念。(如果接受心灵论，则一定会贬低教育的作用。)当然，行为主义那种对环境作用的高度重视，也可以认为是对洛克白板说(白纸、蜡)的继承。

行为主义在20世纪60年代的程序教学以及今天的游戏教学、网络课程方面都有应用，遭到了包括彼得斯在内的众多自由教育支持者的反对，认为基于行为主义的学习过程贬低了人的尊严。[①] 在行为主义这一方，斯金纳对各种批评意见作过系统反驳，认为人的绝对自由并不存在，任何人都无时无刻不处于环境控制之中，区别只是“那些为自由与尊严摇旗呐喊的人……由于他们对自主人的兴趣，他们仅能采用一些效果不佳的措施”[②]。温奇对行为主义学习理论的批评，没有纠缠“自由与尊严”这样的概念，他的论证过程是[③]：(1)教育应能扩展人的心智。某个手段如果能够扩展人的心智就是可取的，如果限制了人的心智就不可取。(2)在动物训练和人的训练当中，受训练的一方都必

① 彼得斯写道：“行为主义者将自己限制在可观察到的数据上，回避内省的报告，肯定会使其调查结果带有明显的局限性。如果不允许调查研究一个人的内心世界，那么那些含有目的和带来某种评价性质的感情的行动，以及含有想象、记忆、感觉、梦想和痛苦的行动都必须排除在科学调查的对象之外，因为，这些现象没有一个可以被描述或证明……因此，人的行为中几乎没有值得调查的东西。所以，这种研究人的学习的方法毫无效果也就不足为奇了。”(彼得斯：《伦理学与教育》，朱镜人译，280页，北京，商务印书馆，2019。)在更晚的一部作品中，彼得斯写道：“我不是一名斯金纳主义者。事实上，我在学术生活中，不仅对斯金纳而且对普遍地作为心理学上一种运动的行为主义一直十分挑剔。”(彼得斯：《道德发展与道德教育》，邬冬星译，198页，杭州，浙江教育出版社，2000。)

② 斯金纳：《超越自由与尊严》，王映桥、栗爱平译，82页，贵阳，贵州人民出版社，1988。

③ 参见本书第5章“学习、训练与行为主义”。

须对刺激物做出判断，这样才能做出恰当反应。因此，训练包括对动物或人的理解力的扩展，训练有教育价值。(3)行为主义把条件作用的效果局限在狭隘的外显行为上，这种理论无法解释训练造成的心智发展，甚至无法解释训练的广泛应用。因此，真正要反对的不是行为主义的强化方法，而是行为主义的理论解释。彼得斯等人对训练的批评，也可以援引同样的理由去驳回。

(三)认知主义

认知主义认为人类心灵通过内部表象系统来运作。因此，认知主义学习理论强调内部认知结构的主动作用，不认为人的学习是一个机械过程，这与行为主义学习理论恰恰相反。① 认知主义者通过建立与检验假设等心智操作，来解释我们日常谈论的学习、发现与研究。从一个表象转换到另一个表象时，就会发生思考。当表象引起身体活动时，就会发生行动。当内部表象对其表象内容的表象变得更为准确时，

① 从乔姆斯基的基本理论，可以看到认知主义的基本立场："作为语言学习的前提条件，他(儿童)必须拥有两件东西：第一是语言理论，这种理论详细说明一种可能的人类语言的语法形式；第二是技巧，用以选择适当形式的语法，这种语法与基本的语言数据相一致。我们可以把描写这种为语言学习提供基础的固有的语言理论确定为普通语言学的一项长期任务。"(乔姆斯基：《句法理论的若干问题》，黄长著、林书武、沈家煊译，24 页，北京，中国社会科学出版社，1986。)在后文当中，作者直接把这两个前提当作"人的固有语言能力"(同上书，35 页)。这是认知主义与行为主义的根本分歧：认知主义根本不会把儿童设想为一块白板，而是要求儿童必须具备某些天赋语言能力。在该书第一章第 25 条注释当中，乔姆斯基评论斯金纳的理论，要么与事实抵触，要么是一种更贫乏的心灵主义(同上书，202 页)。乔姆斯基对于斯金纳的更多评论，可以参见 1959 年他为斯金纳《言语行为》一书写的长长的书评[*Language*，35(1)，26-58]。

就会发生学习。这种解释完全围绕人对表象的主动加工来完成，不需要参考社会背景。认知主义强调自主学习，贬低教学的作用。当它与进步教育结合以后，这个倾向进一步放大了。认知主义认为学习可以在没有指导、练习、记忆或训练的情况下发生，结果进一步打击了这些非进步主义教育活动的声望。

认知主义所属的表象主义，试图把人的精神活动解释为事物的同构性表象系统。换句话说，当外界事物与内部表象结构完全一致时，即保留该认知结构；否则，就对表象结构做出修正，这时候就发生了学习。接下来他们的主要问题是，如何解释认知结构的来源与运作，这方面有物理论和精神论两大类方案。其中，精神论解释可以上溯到笛卡尔。笛卡尔认为灵魂与肉体不同，灵魂是寄居在大脑中的一个小人①，正是它让我们有别于能够完美模仿我们动作的自动机。维特根斯坦在《逻辑哲学论》中则采用图示的、同构的表象概念，并将其扩展

① 笛卡尔写道："理性灵魂……决不能来自物质的力量……正好相反，它显然应当是神创造出来的；我们不能光说它住在人的身体里面，就像舵手住在船上似的……它必须更加紧密地与身体联成一气……它是不会死的"(笛卡尔：《谈谈方法》，王太庆译，46-47页，北京，商务印书馆，2000。)这段话区分了肉体和灵魂，导致后世著名的笛卡尔二元论。关于灵魂的居所，笛卡尔写道："在大脑当中有一个小腺体，灵魂在那里要比在别的部位更特别地发挥着它的作用。……这个腺体位于大脑实体的正中央，悬挂在一个导管的上方……"(笛卡尔：《论灵魂的激情》，贾江鸿译，21页，北京，商务印书馆，2017。)丹尼特把这种灵魂驻地的观点，称之为"笛卡尔式物质论"(丹尼特：《意识的解释》，苏德超、李涤非、陈虎平译，118-122页，北京，北京理工大学出版社，2008)。在这个特殊的中心，灵魂和肉体结合在了一起，并允许灵魂驱动肉体。笛卡尔在这些观点上提供的论证虽然粗糙，但是把认识论和形而上学的关键课题凸显了出来。他没有回答好的问题，四百年后的我们也不容易回答。

到语言。[①] 物理论解释不接受灵魂假说，而是提供了另外两个选择。(1)计算机模型：计算机通过内部电路实现对电流的复杂控制，进而实现了复杂的编码、运算、存储、解码等功能。人(或人的大脑)也像计算机一样，通过某种物理结构实现了知觉、学习、记忆等功能。(2)神经网络系统：生理学的心理学研究者，强调神经网络的重要性。和上述计算机模型一致，他们也假设有那么一套神经网络，能确保思维的实现。计算机模型和神经网络模型，采取了同样的认识论假设。他们希望自己假设的那套认知结构能够完美地解释学习过程中的各种心智操作。

温奇认为："认知主义者倾向于以法理学或准法理学的形式，来使用诸如'规则'与'表象'这样的规范性术语。"他对认知主义学习理论的批评，就围绕着"法理性"和"规范性"这两个概念来进行[②]：(1)认知主义学习理论主张人有一套认知结构，该认知结构代表的表象系统，恰好可以完成认识世界和人际沟通的任务。(2)规范性行为要求人在意识

① 我从《逻辑哲学论》中，按以下顺序摘录若干条目，作为对早期维特根斯坦认知主义特点的说明："2.1 我们为自己绘制事实的图像。""2.11 图像呈现逻辑空间中的事态，呈现诸基本事态的存在和不存在。""2.16 一个事实，为了成为图像，必须与所描画的东西具有某种共同的东西。""2.022 显然，一个设想出来的世界，无论它被设想得与实际的世界有多么大的不同，它都必然与其具有某种共同的东西。这种共同的东西就是它们的形式。""2.18 每一幅图像，……描画实际而必须与之共同具有的东西是逻辑形式，这就是实际的形式。""2.012 在逻辑中不存在任何偶然的东西。""1.13 逻辑空间中的事实是世界。""3.01 真的思想的总和是世界的一幅图像。""4.01 命题是实际的图像。""4.06 只有经由如下方式一个命题才能够是真的或是假的，即它是实际的一幅图像。"(维特根斯坦：《逻辑哲学论》，韩林合译，北京，商务印书馆，2013。)

② 参见本书第 6 章"表象与学习"。

到规范存在的基础上进行行动，否则就不能说在服从规则；法理性行为只是某个机构在完成既定的动作，不需要假设有一个意识存在。因此，“这两者不仅不同，而且互不相容”。只有在非法理性的情况下，行动才有可能是服从规范性规则的。法理性规则是决定论的，规范性规则是可选择的。法理性表象系统是天赋的，规范性表象系统则要慢慢学习。我们不能说一套规则既是法理性的，又是规范性的。(3)反驳一：表象是一种代表了什么东西的符号装置。为了完成人际沟通，不同人的表象系统要有反应一致性，也就是说表象系统是公共的，因此也是规范性的。但是，认知主义预设了表象系统的法理性，这个预设与对表象系统的作用方式的解释出现冲突。(4)反驳二：能够执行某功能的机械木偶，和有灵魂居中控制并完成同样功能的人不同。这是笛卡尔对人和自动机的区分。计算机在追求智能化的过程中，会再次遇到这个难题。计算机可以很聪明，但实际上从来不能感受人的兴奋或者沮丧。认知主义的物理论解释，刻画的是前一套服从法理性规则的机构。换话说，这套解释刻画的是脑，但是并未刻画人。用对脑的刻画，来替代对人的精神活动的解释，这是错误的。这在温奇引用的塞尔的“中文屋”思想实验中体现得很明显。用前面的概念来说，认知主义只是解释了一套法理性规则系统。

(四)发展主义

发展主义学习理论的核心概念是发展阶段，认为在生物性的生长过程以外，人还有趋同的心理发展过程，并且这个过程由若干有稳定秩序的阶段构成。这种发展主义学习理论，可能来自于心理学者，比如皮亚杰、柯尔伯格；也可能只是一些规范性陈述，比如怀特海、彼得斯。实际上，在本书当中，温奇把卢梭当作现代发展心理学的鼻祖。发展主义在学习问题上的应用是：某些学习只在特定阶段才可能发生，先于这个阶段不能发生，进入这个阶段以后就很有可能发生；阶段是一种天赋，并非后天努力的成果。

和行为主义一样，本书讨论的发展主义来自经验数据。因为得到实验室证据、日常经验乃至跨文化经验的支持，人们开始认为在人的心理发展上有某种奇妙的统一性。当发展阶段代表了人类成长的既定秩序，发展阶段就不再是事实描述，而是揭示了人类发展的方向。根据这类理论，不同个体都会走过同样的成熟阶梯，个体差异性要服从发展阶段的统一性。教师的作用只是基于既定的发展阶段，给儿童生长提供适当的外部条件。教师的工作主要是去匹配内部成熟的过程，教师的作用是辅助性的，内部的成熟机制是主要的。教师无法超越成熟过程，成熟过程给教师工作预先设定了限度。更重要的是，教育的作用变成了对更高阶段的追求，这种目标也是预定的，并且是非社会性的。

针对发展主义学习理论，温奇的论证是①：(1)在发展主义学习理论当中，前一个阶段比后一个阶段的整体认知水平更低，是迟早要被淘汰的认知方式。因此，发展主义要解释，如果人类有可能通过某种

① 参见本书第 7 章“发展”。

机制建立心理发展上的统一性，为何要建立那些落后的机制、为何要形成一个又一个“暂时性”的阶段？(2)经验证据表明不同个体在发展阶段上表现出统一性，那么这种统一性来自哪里？如果发展阶段是“天赋”，那么发展阶段的秩序就是法理性的。换句话说，发展主义者要解释，假如个体有天赋的发展阶段，为什么这些阶段给出的方向正好匹配人类社会的规范性需求。(3)替代解释：发展阶段的统一性来自于人类社会的话语实践和非话语实践中的反应一致性。因此，统一性没有什么玄妙的来源，而是社会环境提供的。(4)皮亚杰的发展主义，系统低估了人的学习潜能。与皮亚杰相比，维果茨基的理论认可文化、社会对于儿童认知发展的作用。① 教师的作用也因此变得更加积极。

① 针对皮亚杰，维果茨基评论道：“……皮亚杰的序列是从非言语我向思考通过自我中心思考和自我中心言语到达社会化言语和逻辑思维。在我们的概念中，思维发展的真正方向不是从个人思维向社会思维的发展，而是从社会思维向个人思维发展。”(维果茨基：《思维与语言》，李维译，21页，杭州，浙江教育出版社，1997。)可以看到，皮亚杰和维果茨基的差异，不在于对儿童发展阶段的描述，而在于对发展现象的解释上存在方向差异。皮亚杰用发生学的解释取代因果解释，所以实际上未讨论社会因素在发展中的作用，儿童没有被看成社会整体的一部分。与此不同，维果茨基强调社会环境对儿童认知发展的影响。他的“最近发展区”概念，即是这种观念在教育上的一个应用，并构成了一个广为流传的教育准则：“走在发展前面的学习是唯一的‘好学习’。”(维果茨基：《社会中的心智：高级心理过程的发展》，麻彦坤译，111页，北京，北京师范大学出版社，2018。)赞科夫的“教学与发展”实验、阿莫纳什维利的“无分数教育”实验，都以维果茨基的理论为基础。(赞科夫：《教学与发展》，杜殿坤译，3-17页，北京，文化教育出版社，1980；阿莫纳什维利：《学校没有分数行吗》，朱佩荣译，61页，北京，教育科学出版社，1986。)

二、断言、说服与论证的比较

从整体来看，温奇的每个论证可以拆分为四个部分：第一，整理待分析理论的说理过程(未必包含论证)。比如，卢梭对意志强加的判断、行为主义的条件化概念、认知主义的认知结构假设、发展主义关于发展阶段法理性起源的假设等。这是在清理接下来要讨论的对象。第二，把这些概念放回经验主义与理性主义的传统中去，看它们是否从这两个传统中吸收了元素。第三，基于后维特根斯坦与笛卡尔和洛克在法理性与规范性上的冲突，分析几种学习理论的认识论假设。第四，因为有认识论假设上的矛盾，所以这些理论本身及其在教育上的应用都要重新讨论。在整个分析过程中，温奇始终以概念为核心，未参照任何经验数据，更未援引任何个人意见(自己的或者名家的)。因为在分析过程中始终围绕后维特根斯坦的语言游戏理论，所以本书实际上形成了一个分类体系：一类是重视学习的社会维度的学习理论，另一类是放弃学习的社会维度的学习理论。

从立论的角度看，断言和说服是在论证以外的另外两种常见表述方式。我把它们作为两个对照，来强调论证的特点。断言直接表达意见，它的效力不凭借话语本身，而是借助一些非话语的方式来获得读者的支持。比如，读者可能出于对断言者的信赖，出于断言者在发言时的语调、姿态，凭借这些发言的传播渠道、传播范围、持续时间而接受其权威性。但是，正因为断言的效力不依靠话语本身，因此也无法进一步通过话语的方式得到发展。我们无法讨论一个断言，而只能选择接受它或者拒绝它。在教育哲学名作当中，不乏断言式的表达。比如，怀特海《教育的目的》的核心内容是“教育的节奏”，他相信“不同的科目和不同的学习方式应该在学生的智力发育达到适当的阶段时采用”①。进而，怀特海把人的智力发展，区分为浪漫阶段、精确阶段以及综合运用阶段。如果我们追问这些东西有什么根据，那么恐怕很快就会失望——怀特海直言自己的这些东西是“众所周知的老生常谈”。很多人之所以重视这些演讲内容，只不过是基于对怀特海本人的信任，并不是基于对他的过程哲学的了解。仅就《教育的目的》来看，这是在教育哲学领域的一个典型的断言。一个断言如果给出了理据，就会转化为说服②。我们也可以直接说，说服是一种带有伪装的断言。可以

① 怀特海：《教育的目的》，徐汝舟译，27-51页，北京，生活·读书·新知三联书店，2002。

② “长久以来，哲学家和教育者类似，都低估了怀特海作品的价值。教育理论家认为怀特海的教育思想与他的过程哲学是隔离的，因此隔绝了二者之间的联系。在另一方面，哲学家们认为他的作品过于晦涩、过于形而上学。要知道，在怀特海所处的时代，哲学已经被‘语言转向’主导了。……结果，他们都认为过程哲学只是主流以外的一种反常。在哲学为自己在语言问题上的严谨而骄傲的时代，怀特海的过程哲学甚至被当成了一种耻辱。”（Howard Woodhouse，‘Why Whitehead? Introduction to a Symposium on Process Philosophy of Education’，*Interchange*，26，4，1995，pp. 341-345）这段概括，描述了哲学界、教育界对于怀特海的阅读状况。但是，这显然不是对全部情况的概括。教育界当然有人把怀特海的过程哲学与他的教育主张关联起来阅读。这时，《教育的目的》中看似断言的那些东西，就可以得到相应的论证基础：“本书理论基础的来源，基本是怀特海的过程哲学。……我相信并且用整本书做的论证是，怀特海以及他的几位解读者表达的过程哲学，与教育者、父母和政策制定者的众多关切高度相关。”（Malcolm D. Evans，*Whitehead and Philosophy of Education*：*The Seamless Coat of Learning*，Amsterdam，Rodopi，1998，p. ix.）一个在哲学领域有原创性建树的哲学家，在他谈论教育时很难不和自己的哲学联系起来。

想象，与断言相比说服在教育哲学领域会更加常见，因此也更容易与论证相混淆，需要更详细的说明。

一个有力的说服，包含当前语境下有价值的理据，因此说服只在一定语境下才有效。说服不追求普遍有效、只追求对特定读者有效，所以说服不是一个推进知识生产的方式，因为我们追求的知识要求普遍有效、不能因人而异。温奇在书中引用过的图尔敏的论证模型，就可以作为对说服的理论说明[①]。在图尔敏的论证模型当中，数据(D)和支撑(B)共同构成了理据(W)，在接受了反驳条件(R)的反驳之后，经过限定词(Q)，令结论(C)得以成立。[②] 可以看到，结论(C)是否成立，不再脱离背景、一劳永逸，因此结论(C)将面临长期持续的争论过程。推理的效力，取决于所在的背景(因此连带着具有时间性)，图尔敏确信"逻辑学使用的形式标准并不适用于实践生活中的论证评价"[③]。图尔敏的模型，取消了三段论中的"前提"概念，同时更新了"结论"概念的含义。他在论证评价上的这些工作，被划归为非形式逻辑的范畴。如果说形式逻辑的推理是场独立的，那么非形式逻辑的推理就是场依存的；前者期待必然、确定的结论，后者接受可能、或然的结论；前者以"真"为追求，后者以"可接受性"为追求；前者是形式的，后者是实质的。这些特点决定了，理据的充分程度、说服的效力高下根本没

---

① 参见本书第12章。

② 图尔敏：《论证的使用》，谢小庆、王丽译，83-122页，北京，北京语言大学出版社，2016。

③ 范爱默伦、赫尔森、克罗贝、汉克曼斯、维赫雅、瓦格曼斯：《论证理论手册》，熊明辉等译，240页，北京，中国社会科学出版社，2020。

有一个简洁的判断标准。举例来说，以永恒主义之名载入各种教育哲学教科书的赫钦斯，他的核心主张是“课程应主要由那些永恒的学习组成”[①]。在大学内部，他主张所有大学生应当接受一种由形而上学、社会科学和自然科学组成的普通教育课程，取消大学现有的众多专业学院设置，将其重组为形而上学、社会科学和自然科学三个学院。[②] 在大学外部，他领导了伟大书籍运动以为校园外的成年人提供自由教育。[③] 那么，赫钦斯怎样表达自己的主张呢？他的理据主要是大学的专业化及其后果：专业化有助于大学生谋职，但是与追求真理的目标相冲突。赫钦斯的主张以及在大学内外的行动，都是在试图整合这两个目标。可以看到，赫钦斯提供了事实理据，但是该事实理据是否支持他的大学改革方案和伟大名著工程，就是另一回事情了。不论我们怎样看待赫钦斯的说服过程，这个说服过程本身都在考察范围以外，也无法进一步讨论。从影响力的角度来看，对于当时的公众来说赫钦斯的表达应是颇有说服力的(伟大书籍运动的参与者最终达到 1495.7 万人)。但是，赫钦斯的表述方式仍是说服，不同于温奇在《学习的哲学》中的做法。

通过上述比较可以得知，说服并不追求周延，往往选择有利证据、

---

① 赫钦斯：《美国高等教育》，汪利兵译，46 页，杭州，浙江教育出版社，2001。

② 赫钦斯：《美国高等教育》，汪利兵译，62-68 页，杭州，浙江教育出版社，2001。

③ 伟大书籍运动可参见：阿德勒：《西方的智慧：伟大书籍中的伟大观念》，周勋男译，长春，吉林文史出版社，1990；艾德勒、范多伦编：《西方思想宝库》，编委会译编，长春，吉林文史出版社，1988。其中，后一本被认为是“三千年西方思想的第一部指南”，它的中译本正文有 1668 页。

有利证词，因此读者也很容易通过列举反面证据、反面证词的方式来反驳它。在所有不允许异议发声的场合，说服策略非常好用，可以吸引大量支持者。断言则是放弃讨论的一种表达形式。表达断言的人，不是在对话，而是在训示。对于立场清晰的断言，读者可能接受也可能反对，但是无论选择哪种立场，事情都只是到此为止。人们无法在断言的基础上，继续推进什么。论证把作者的立场和得到该立场的推理过程充分表达了出来。这种充分暴露，意味着一种诚恳的邀请，欢迎每一位读者采取批判性的方式去阅读它。在通过无数次这样的阅读以后，一个最终保留下来的论证，就是在充分竞争之后存活下来的，会是最有生命力的一个。下一代理论家有可能因为进一步的概念创造而放弃它，但是在那之前人们无力反驳、只能接受。教育哲学就期待以这样的方式，来发展自己这个领域的知识。

通过上述比较还可以得知，论证过程要求扎实的知识基础和创造性的概念运用。与之相比，一些常见的写作手法都不应当被当作论证：引证重要作家的论述以支持自己，这不是论证；列举现象作为论据，不是论证；引用政策语言以增强说服力，不是论证；以意识形态语言为武器的论战，不是论证；不提供分析架构，仅对时事表达个人意见，不是论证；表达个人好恶，不是论证；宣传鼓动，不是论证。这几类论述可能包含高超的说服策略，也可能表达了睿智透辟的断言，它们实际中还可能获得大量读者支持，但是它们都不是合格的论证①。当然，说服和断言尽管无助于推进知识生产，但是也有适合自己的应用场景，只不过不适合教育哲学研究者罢了。诗歌、舞蹈、建筑都曾经被用来表现思想，它们甚至比论证还要更加有力。但是，对于普通的读者和作者来说，论证还是一个更稳妥地推进知识生产的方法。

三、教育哲学中的两个著名论证

教育哲学中的断言、说服和论证并不容易区分。尤其是那些论题范围广泛、作品众多的作者，我们在阅读他们的作品时往往会遇到这样的麻烦：只看一部分，我们以为那是一些断言；等读到更多，我们才了解别处已经提供的论证。即使那些自成体系的作者，也总有他停止论证的时候。作者的前提假设，正是读者一系列追问的终点。阅读

① 刘良华建议教育研究者在论文写作中尽量采取“零修辞写作”或“零度写作”。在他概括的八个写作禁忌当中，最后一条就是反对“言证”。“言证”不符合“论证”的要求，至多可以视为某种“说服”：“第八，避免过度使用‘言证’(用某权威人物的言语来证明自己的观点)，尽可能少用‘朱熹说’‘马克思说’‘杜威说’‘孙中山说’等排列的句式作为论述。……论证一个观点是否成立，即便千万人说了相关的话，也不能说明该观点是正确的。把千万人的口水化的意见聚集起来，依然还是口水化的意见，而不是有根据的知识。无论某个名人说出了什么名言，他的名言都不能用来论证某个结论是否成立。……只有那些尚未入门的初学者才不断用名人名言来为自己做辩护。无论是马克思还是杜威、孙中山、朱熹，任何他人的观点都只是有待验证的假设。不必把某人‘抬’出来压制读者，更不能轻易拿‘政治人物’的言语当作不可置疑的权威或真理。尽可能使学术与政治保持距离，保持学术研究的独立性和严肃性。学术论文若刻意引用政治人物的话语，则容易使学术研究‘蒙羞’或‘媚俗’。”[刘良华：《教育研究方法》(第 2 版)，186 页，上海，华东师范大学出版社，2014。]

一位教育哲学家的作品，可以从教育观念入手，一路追问去摸清楚作者的论证过程，直到作者不再质疑的前提为止。对一个教育哲学家来说，他的那些教育观念之所以值得人们慎重对待，就是因为背后的论证过程。面对一位教育哲学家，我们可以请教他："您的教育哲学是什么？"这同时包括了三个问题[①]："您的哲学是什么？""您的教育学说是什么？""这两方面学说的连贯性如何？"当有人可以答复这样的问题时，我们说他是一名教育哲学家，他以教育哲学的方式为这个世界贡献了一点知识。

(一)杜威的论证

我对杜威教育哲学的一个长久的困惑是教育观念的早熟与哲学观念的演变之间的矛盾：《我的教育信条》发表于 1897 年，当时杜威 38 岁(该文收录于《杜威全集·早期著作·第 5 卷》)。相比于哲学观念的转变(杜威"漂离黑格尔哲学"[②]的过程)，他的教育观念一直相对稳定。如果我们相信一个哲学家的教育观念与哲学主张连同一气，那么二者的对比状态就让人费解了。杜威的教育观念为什么可以长久保持不变？为什么随着哲学观念的发展，教育观念仍旧可以保持不变？更重要的是，教育观念的稳定，是否表明在 38 岁时杜威的教育哲学已经稳定，后期的写作只是修修补补而已？无论如何，为了了解杜威的教育主张，

① 本文以及《教育哲学是什么》(《北京大学教育评论》2019 年第 3 期)报告了我目前对教育哲学学科属性的初步认识。《学习的哲学》符合我对某一类教育哲学作品的期待。

② 杜威：《从绝对主义到实验主义》，载杜威：《杜威全集·晚期著作(1925—1953)·第五卷》，杨小微、罗德红译，117 页，上海，华东师范大学出版社，2015。

《我的教育信条》是一个很好的选择。不过，如果单看这篇文章，那就是最明显的“断言”，这些信条都是以“我相信”来开头的。在这里，杜威谈到了什么是教育、什么是学校、教育的内容、教育方法、学校和社会进步的关系。他的一些最重要的教育主张，在这里都已经表达出来了，比如[①]：“一切教育都是通过个人参与人类的社会意识而进行的……世界上最形式的、最专门的教育确实不能离开这个普遍的过程”“教育是生活的过程，而不是将来生活的预备”“学校科目相互联系的真正中心……是儿童本身的社会活动”“教育应该被认为是经验的继续改造，教育的过程和目的是完全相同的东西”“兴趣是生长中的能力的信号和象征”“教育是社会进步和社会改革的基本方法”[②]。(我们可以问一问自己，在20年后出版的《民主与教育》当中，有什么根本不同的教育主张吗?)接下来我们可以问的是：这些主张从何而来？杜威为什么要强调参与、强调经验、强调儿童兴趣?

在《确定性的寻求》当中，杜威谈到了“旁观者式的认识论”[③]。这种认识论认为在变动不居的现象背后有一个超越时空的超现象世界存在；人类认识的目的就是突破现象的屏障，去认识后面那个世界；这种认识要求一种抽身于现象世界以外的视角。在杜威看来，这种认识论造成了各种二元论，比如现象与本质、经验与存在、主观与客观、科学与哲学等。我们的认识匹配那个世界的程度，成了争议的焦点。

---

① 杜威：《我的教育信条》，载杜威：《杜威全集·早期著作(1882—1898)·第五卷》，杨小微、罗德红译，63-71页，上海，华东师范大学出版社，2010。

② 这句话至今仍挂在哥伦比亚大学师范学院入口的柜台处。

③ 杜威：《确定性的寻求》，傅统先译，16页，上海，上海人民出版社，1966。

正如《确定性的寻求》这本书的书名所显示的，这种思想的源头来源于对现象世界的各种动荡的反抗；人类渴望获得确定的认识，以作为生存的凭靠，结果把追求不变的知识当成了认识的目标。杜威的“经验的自然主义方法”一反这种对于确定知识的渴望，开始强调人类通过行动获得的经验。判断知识的标准，不再是知识与那个未知世界之间的符应关系。知识的效力，要通过行动与对反应的预期来检验。这时，尽管世界仍旧充满不确定性，可是我们可以通过行动和反思来获得经验，通过经验获得对世界的更多预见和控制。这种主张要人们放弃对那些“魔术似的公式”[①]的追求，转而承认充满风险的现实，接受不完美的知识。通过这个极简短的概括可以得知，杜威对知识、经验的定义，直接表达了他的教育观念：既然知识不以符应理念世界为目的，而是以增进人类对自然的控制能力为目的，那么当然就没有确定无疑的知识可以教和学了；在参与的过程中，人增强了预见和控制能力，这是认识的过程。杜威的教育主张，完全来自于他对经验、知识等概念的理解，甚至连《民主与教育》中那个民主社会的背景也是不必要的。

到了这里，我们还是可以继续追问：杜威为什么会提出“经验的自然主义方法”？虽然在《哲学的改造》和《确定性的寻求》当中，有杜威对认识论历史的回溯和评论，但是在一篇更早的演讲当中，杜威专门谈到了《真理问题》。在这篇文章当中，杜威首先提醒我们，在讨论真理问题时人们指的是严肃、重要的问题(比如人间有没有公道、历史是否有规律)，而不会指我有没有吃早餐这样琐碎的问题。接下来，杜威在

① 杜威：《经验与自然》，傅统先译，38页，北京，商务印书馆，1960。

回顾西方历史上出现过的两种真理理论(分别是融贯论和符合论)的基础上介绍了实用主义的真理观。首先，融贯论把真理视为真实存在。事物是不稳定的，但是事物的意义却不会腐败、不受现象流变的影响。因此，理念论的真理观把真理看作完整、全面与自我一致的意义。上述旁观者的认识论，就假设了一种可以与意义实现永恒的合而为一的存在者。符合论不把真理当作存在本身的属性，而是当作命题的属性。如果词项之间的关系与命题指称的事物之间的关系相符或一致，那么该命题就是真的。这是一种实在论的真理定义。实在论与唯心论都认为，一个陈述在本性上就蕴含了有关其自身真理性的断言。实用主义者却认为，命题不能凭借自身就完成真理性的断言，真理只存在于根据命题进行的后续检验当中。其次，实在论与唯心论都认为真理是一种预定的属性，实用主义者却认为命题是不是真理要看它与后果的联系。因此，一个命题的真理性尚待完成，是一个面向未来的问题。杜威写道："实用主义者提醒自己：是真理意味着在检验条件下被使用证实了。"[①]真理问题距离知识、经验略微有一些距离，但是若要追问杜威教育观念的根据，迟早会来到真理问题上来。反而是杜威在《民主与教育》中提供的民主社会背景，并不是论证过程的必要元素。

① 杜威：《真理问题》，载杜威：《杜威全集・中期著作(1899－1924)・第六卷》，王路、马明辉、周小华等译，36页，上海，华东师范大学出版社，2012。(《真理问题》的第二部分，亦见于：哈克、陈波、尚新建：《意义、真理与行动：实用主义经典文选》，北京，东方出版社，2007。)

(二)费希特的论证

费希特的《对德意志民族的演讲》发生在普法战争以后，当时的德意志民族正处在意志消沉之时。费希特在演讲中告诉人们，普法战争中的失败是由于德意志民族的精神堕落所致。过往的教育制造和助长了这种堕落。费希特呼唤“新德意志民族教育”，要求个人突破自私自利的状态，振奋精神、团结一致去追求国家的复兴。“我们现在打算通过新的教育，把德意志人培养为一个整体，这个整体的一切单个成员都受到同一件事情的激励，都是由同一件事情赋予生气的”①。这种团结要依靠个体对民族的爱来造就，而“真正的、不单纯是一时的追求的爱，永远不会附着于暂时的东西，而是只在永恒的东西中觉醒、燃烧和安眠”②。这种“永恒的东西”，就是对个体命运和民族命运的理性认识。教育要通过让人认识到德意志民族所处的发展阶段以及人的使命，来造成一个统一的、有力的整体。面对这样一个有关国民教育的主张，我们自然要问所谓的发展阶段是怎么一回事？个体的命运如何得到定位？

费希特的《现时代的根本特点》，目的“是对现时代做哲学描绘”③，其成果是把世俗生活区分为五个基本时期，分别是：人类无辜的状态

---

① 费希特：《对德意志民族的演讲》，梁志学、沈真、李理译，20页，北京，商务印书馆，2010。

② 费希特：《对德意志民族的演讲》，梁志学、沈真、李理译，126页，北京，商务印书馆，2010。

③ 费希特：《现时代的根本特点》，沈真、梁志学译，5页，沈阳，辽宁教育出版社，1998。

(理性借助人的本能获得绝对统治)、恶行开始的状态(本能的统治开始让位于权威的统治)、恶贯满盈的状态(人摆脱权威，与此同时间接摆脱了理性，进入完全自私自利的时期)、说理开始的状态(真理重新得到人们的钟爱)、说理完善和圣洁完满的状态(人类有意识地按照理性过世俗生活)。[①] 其中，最后一个阶段将会是一个人人为我、我为人人的美好社会。按照费希特的判断，当时的德意志民族正处在恶贯满盈的状态，他主张的教育可以让人意识到这一点，并付出努力帮助自己的民族进入第四个时期。有了这个历史分期和对于当前所处状态的判断，我们就懂得了费希特教育主张的来由。更进一步，我们可能会提问：做出这种世界史划分的依据何在？要知道，有了这个划分，才可能判断当时德意志民族所处的阶段(第三和第四之间)，进而才可能有前述国民教育的主张。可是，难道如此重要的人类历史分期，仅仅只是费希特的一个断言吗？

在《人的使命》当中，费希特追问："一切东西究竟为什么和出于什么根据恰好变成它们现在变成的这样呢？"[②]这个追问相当重要。一方面，如何对待现象世界本就是西方哲学的基本命题。另一方面，费希特在提出这个问题以后，很快给出了一个对他而言至关重要的回答："自然在不停地穿过它可能有的规定的无限系列而前进着；这些规定的更迭决不是毫无规律的，而是有着严格规律的。……我进入了一条连

---

① 费希特：《现时代的根本特点》，沈真、梁志学译，10-11页，沈阳，辽宁教育出版社，1998。

② 费希特：《人的使命》，梁志学、沈真译，8页，北京，商务印书馆，1982。

续的现象锁链中，在那里，每个环节都取决于前一个环节，并决定其下一个环节；我进入了一个牢固的联系中，在那里，我从任何给定的环节出发，只凭思考，就可以发现宇宙的一切可能的状态。如果我把这个环节解释清楚了，寻找出唯独能使整个环节变为现实的原因，我就可以上溯到过去；如果我由这个环节进行了推演，寻找出这个环节必然会产生的结果，我就可以下推到将来。”[①]更具体的论证过程，不需要继续引述了。仅仅是这段话，已经表明了费希特心目中完整的宇宙蓝图是怎样的。他关于世界史的分期，正是基于这样一种宇宙蓝图。当然，如果还有更进一步的哲学阅读兴趣，我们还可以进一步追问：为什么在“上溯”和“下推”的过程中，费希特最终找到的是理性？为了回答这个提问，我们又需要阅读他的《全部知识学的基础》，去了解他找到的那个不变的、超时间的存在是什么(“自我”)。正是这种超时间的存在，给自然界赋予了统一性[②]。

费希特写道：“我吃我喝，难道仅仅是为了我能再饥再渴，再吃再喝，长此下去，直至启于我足下的坟墓将我吞噬，我自己成为蛆虫的食物吗？我繁殖与我一样的生物，难道也是为了他们能吃喝和死亡，留下一些与他们一样的生物，去干我已经干过的事情吗？这种不断回

① 费希特：《人的使命》，梁志学、沈真译，8-9页，北京，商务印书馆，1982。

② 千万不要以为“统一性”是一个荒谬的设定，要知道科学世界观的基本假设就在于这个“统一性”假设。科学认为，我们所处的世界是包含规律的，即使出现例外状态也可以通过修正科学知识来容纳它。换句话说，科学世界没有真正的例外，至多有暂时无法解释的例外。与科学世界不同，科学外世界是一个不讲理的世界，不但无法发展科学，甚至连巫术也不会有。(关于“科学世界”和“科学外世界”的比较，参见梅亚苏：《形而上学与科学外世界的虚构》，马莎译，9-27页，郑州，河南大学出版社，2017。)

复到自身的循环，这种总是重新以同样的方式再开始的游戏……目的何在？”①答案就在于，绝对普遍和永远不变的东西，是人类社会发展的起点和归宿。“接受这种教育的学子们的确不单纯是这个地球上的人类社会的成员，也不单纯是为了度过在地球上赐给他们的短暂生活而存在的，而且在一种高级社会秩序中也是存在的，无疑被这种教育认为是永恒的精神生活链条中的环节。”②教育的任务就是让人意识到这个伟大的秩序，然后把自己投入到这个秩序当中去。这时候，那种要求把个人与人类命运连成一体的“新德意志民族教育”就变成一系列论证顺理成章的结论了。

列举杜威和费希特的论证，只是为了举例说明教育哲学中的论证可能是怎样的。尽管做了大量精简，但是我相信这两个例子也还是传达了一点论证的魅力。简言之，如果仅仅阅读杜威、费希特的教育主张，那还根本没有读懂他们。他们的教育主张之所以值得重视，不是因为作者是一个重要人物，而是因为作者提供的这一系列论证。对于真正的惊才绝艳之士来说，也许更适合采取断言式的表达。这就好像宗教先知的发言风格一样。用后维特根斯坦的概念来说，每一个断言其实也都包含一个表达系统。断言和论证的区别，在有些人那里只是那个系统是否得到过明确的表达。我之所以陈述三者的区分，并且热烈推荐论证这种形式，只不过是为了防备自己本不聪明的头脑被各种

① 费希特：《人的使命》，梁志学、沈真译，94 页，北京，商务印书馆，1982。

② 费希特：《对德意志民族的演讲》，梁志学、沈真、李理译，41 页，北京，商务印书馆，2010。

不清不楚的表达弄得错乱。另外，还需补充说明的是，在论证过程当中使用的概念是否完全是作者本人的，这一点并不太重要。我认为关键的问题是，教育哲学作品应该努力表明世界允许一个个漂亮的论证①。

四、结论

在邀请温奇写“中译本序”时，我曾请他就“论证”对中国读者说一点什么。我在信里写道：“你的作品包含一些严谨的哲学论证。我对此非常感兴趣，并会在‘译者序’里回顾其中的一些部分。我会试着从这些论证中找出共同点，这可以认为是对教育哲学研究方法的讨论。(如果你不反对‘方法’这个词的话。)实证的教育研究目前在我国已经开始流行。同时，一些非实证的经验表达或者规范性陈述，常常被误认为

① 下面这两则轶事有助于了解本文谈论的论证：自 1883 年 8 月 9 日开始，罗素的哥哥开始用一本名叫《欧式几何入门》的书教 11 岁的罗素学习几何。罗素后来写道：“我没有想到，在世界上居然有如此美妙的学问……”传记作者在此处联想到了霍布斯在初次接触欧几里得《几何原本》时的状况。霍布斯初时看到的是对毕达哥拉斯定理的证明，霍布斯感叹：“上帝作证，这不可能!”他先是读了这个定理的证明，然后在这个证明的引领下开始读另一个定理。读了新定理以后，霍布斯又被牵引着读第三个定理。就这样，霍布斯一直读完了全部，也开始爱上了几何学。《罗素传》的作者在这两则故事后写道：“几何的美妙之处在于，命题的真实性不是可以随便断言的，而是证明出来的，不需要任何种类的否定或者反断言，既不考虑谁提供的答案，也不考虑人们对答案的感受。……伯兰特·罗素很快意识到，它开启了这样的可能性：其他事物也可能经得起严格数学证明的检验。也许，就连人们之间的争端也可以通过这样的方式加以解决。……”(蒙克：《罗素传：孤独的精神 1872～1921》，严忠志、欧阳亚丽译，29-30 页，杭州，浙江大学出版社，2015。)教育哲学论证的品质高下，就是可以独立于各种非学术标准的。

是教育哲学作品。清晰有力的论证本应是教育哲学作品的特点，现在这一点变得晦暗不清了。所以，如果有可能，请在序言中谈一谈你对于论证的想法。”我把温奇在“中译本序”里的下面这段话，看作他的回应：“我希望读者能够从中获益，重新审视在中国富有影响力的那些学习理论，包括从西方引进的那些理论，并对它们进行批判性的审视，保留其中有价值的东西、抛弃其余。好教育不能因为对概念上并不充分的理论的过分尊重而受到损害。这是一种持续存在的危险。即使在撰写本文时，这种危险也丝毫没有减轻的迹象。我非常希望中文译本有助于阻止这种情况的发生。”温奇没有回顾自己在书中完成的“论证”，但是提到了“概念上并不充分的理论”。这是不是指他书中反驳过的那些理论呢？温奇对于“论证”的期待，看起来和我一致。如果我们不再根据个人好恶来选择或拒绝一个理论，而是耐心跟随作者的论证过程，决心去接受优质论证的结论、拒绝低劣论证的结论，那么我们的教育讨论就会更有质量①。在写作中努力提升论证的质量，避免炫技式的说服策略、慎用断言，远离滥情式的表达甚至危言耸听的恫吓，这是体现教育哲学学科属性的一个选择。同时，在教育哲学领域以外，把

① 在阅读重要作品时重视观点（在乎那些可供引证的东西）、不重视论证（技术性的部分），就错失了跟随作者去思考的宝贵机会。比如，朗西埃的大部分作品都与《无知的教师》中表达的“核心直觉”有关，即“所有智力皆为平等”。（朗西埃：《无知的教师：智力解放五讲》，赵子龙译，133 页，西安，西北大学出版社，2020。德兰蒂：《朗西埃：关键概念》，李三达译，8 页，重庆，重庆大学出版社，2018。）可是，如果只有这个基本结论，没有朗西埃把这一结论与美学、文学、政治、教育等领域的联结，那么这个结论本身就完全是干瘪的。换句话说，先有高质量的论证，才有结论的饱满和穿透力。哲学家的那些惊人结论，要借助相应的论证才会变得可信。值得我们鉴赏的对象，是论证而不是结论。

论证的品质作为尺度，也可以帮助我们甄别意见洪流中的各种胡言乱语。总之，坚持论证，是教育哲学从业者为教育事业做出贡献的一种方式。[1]

丁道勇

2021 年 2 月 18 日

---

① 本文的主题也许是行业内众所周知的事，因此可以把它当作对教育哲学初学者或行外人的一个友善提示。读者请务必小心，不要把教育哲学看作各种规范性主张的大杂烩，要相信这个领域有一些独特的、可以有益于教育事业发展的知识生产方式。另外，本文和《学习的哲学》提及的各位作者，差不多都是各自领域内里程碑式的人物。我们不能因为他们在概念上有瑕疵，就误以为他们一无是处。恰恰相反，他们会一直处在人类文明的中心，不断被人们阅读和讨论。这本书和这篇文章如果有一点点意义，也主要是在于让我们有机会接近这些重要作家。讨论这些可能有的瑕疵，是对这些作家最好的致敬方式。我相信，他们若是仍健在，一定更渴望出现批评者，而不是再多一位引述者。

图书在版编目(CIP)数据

学习的哲学/(英)克里斯托弗·温奇著；丁道勇译. —北京：北京师范大学出版社，2022.1(2023.1 重印)
(教育经典译丛 / 张华主编)
ISBN 978-7-303-27228-0

Ⅰ. ①学… Ⅱ. ①克… ②丁… Ⅲ. ①学习理论(心理学)—研究 Ⅳ. ①G442

中国版本图书馆 CIP 数据核字(2021)第 178304 号

北京市版权局著作权合同登记号：图字 01-2019-4339

图书意见反馈 gaozhifk@bnupg.com 010-58805079
营销中心电话 010-58807651
北师大出版社高等教育分社微信公众号 新外大街拾玖号

XUEXI DE ZHEXUE
出版发行：北京师范大学出版社 www.bnup.com
北京市西城区新街口外大街 12—3 号
邮政编码：100088
印　　刷：北京盛通印刷股份有限公司
经　　销：全国新华书店
开　　本：890 mm×1240 mm 1/32
印　　张：11.375
字　　数：252 千字
版　　次：2022 年 1 月第 1 版
印　　次：2023 年 1 月第 2 次印刷
定　　价：88.00 元

策划编辑：周益群　　责任编辑：林山水
美术编辑：李向昕　　装帧设计：李向昕
责任校对：段立超　　责任印制：马　洁

The Philosophy of Human Learning, 1st Edition / by Winch, Christopher/ ISBN: 9780415161909